Maximilian von Mexiko
Der Traum vom Herrschen

Herausgegeben von
Ilsebill Barta

Band 31

eine publikationsreihe M MD
der museen des mobiliendepots

Impressum:

Das Buch erscheint zur Ausstellung
„Maximilian von Mexiko – Der Traum vom Herrschen"
von 6. März bis 18. August 2013
im Hofmobiliendepot - Möbel Museum Wien
in der Publikationsreihe der Museen des Mobiliendepots in Kooperation mit der Schloß Schönbrunn Kultur- und Betriebsges.m.b.H.

Buch-Team:
Wissenschaftliches Konzept: Dr. Ilsebill Barta, Dr. Marlene Ott-Wodni
Redaktion: Dr. Eva B. Ottillinger
Covergestaltung: Hannes Eder
Druck: Alpina GmbH

Bildquellennachweis:
Albertina
CM: Museo Storico del Castello di Miramare
FA: Archiv Ferdinand Anders
HHStA: Haus-, Hof- und Staatsarchiv
KA: Kriegsarchiv
KHM: Kunsthistorisches Museum Wien
KHM-MVK: Museum für Völkerkunde Wien
KM: Kunsthalle Mannheim
MD: Bundesmobilienverwaltung/ Hofmobiliendepot – Möbel Museum Wien
NHM: Naturhistorisches Museum Wien
ÖNB-BA: Bildarchiv der Österreichischen Nationalbibliothek
ÖNB-HS: Handschriftensammlung der Österreichischen Nationalbibliothek
ÖNB-KS: Kartensammlung der Österreichischen Nationalbibliothek
OM: Observatorio, Mapoteca Orozco y Berra, Mexico City
PB: Privatbesitz
SA: Schloss Artstetten, NÖ
SKB: Schloß Schönbrunn Kultur- und Betriebsges.m.b.H.
WM: Wien Museum

Fotografen:
AS: A. Schumacher
CY: Cem Yücetas
EK: Edgar Knaack
FS: Fritz Simak
FZ: Franz Zwickl
MH: Marianne Haller
SK: Simon Kern
SR: Sascha Rieger
TH: Tina Haller
TK: Tina King
YMO: Yamile Marquez Ortiz

Wir danken allen Leihgebern und all jenen Personen und Institutionen, die das Buch und die Ausstellung durch Informationen und Unterlagen unterstützt haben:

Albertina, Bezirksmuseum Hietzing, Bundesmobilienverwaltung, Heeresgeschichtliches Museum, Österreichisches Staatsarchiv, Kunsthistorisches Museum, Museum für Völkerkunde, Museum für Volkskunde, Naturhistorisches Museum, Österreichische Nationalbibliothek, Schloss Artstetten, NÖ

Prof. Dr. Ferdinand Anders, Dr. Christian Benedik, Mag. Julia Binter, Mag. Mathias Böhm, Gerard van Bussel, Mag. Elisabeth Egger, Mag. Anita Eschner, Dr. Theodor del Fabro, Dr. Andreas Fingernagel, Dr. Gerhard Gonsa, Ernst Gregor, Dr. Sabine Haag, Dr. Christoph Hatschek, Dr. Regina Hölzl, Anita Hohenberg, Ing. Mag. Thomas Ilming, Mag. Katrin Jilek, Mag. Thomas Just, Mag. Ewald Königstein, Dr. Herbert Kritscher, Dr. Monika Kurzel-Runtscheiner, Brigitte E. Leidwein, Mag. Jan Mokre, Hischam Momen, Grafen O'Donell, Dr. Hans Petschar, Mag. Gerd Pichler, Dr. Barbara Plankensteiner, Mag. Patrick Poch, Mag. Ulrike Polnitzky, Mag. Peter Prokop, Dr. Johanna Rachinger, Mag. Paulus Rainer, Prof. Mag. Christa Riedl-Dorn, Dr. Margot Schindler, Dr. Katja Schmitz-von Ledebur, Dr. Klaus-Albrecht Schröder, Dr. Verena Stagl, Erich Steinbuch, Dr. Axel Steinmann, Prof. Felix Steinwandtner †, Georg und Swantje von Werz

Für Beratung danken wir:
Prof. Dr. Ferdinand Anders
Dr. Rossella Fabiani
Marineverband Wien: Dr. Richard Eisner, Dr. Karl Klaus Körner,
Ing. Fritz Marschner
Dr. Christian Oprießnig
Dr. Helmut Scharsching

Für Unterstützung danken wir:
Sabine Appl
Ingrid Blümel
Den MitarbeiterInnen der Bundesmobilienverwaltung
Ingrid Fritz
Mag. Andreas Gugler
Dr. Ingrid Haslinger
Mag. Olivia Lichtscheidl
Yamile Marquez Ortiz
Dr. Catharina Charlotta Scheich
Dr. Angela Völker
Simon Weber-Unger

1. Herrscherträume – Herrscherräume

Ilsebill Barta

„Schön ist es als Anfänger in eine große Zukunft zu blicken; schöner mit einer großen Vergangenheit, stark in der Gegenwart, noch einer glänzenden Zukunft entgegen zu gehen: furchtbar hingegen ist's sich einer großen Vergangenheit bewusst zu sein, aber keine Zukunft mehr zu haben.“[1]

Erzherzog Ferdinand Maximilian ist bisher im Gedächtnis der Menschen ein nahezu unbeschriebenes Blatt. Das Scheitern seines mexikanischen Kaisertraumes und sein gewaltsamer Tod, von Edouard Manet ikonisch ins Bild gesetzt (Abb. 08-01), stellen die wenigen Assoziationen zu seiner Person dar – zu Unrecht. Die historischen Quellen berichten über sein Leben sehr ausführlich und aufschlussreich. Überraschenderweise ist kein anderer Habsburger so gut dokumentiert wie Ferdinand Maximilian, allein in seinem Archiv im Wiener Haus-, Hof- und Staatsarchiv gibt es rund 200 Dokumentenkartons, die sein Wirken belegen.

Der Erzherzog war hervorragend ausgebildet und ein phantasievoller, kreativer, naturverbundener Mensch (Abb. 01-01). Schon im Kindesalter entwickelte er spezifische Interessen und vielfache Begabungen, die charakteristisch für seine Person werden sollten: das Bauen, das Sammeln sowie die Liebe zur Natur und der botanischen Wissenschaft, zum Meer und zur Seefahrt. Das persönliche Problem von Ferdinand Max war sein Schicksal als

01-01) Josef Kriehuber, die drei Prinzen Franz Joseph, Ferdinand Max und Carl Ludwig, 1835 (WM)

Zweitgeborener, stets wähnte er sich im Schatten seines älteren, mit aller weltlichen Macht ausgestatteten Bruders Kaiser Franz Joseph. Er wollte nicht nur der österreichischen Monarchie sinnvoll dienen, sondern auch international reüssieren. Dem stehen selbstkritische und melancholische Phasen gegenüber, in denen er sich ganz von der Welt zurückziehen wollte. Antipodisch brachen aber sein Ehrgeiz und sein Geltungsdrang immer wieder durch. Seinen wuchernden Machtfantasien ist es geschuldet, dass er sich in das riskante mexikanische Kaiserabenteuer stürzte. (Abb. 01-02)

Mehr als eine von ihm erfolglos angestrebte liberale Verfassung für Mexiko schien ihn das äußerliche Zeremoniell und dessen Umsetzung zu interessieren. Vor und während der Reise nach Mexiko entwarf er die Insignien, die Hoftafel, die Orden, Uniformen und Stoffe für die Raumausstattung sowie den kaiser-

[1] Ferdinand Maximilian, Aus meinem Leben. Reiseskizzen, Aphorismen, Gedichte, Bd. 7, Leipzig 1867, S. 195.

01-02) Cesare Dell'Acqua, eine mexikanische Deputation bietet Ferdinand Maximilian am 3. Oktober 1863 in Schloss Miramar die Kaiserkrone an, 1864 (CM)

lichen Thron (Abb. 01-03) auf das Genaueste und sorgte vorrangig für die Ausführung des für ihn so wichtigen fürstlichen Dekorums: „Unser Hofreglement ist endlich auch fertig, ich darf mir schmeicheln, wohl das Vollkommenste erreicht zu haben, was bisher in dieser Art gemacht worden ist.“[2]

Der ihm eigentümliche Wankelmut, das Ausweichen vor Problemen und das Ignorieren der Realität behielt er sich bis in die letzten Tage. Schon eingekesselt von den republikanischen Truppen Juárez' und kurz vor der Gefangennahme, ging er seelenruhig auf Schmetterlingsjagd: „Ich habe, während die Kugeln um uns pfiffen, in dem interessanten Walde von Calpulalpam die schönsten Schmetterlinge ruhig dahinflattern sehen, und hier in Querétaro haben wir eine Gattung Wanzen entdeckt, cimex domesticus Queretari, welche die zweifache Anzahl Stich- und Saugwerkzeuge zu haben scheint und das Anstaunen aller Ankommenden erregt. Hätte Ich Fläschchen mitnehmen können, so würde Ich trotz der Kriegsereignisse einige Exemplare dieser merkwürdigen Tiere für Sie aufbewahrt haben.“[3]

01-03) Entwurfszeichnung des mexikanischen Kaiserthrons, um 1864 (ÖNB-BA)

Ferdinand Max war, wie Zeitgenossen schildern, im Wesen als auch im Aussehen eine angenehmere Erscheinung als Franz Joseph: „Der Kaiser war etwa 1,80 m groß und schlank. Jede seiner Bewegungen, sein Gang und besonders sein Gruß waren anmutig und leicht. Er hatte schönes, nicht besonders dichtes, blondes Haar, welches er sehr sorgfältig in der Mitte gescheitelt trug. Sein Bart war ebenfalls blond und sehr lang, und er pflegte ihn stets mit großer Sorgfalt. Er trug ihn am Kinn ge-

[2] Maximilian in einem Brief nach Österreich vom Juli 1864, zit. nach: Johann Georg Lughofer, Des Kaisers neues Leben. Der Fall Maximilian von Mexiko, Wien 2002, S. 104.

[3] Maximilian an Dominik Bilimek, März 1867, zit. nach: Otto Hellinghaus (Hg.), Maximilian von Mexiko. Das Ende eines Kaisers. Blätter aus dem Tagebuch des Prinzen Felix zu Salm-Salm, Freiburg im Breisgau 1928, S. 45.

teilt, und seine Hand war sehr häufig damit beschäftigt, ihn in der Teilung zu erhalten und zurechtzustreichen. Seine Gesichtsfarbe war rein und hell und seine Augen blau. Sein Mund hatte das unverkennbare Zeichen des österreichischen Kaiserhauses, die historisch gewordene ‚österreichische Unterlippe', doch keineswegs in unangenehm auffallender Weise."[4] (Abb. 01-04)

Von seiner intensiven Tätigkeit als Bauherr und Planer zeugen seine Residenzen, als sein gewichtigstes Werk thront noch heute Schloss Miramar[5] auf einem Felsvorsprung bei Triest. Im Zuge von Forschungsarbeiten[6] ist es gelungen, rund 500 Objekte aus Schloss Miramar in der Bundesmobilienverwaltung ausfindig zu machen und seinen Wohnräumen zuzuordnen. Die Bandbreite der Gegenstände reicht von kleinen, kitschigen Nippes, orientalischen Exotika, Souvenirs, die der Erzherzog auf seinen zahlreichen Reisen erstanden hatte, bis hin zu wertvollen kunstgewerblichen Antiquitäten. Sowohl die Bauarbeiten in Miramar als auch in Lacroma betreute er bis zum Schluss noch von Mexiko aus weiter und er sah darin das Denkmal seines Lebens und sein Vermächtnis an die Welt.

01-04) Kaiser Maximilian von Mexiko, Miniatur auf Elfenbein, um 1867 (MD)

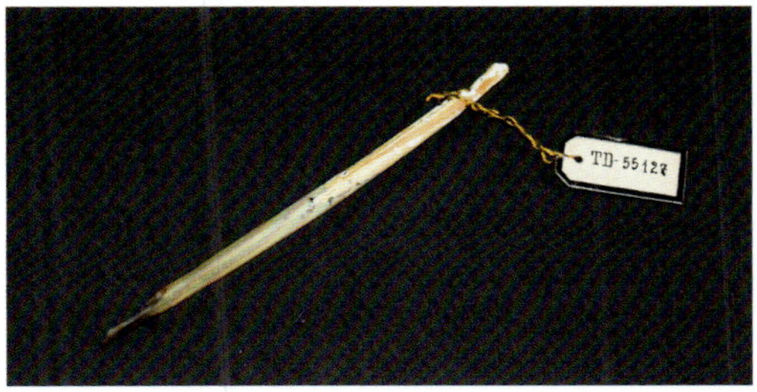

01-05) Feder, mit der Kaiser Ferdinand I. 1848 in Olmütz seine Abdikationserklärung unterzeichnete. Der 16-jährige Ferdinand Max war bei der Abdankung anwesend und sicherte sich die Feder für seine Sammlung. (ÖNB-BA)

Schon früh begann Maximilian Objekte von historischer Bedeutung zu sammeln. Als 16-Jähriger war er bei der Abdankung von Ferdinand I. in Olmütz anwesend und nahm als eines der ersten Stücke seiner persönlichen Sammlung die Feder an sich (Abb. 01-05), mit der der Kaiser die Abdankungsurkunde unterschrieben hatte. Er war sich der Historizität des Augenblicks bewusst. Bei seiner leidenschaftlich betriebenen Sammeltätigkeit scheute er auch dunkle Kanäle der Aneignung nicht. Seine Beschreibung des Kaufes von Fragmenten der Alhambra in Granada liest sich wie ein nicht ungefährlicher Abenteuerroman Marke Indiana Jones: „Die Nacht

[4] Otto Hellinghaus (Hg.), Maximilian von Mexiko. Das Ende eines Kaisers. Blätter aus dem Tagebuch des Prinzen Felix zu Salm-Salm, Freiburg im Breisgau 1928, S. 193–195.

[5] In den Quellen und von Maximilian selbst wird das Schloss bei Triest „Miramar" genannt, deswegen halten wir uns an diese Schreibweise. Im Italienischen heißt das Schloss jedoch „Miramare".

[6] Austrian Science Fund (FWF): P24180-G 21 „Die private Wohnkultur der kaiserlichen Familie im 19. Jahrhundert".

benützend, schlichen wir durch die dunklen engen Straßen zu einer Hehlerin, welche von Galeeren-Sclaven entwendete Mauer-Ornamente der Alhambra (Abb. 01-06) feilbietet; die alte Frau that sehr ängstlich, und wollte uns das Mährchen aufbinden, daß man den Dieben der Alhambra-Arabesken die

01-06) François Antoine Bossuet, Alhambra, Granada, Spanien, Mitte 19. Jh. (MD/EK). Das Gemälde befand sich im Möwensaal in Schloss Miramar bei Triest.

linke Hand abhaue."[7] Doch nicht genug, dass er sich persönlich diesen Gefahren aussetzte. Seine Sammlung treibt Schweißperlen auf die Stirnen der Denkmalschützer, zählt doch ein kleines Schächtelchen mit Mosaiksteinen aus dem Markusdom in Venedig (Abb. 01-07) zu seinen persönlichsten Gegenständen; genauso wie Mauerreste der Caracallathermen in Rom, abgebrochene Zehen einer antiken Statue, Sterne von der Basilika in Rhodos und Mosaiksteine aus der Hagia Sophia in Istanbul.

01-07) Aus der erzherzoglichen Sammlung: Zündholzschachtel mit Glasmosaiksteinchen aus dem Markusdom in Venedig (ÖNB-BA)

All diese Sammlungsstücke sollten im von Maximilian neu konzipierten Museum im Park von Miramar präsent sein. Dieses Museum, in dessen Zentrum der persönlichen Gegenstände die oben erwähnte Abdankungsfeder gehörte, mischte historische, altägyptische, ethnologische, naturwissenschaftliche und auf ihn selbst und sein Leben bezogene Objekte. Dies diente der Selbsthistorisierung einer Persönlichkeit, die befürchten musste, nicht in die Geschichte einzugehen.

Aus ganz Europa ließ er sich Bilder regierender Fürsten kopieren oder Fotografien mit persönlichen Autogrammen schicken. Außerdem umgab er sich, zuerst im Gartensalon der Villa Lazarovich (Abb. 01-08) und später im Thronsaal von Schloss Miramar, mit den Abbildern seiner Ahnen, deren Porträts er nach Vorbildern der kaiserlichen Gemäldegalerie reproduzieren ließ. Als weitere genealogische Rückversicherung war ein riesiger Stammbaum prominent in Miramar aufgehängt. Eingebettet in die Geschichte Europas war das fürstliche Ambiente bereits einem zukünftigen Herrscher entsprechend inszeniert.

In Selbstüberschätzung seiner Position, seiner politischen Ideen und Durchsetzungskraft nahm er lieber die Gefahr eines Herrscherabenteuers auf sich, statt zu Hause zum Nichtstun verdammt zu sein. Trotz aller

[7] Granada, 30. September 1851: Ferdinand Maximilian, Aus meinem Leben. Reiseskizzen, Aphorismen, Gedichte, Bd. 2, Leipzig 1867, S. 165.

01-08) Germano Prosdocimi, Gartensalon mit Ahnengalerie in der Villa Lazarovich in Triest, 1850er Jahre (CM)

Schwierigkeiten in Mexiko, die er erfolgreich zu verdrängen wusste, war ihm das Leben fern von Europa beziehungsweise das Scheitern der ganzen Unternehmung lieber als das Schicksal seiner beiden jüngeren beschäftigungslosen und „ruhig gestellten“ Brüder: „(Ich) kann Ihnen nur sagen, daß wenn Ich mich jetzt wieder nach Miramar denken könnte und die mexikanische Deputation abermals käme Ich nach aller gemachten Erfahrung, gar nicht mehr zaudern, gar keine Bedingungen stellen, sondern mit reinem Gewissen, fröhlich „Ja“ ausrufen würde. (...) Es gibt Leute welche das Leben, welches meine jüngeren Brüder führen, philosophisch finden, mir wäre eine solche Existenz der Tod bei lebendigem Leibe, und was noch ärger ist, Ich finde sie lächerlich. Es gibt nichts erbärmlicheres als ein apanagierter Prinz der eine sogenannte sorgenlose Existenz führt.“[8] Doch war er sich in manchen Reflexionen der Gefahren des Strebens nach Macht bewusst, sein Schicksal vielleicht vorausahnend, dass jener, der immer weiter nach oben strebt, wie Ikarus aus dem Himmel fällt.

Mein Dank gilt den Autoren der Publikation, die Maximilian von Mexiko durch ihre wissenschaftlichen Beiträge lebendig werden lassen, weiters den Bibliotheken, Archiven und Museen, die das Projekt großartig unterstützten. Dankenswerterweise beteiligte sich die Schloß Schönbrunn Kultur- und Betriebsges.m.b.H. an der Finanzierung dieses Buches. Besonderer Dank ergeht an den Austrian Science Fund (FWF), der das laufende Forschungsprojekt „Die private Wohnkultur der kaiserlichen Familie im 19. Jahrhundert“ finanziell trägt. Mannigfaltige Forschungsergebnisse dieses Projektes fließen in diese Publikation ein. Dadurch konnten auch zahlreiche Objekte ihrer Anonymität im Depot entrissen werden und erstrahlen nun wieder – nach fachgerechter Restaurierung durch die Werkstätten der Bundesmobilienverwaltung – in altem Glanz und helfen die Vergangenheit zu verstehen.

[8] Maximilian an Baron de Pont, 19. 9. 1865, Palacio Nacional, Mexico, Handschriftensammlung der Österreichischen Nationalbibliothek, 1306/10-1

Die Brüder Franz Joseph und Ferdinand Maximilian, 1835 (WM)

Franz Carl und Sophie mit ihren Kindern, 1836 (MD)

2. Illustrierte Biografie

von Marlene Ott-Wodni

1832 Erzherzog Ferdinand Maximilian wird am 6. Juli als zweiter Sohn von Erzherzogin Sophie und Erzherzog Franz Carl in Schloss Schönbrunn geboren. Einen Tag später wird er auf den Namen Ferdinand Maximilian Joseph Maria von Österreich getauft. Sein Taufpate ist Kaiser Ferdinand I.

1838 Im Alter von sechs Jahren verlässt Ferdinand Max die kaiserliche Kindskammer; gleichzeitig beginnt der Unterricht des Erzherzogs. Sein Erzieher wird Graf Heinrich Bombelles.

Joseph Stieler, Erzherzog Ferdinand Max am Tegernsee 1838, gemalt 1841 (MD/EK). Das Gemälde befand sich im „roten Salon" der Erzherzogin Sophie in Schloss Schönbrunn.

Josef Kriehuber, Erzherzog Ferdinand Max, 1850 (MD)

1844 Am 5. September begeben sich die Prinzen Franz Joseph, Ferdinand Maximilian und Carl Ludwig in Begleitung ihrer Kammerherren auf eine Bildungsreise, die die Brüder nach Salzburg, Innsbruck, ins Stubaital, zum Bodensee und nach Südtirol führt.

1848 Nach dem Ausbruch der Revolution flüchtet Ferdinand Maximilian mit seiner Familie nach Innsbruck und von dort weiter nach Olmütz.

Infolge der Revolutionsereignisse tritt Staatskanzler Metternich am 13. März 1848 zurück. Kaiser Ferdinand I. dankt am 2. Dezember in Olmütz ab. Nachdem Erzherzog Franz Carl auf den Thron verzichtet, wird sein ältester Sohn Franz Joseph, Maximilians Bruder, zum Kaiser gekrönt.

1850 Erzherzog Ferdinand Maximilian lässt neben dem Schönbrunner Schlosspark die Villa Maxing errichten. Im Herbst unternimmt er mit seinem jüngeren Bruder Carl Ludwig seine erste Mittelmeerreise, die ihn nach Griechenland, Dalmatien und in die Türkei führt. Am 26. Oktober tritt er in die österreichische Kriegsmarine in Triest ein.

Ferdinand Maximilian vor der Villa Lazarovich in Triest, 1852 (ÖNB-BA)

Ferdinand Maximilian in der Uniform der k. k. Kriegsmarine mit dem Orden vom Goldenen Vlies, 1853 (CM)

1851 Von Juli bis September befindet sich Ferdinand Maximilian auf einer Seereise nach Italien und Spanien.

Im Londoner Hydepark findet die erste Weltausstellung statt.

1852 Ab Februar mietet der Erzherzog die Villa Lazarovich in Triest, die nach seinen Vorstellungen umgebaut und dem historistischen Zeitstil entsprechend eingerichtet wird. Ab Mai bereist Ferdinand Max an Bord des Dampfschiffes Volta Sizilien, die Balearen, Algerien, Albanien und Madeira.

Der französische Staatspräsident Charles Louis Bonaparte, ein Neffe Kaiser Napoleons I., lässt sich am 2. Dezember als Napoleon III. zum Kaiser Frankreichs krönen und errichtet eine autoritäre Diktatur.

1853 Am 18. Februar überlebt Kaiser Franz Joseph ein Attentat des ungarischen Schneidergesellen János Libényi. Zum Dank für die Errettung des Kaisers wird auf Initiative von Ferdinand Maximilian die Votivkirche in Wien aus Spendengeldern errichtet.
Am 9. April wird der Erzherzog zum Korvettenkapitän ernannt und übernimmt das Kommando des Schiffes Minerva.

Das Osmanische Reich mit Unterstützung durch Frankreich und Großbritannien erklärt Russland den Krieg.

Josef Selleny, Erzherzog Ferdinand Maximilian, 1855 (WM)

Cesare Dell'Acqua, Hochzeit von Ferdinand Maximilian und Charlotte von Belgien in Brüssel, 1857 (CM)

1854 Maximilian wird zum Oberbefehlshaber der k. k. Kriegsmarine ernannt.
Am 24. April heiratet sein Bruder Franz Joseph die erst 16-jährige Elisabeth in Bayern in der Wiener Augustinerkirche.

1856 Am 1. März beginnen die Bauarbeiten zu Schloss Miramar in Triest. Nach einem Aufenthalt in Brüssel verlobt sich Ferdinand Maximilian am 31. Dezember mit Charlotte, der Tochter König Leopolds I. von Belgien.

1857 Am 28. Februar wird Ferdinand Maximilian zum Generalgouverneur von Lombardo-Venetien ernannt.
Am 30. April sticht die Fregatte Novara von Triest aus in See. Die von Ferdinand Maximilian angeregte Weltumsegelung dient vor allem der naturwissenschaftlichen Forschung.
Im Mai und Juni reist der Erzherzog mit dem Dampfer Elisabeth nach Livorno, London und Amsterdam.
Am 27. Juli heiratet er Charlotte von Belgien in Brüssel.

Kaiser Franz Joseph beschließt den Bau der Wiener Ringstraße.

Ferdinand Max in Marineuniform, um 1856 (WM)

Ghemar Frères, Ferdinand Maximilian und seine Ehefrau Charlotte, Brüssel, um 1860 (ÖNB-BA)

1859 Aufgrund der angespannten militärischen Lage muss Ferdinand Maximilian auf Befehl Kaiser Franz Josephs sein Amt als Generalgouverneur von Lombardo-Venetien niederlegen. Im Herbst erwirbt Charlotte die Insel Lacroma bei Dubrovnik in Dalmatien.
Mitte November begibt sich der Erzherzog auf eine viermonatige Forschungsreise nach Brasilien.

Nach der Niederlage in der Schlacht von Solferino verliert Österreich die Lombardei an Frankreich.

1860 Nach mehrjähriger Planungs- und Bauzeit beziehen Maximilian und Charlotte zu Weihnachten das Schloss Miramar in Triest.

1861 Am 24. Dezember stattet Gutiérrez de Estrada, ein emigrierter mexikanischer Monarchist, dem Erzherzogspaar einen Besuch in Miramar ab. Maximilian wird erstmals mit der Idee eines mexikanischen Kaiserreiches konfrontiert.

Infolge der schlechten wirtschaftlichen Lage stellt Mexiko unter der Präsidentschaft von Benito Juárez die Rückzahlung seiner Auslandsschulden ein. Daraufhin beschließen Frankreich, Spanien und Großbritannien die Zahlungen mit militärischen Mitteln einzutreiben.

Ferdinand Maximilian im Ornat des Ordens vom Goldenen Vlies, 1861 (MD/EK)

Bingham, Ferdinand Maximilian im Gehrock, um 1862 (ÖNB-BA)

1862 *Nachdem offensichtlich wird, dass Kaiser Napoleon III. nicht nur die Schuldentilgung, sondern auch die Eroberung Mexikos anstrebt, ziehen Großbritannien und Spanien ihre Truppen aus Mexiko ab. Frankreich arbeitet auf die Errichtung einer mexikanischen Monarchie hin.*

1863 Auf Betreiben Napoleons III. bietet eine mexikanische Deputation Maximilian am 3. Oktober in Miramar die mexikanische Kaiserkrone an. Maximilian fordert eine Volksabstimmung, deren Ergebnis allerdings von den Franzosen zugunsten einer Monarchie gefälscht wird.

1864 Am 10. April nimmt Maximilian im guten Glauben daran, dass die Mehrheit der mexikanischen Bevölkerung eine Monarchie befürwortet, die Kaiserkrone an.

Auf Druck Kaiser Franz Josephs verzichtet er auf seine Thronfolge- und Erbansprüche in Österreich. Am 14. April reisen Maximilian und Charlotte nach Mexiko ab, wo sie Ende Mai eintreffen. Der Empfang der größtenteils republikanisch gesinnten Bevölkerung fällt kühl aus.

Ludwig Angerer, Ferdinand Maximilian, Wien, um 1862 (KHM-MVK)

Victor Angerer, Ferdinand Maximilian, Wien, um 1863 (ÖNB-BA)

1864 *Das Land Mexiko ist politisch gespalten. In der Hauptstadt herrschen die konservativen Monarchisten, während die Republikaner unter der Führung von Präsident Benito Juárez in Veracruz die Oberhand haben.*

Die kommenden drei Jahre sind gezeichnet durch die zermürbenden und blutigen Eroberungskämpfe zwischen Republikanern und Monarchisten.

1865 Das Kaiserpaar unternimmt einige diplomatische Erkundungsreisen durch das Land. Unter anderem besucht Maximilian von Mitte April bis Ende Juni das österreichische Freiwilligenkorps, das im Gebiet von Orizaba, Jalapa, Perote und Puebla operiert. Ende des Jahres begibt sich Charlotte auf eine ausgedehnte Reise nach Yucatán.

Der amerikanische Bürgerkrieg wird mit einem Sieg der Nordstaaten beendet. Die USA wenden sich nun gegen die imperialistischen, die amerikanische Machtsphäre verletzenden französischen Aktivitäten.

Ferdinand Maximilian, um 1864 (WM)

Bingham, Albert Graefle, Maximilian als Kaiser von Mexiko, um 1864 (ÖNB-BA)

1866 Im Juli 1866 reist Charlotte nach Europa, um Napoleon III. um Unterstützung für Mexiko zu bitten. Ihre Bemühungen bleiben jedoch erfolglos. Während eines Besuches im Vatikan bei Papst Pius IX. entwickelt Charlotte Wahnzustände. Im Herbst trifft Maximilian Vorbereitungen zur Abdankung und Rückkehr nach Europa. Kurz darauf verwirft er diese Pläne jedoch wieder und bleibt in Mexiko.

Das österreichische und belgische Freiwilligenkorps wird aufgelöst. Viele Freiwillige reisen ab, die verbliebenen Soldaten werden in die von Maximilian gegründete mexikanische Nationalarmee eingegliedert.

Am 3. Juli besiegt Preußen seinen Gegner Österreich in der Schlacht bei Königgrätz. Infolgedessen wird Kaiser Franz Joseph gezwungen, Venetien an Napoleon III. abzutreten. Darüber hinaus scheidet Österreich aus dem Deutschen Bund aus und Schleswig-Holstein, Hannover, Kurhessen, Nassau und Frankfurt werden von Preußen annektiert.

Napoleon III. zieht ab Juni die französischen Truppen aus Mexiko ab. Die mexikanischen Republikaner erhalten jetzt Unterstützung von den USA.

Heinrich Sommer, Maximilian in der Uniform eines Ulanen in Mexiko, um 1865 (ÖNB-BA)

Julius Gertinger, Maximilian im Profil, um 1866 (WM)

1867 Im Februar begibt sich Kaiser Maximilian mit seinen restlichen mexikanischen Truppen nach Querétaro, wo er am 15. Mai von den Republikanern gefangen genommen und nach einem Prozess am 19. Juni hingerichtet wird. Erst ein halbes Jahr später wird Maximilians Leichnam freigegeben und nach Wien überführt. Die feierliche Beisetzung Maximilians findet am 18. Jänner 1868 in der Kapuzinergruft in Wien statt.

Charlotte wird nach Belgien gebracht, wo sie bis zu ihrem Tod 1927 psychisch beeinträchtigt in Hausarrest lebt.

In Leipzig erscheint Maximilians siebenbändiges Werk „Aus meinem Leben", das seine gesammelten Reiseerinnerungen, Gedichte und Aphorismen beinhaltet.

Aufgrund des österreichisch-ungarischen Ausgleichs werden Kaiser Franz Joseph I. und seine Gemahlin Elisabeth am 8. Juni in Buda zum König und zur Königin von Ungarn gekrönt.

Bingham, Kaiser Maximilian kurz vor seinem Tod, 1867 (KHM-MVK)

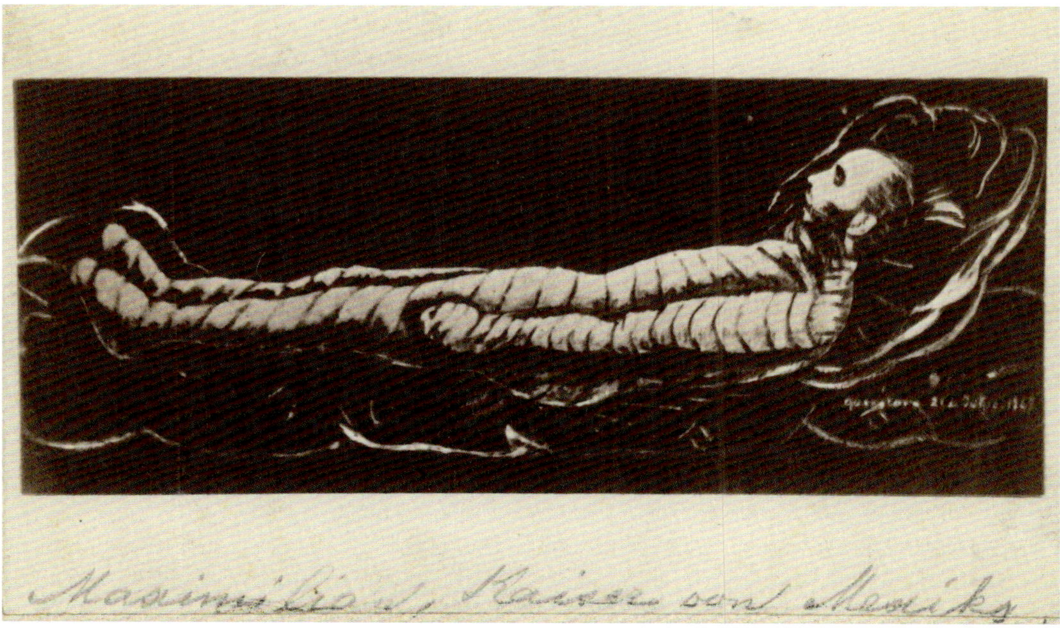

Der einbalsamierte Leichnam Maximilians, 1867 (WM)

3. Erzherzog Ferdinand Max – Marineoffizier und Kommandant der k. k. Kriegsmarine

Karl Klaus Körner

Die Revolution in Venedig im März 1848 traf die österreichische Kriegsmarine ins Mark. Fünfzig Jahre zuvor hatte General Napoleon Bonaparte die fast tausend Jahre alte „Serenissima Repubblica" zerschlagen und die nacktberaubten Trümmer den Österreichern überlassen. Die Erinnerung daran war bei den Venezianern noch nicht erloschen und die subversive Tätigkeit der Einigungsbestrebung „Giovane Italia" tat ihr Übriges. Das Ziel war der Zusammenschluss aller Italiener in einem selbständigen Staat. Ende März 1848 rissen Revolutionäre die Macht an sich, vertrieben die Österreicher, der Arsenaldirektor Oberst Johann Marinovich wurde ermordet, der Marinekommandant Vizeadmiral Anton Martini gefangengesetzt. Mehr als die halbe Marine war in die Hände der Aufständischen gefallen, die verbliebenen Mannschaften galten vielfach als illoyal.

Dieser Aderlass bedingte zwar einen großen Verlust an militärischer Macht, bot andererseits aber auch die Möglichkeit, die personellen und organisatorischen Strukturen der Marine völlig umzukrempeln. Triest wurde zunächst Sitz des Marineoberkommandos und aus Dänemark verpflichtete man Vizeadmiral Hans Birch Dahlerup als neuen Marinekommandanten.

Glück im Unglück hatte die Kriegsmarine in mehrfacher Hinsicht. Nach dem Zusammenbruch der Revolution konnten alle Schiffe zurückgewonnen werden, sogar vermehrt um einige Dampfer. In den Folgejahren konnte die k. k. Marine beim Bau von großen Schiffen mit Schraubenantrieb durch die Anstellung von dänischen Schiffsarchitekten an ausländische Vorbilder anknüpfen, ohne all die Irrtümer in der Konstruktion und teure Fehler mit Experimenten gemacht zu haben.

Ferner hatte die Marine Glück durch den Umstand, dass sich das Kaiserreich nicht am Krimkrieg beteiligte. Politisch eine umstrittene Maßnahme, ersparte es aber der eben erst im Neuaufbau befindlichen Marine einen Waffengang, der sie wieder um Jahre zurückgeworfen hätte, und ermöglichte es gleichzeitig, neueste Entwicklungen im Schiffbau und im Artilleriewesen zu beobachten und einzubringen. Hier begann der Wettlauf zwischen Panzerung und Kanone, der für Österreich im Jahre 1866 in der Seeschlacht bei Lissa seinen Höhepunkt fand.

Zuletzt war die Person von Erzherzog Ferdinand Maximilian ein besonderer Glücksfall für den Wiederaufstieg der Marine. Seine hohe Geburt hatte den unschätzbaren Vorteil, die Belange der Marine, die bisher nur von den Brosamen leben musste, die vom Tisch des kontinental-terrestrisch denkenden Hofes fielen, seinem kaiserlichen Bruder Franz Joseph mit Nachdruck nahebringen zu können.

Was Erzherzog Ferdinand Max bewog, Seemann zu werden, wissen wir nicht. Erste Eindrücke vom Meer und dem Marinewesen mag er im September 1845 bekommen haben, als er gemeinsam mit seinen Brüdern bei Vizeadmiral Erzherzog Friedrich, damals Marinekommandant, in Venedig zu Gast war. Die Rückreise nach Triest machten die prominenten Besucher auf dem Kriegsdampfer MARIANNA, wobei ein Abstecher nach Pola eingeschlossen war.

Die Teilnahme an einem Gefecht bei Raab im Revolutionsjahr 1849 verstärkte die Abneigung des Erzherzogs gegenüber einer militärischen Laufbahn bei der Armee. Eine weitere Seereise unternahm er mit seinem Bruder Erzherzog Carl Ludwig im Herbst 1850, die über Pola und Dalmatien nach der Levante führte, und gerade Griechenland kam seiner romantischen

Ader sehr entgegen. Als der gerade 18-Jährige nach seiner Rückkehr in Triest noch den Stapellauf des Kriegsdampfers VOLTA beobachten konnte, stand für ihn fest: Er musste zur Marine.

Die seemännische Ausbildung übernahmen Linienschiffskapitän Ludwig Kudriaffsky und Schiffsleutnant Julius Wissiak. Im Rang eines Fregattenleutnants schiffte sich der Erzherzog im Juni 1851 auf der damals neuen Fregatte NOVARA ein und erlebte von August bis November seinen ersten Seedienst im Mittelmeer. Kommentar des Kommandanten Fregattenkapitän Ladislaus Károly: „Takelwerk schlecht, Kadetten widerspenstig." Die NOVARA blieb für Ferdinand Max prägend.

Weitere Dienste auf See leistete der Erzherzog im Winter 1851/52 im Rahmen der Übungsescadre unter Admiral Alexander Bujakovich an Bord der Fregatte VENUS und von Mai bis Juli 1852 bereits als Linienschiffsleutnant auf der Dampfkorvette VOLTA. Sein schöpferischer Geist machte ihn sehr aufgeschlossen gegenüber technischen Neuerungen, sodass er noch als Subalternoffizier seinen Bruder darin bestärkte, große schraubengetriebene Schiffe in die k. k. Marine einzuführen, was dazu führte, dass man im selben Jahr in England eine moderne Schraubenfregatte als Vorbild für künftige heimische Schiffsbauten bestellte. Im April 1853 zum Korvettenkapitän befördert, bekam Ferdinand Max sein erstes selbständiges Kommando auf der Korvette MINERVA. Wieder ging die Reise über Dalmatien nach der Levante, teilweise in die Flottenabteilung von Linienschiffskapitän Anton Bourguignon-Baumberg eingebunden, teilweise unabhängig.

Mit Allerhöchster Entschließung vom 10. September 1854 wurde Ferdinand Max zum Kontreadmiral ernannt und er übernahm gleichzeitig das Oberkommando über die Marine – sehr zum Missfallen der Wiener Hofstellen.

Gleich im Sommer des Folgejahres fasste er 14 Schiffe zur bisher größten Übungsescadre der österreichischen Marine zusammen. Wie schon auf der MINERVA versuchte Ferdinand Max im Sinne von Admiral Dahlerups Reorganisationsmaßnahmen auch hier Deutsch als Dienstsprache durchzusetzen, die „lingua di bordo", mit vielen italienischen und kroatischen Ausdrücken untermischt, blieb aber bis zum Ende der Monarchie erhalten. Die Escadre in wechselnder Zusammensetzung zeigte die k. k. Flagge von April bis Oktober 1855 in Levante und Ponente – ein großer Prestigegewinn.

03-01) Erzherzog Ferdinand Maximilian mit Mitgliedern der Mannschaft an Bord der Segelfregatte Schwarzenberg, 1855 (CM)

Man sagt Erzherzog Ferdinand Max gefühlsbetonte Vorstellungen, schwankende Zielsetzungen und Zögerlichkeit nach – mag sein, aber für seine Zeit als Marinekommandant stimmt es sicher nicht. In den zehn Jahren seiner Tätigkeit arbeitete er unermüdlich und hartnäckig an der Vermehrung von tauglichen und modernen Schiffseinheiten, am Ausbau der Werftkapazitäten, der Schulungseinrichtungen und der Verbesserung der Organisationsstrukturen. Zu Letzterem gehörte die Herauslösung der Marineführung aus der Armeeleitung im Herbst 1856, wobei die neue Selbständigkeit dieser Waffengattung mit der Ernennung des Erzherzogs zum Vizeadmiral betont wurde. Im Jahr darauf wurde in Fiume die Marineakademie eröffnet, die bisher als Marinekollegium in Triest einen vorläufigen Unterschlupf gefunden hatte.

Die k. k. Kriegsmarine hatte sich allzu sehr auf Venedig und sein Arsenal gestützt und stand während der Revolution in Venedig ohne Kriegshafen da. Vorstellungen, Venedig zugunsten des geographisch besseren Hafens Pola zu verlassen – große Schiffe konnten nur mit Hilfe von Schwimmkörpern, sogenannten „Kamelen", die seichten Einfahrten in die Lagune passieren –, gab es schon seit 1835, das und die zunehmenden politischen Spannungen veranlassten dann zwölf Jahre später auch Erzherzog Friedrich, über eine Verlegung nach Pola nachzudenken. Nach den Erfahrungen von 1848/49 gab es keinen Zweifel mehr und wieder war Erzherzog Ferdinand Max federführend. Er setzte sich für den beschleunigten Ausbau dieses Hafens ein, veranlasste die wichtigsten Maßnahmen zur Verbesserung der Infrastruktur wie die Herstellung von Wasserleitungen anstelle der bisherigen Zisternen und die Trockenlegung der nahen Sümpfe. Für einen frühzeitigen Reparaturbetrieb ließ Ferdinand Max in Venedig ein Schwimmdock bauen, das anschließend nach Pola geschleppt wurde. Am 2. Dezember 1856 legte das Kaiserpaar den Grundstein zum Seearsenal in Pola. Die aus der Zeit des Vormärz auf Stapel liegenden Schiffe wurden fertiggebaut, die Fregatte NOVARA mit dem Stapellauf 1850, der Kriegsschoner ARETHUSA im gleichen Jahr und 1851 die etwas größere ARTEMISIA, danach ergänzt mit nur noch zwei Segelschiffen, der Fregatte SCHWARZENBERG 1853 (Abb. 03-01) und dem Schoner SAIDA 1855. Neben einer Reihe von kriegstauglichen Raddampfern kamen an modernen Einheiten nach und nach dazu: die Schraubenfregatten RADETZKY aus England 1854, ADRIA 1856 und DONAU 1857, die gedeckten Schraubenkorvetten ERZHERZOG FRIEDRICH 1857, DANDOLO 1858 und zuletzt als einziges Linienschiff KAISER 1858.

03-02) Segelfregatte Novara, 1855 (SA)

Ausbildungsreise reihte sich an Ausbildungsreise, nicht nur Sommerescadren wurden gebildet, erstmals auch im Winter blieb die k. k. Marine präsent und im Jahre 1857 sprengten zwei Schiffe die Enge des Mittelmeeres. Die Korvette CAROLINA ging auf weite Fahrt nach Südamerika und zum Kap der Guten Hoffnung, während die Fregatte NOVARA (Abb. 03-02) zur Umsegelung des Globus ansetzte. Ferdinand Max mochte es sehr bedauert haben, dass es ihm seine Stellung verbot, auf der Weltumrundung der NOVARA mitzusegeln. Das Unternehmen war seiner Initiative zu verdanken und hatte nicht nur einen wissenschaftlichen Hintergrund. Der Suezkanal war

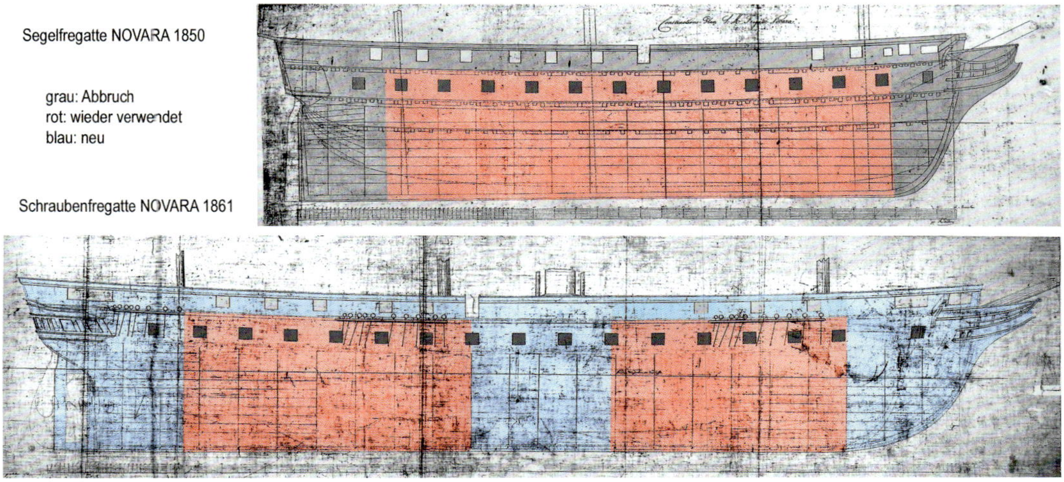

03-03) Vergleich der Seitenrisse der Schiffe mit dem Namen Novara, als Segelfregatte und als Schraubenfregatte (KA)

in Planung, Österreich maßgeblich technisch und wirtschaftlich daran beteiligt und es galt, für den verkürzten Weg nach Fernost Stützpunkte und Handelsniederlassungen einzuplanen. Dieser Gesichtspunkt wurde wegen des verlorenen Krieges von 1859 nicht weiter publik gemacht, wie auch die Weltreise in Valparaiso abgebrochen werden musste, um die NOVARA und ihre wissenschaftlichen Schätze ohne Zwischenaufenthalt nach Hause in Sicherheit zu bringen.

Wieder war es „der Aufschrei der unerlösten Gebiete Italiens“, der zu diesem Krieg von 1859 geführt hatte, während die Beteiligung Frankreichs u. a. darauf zielte, die Österreicher zur Aufgabe ihrer Anteile am künftigen Suezkanal zu zwingen. Zur See konnten die Österreicher der erdrückenden Übermacht der französischen Flotte nichts entgegensetzen, hatten aber den Vorteil, an der zerklüfteten und stellenweise gefährlichen Küste Dalmatiens „zu Hause“ zu sein. Ein missglückter Landungsversuch der Franzosen bei Zara (Zadar) zeigte neuerlich die Schwächen ungepanzerter hölzerner Schiffe auf, sodass Erzherzog Ferdinand Max unmittelbar nach dem Krieg auf den Bau von Panzerschiffen drängte. So kam es, dass Österreich als drittes Land der Welt bereits 1861 die Panzerfregatten DRACHE und SALAMANDER in Triest vom Stapel lassen konnte, drei weitere folgten im Jahr darauf und der Bau zweier noch stärkerer Einheiten wurde veranlasst. Diese Schiffe und die Kaderschmiede der Marineakademie waren die Grundlagen zur glanzvollen Vorstellung 1866 bei Lissa.

Eine weitere grundlegende Neuerung in der Marine veranlasste ihr Kommandant: Hatten bisher zahllose kleine Segelfahrzeuge, Kanonierschaluppen und Penichen die dalmatinische Küste als Stationäre überwacht, so wurden sie zwischen 1858 und 1861 durch ein Dutzend schneller Schraubenkanonenboote in verschiedenen Größenklassen ersetzt, die dank ihrer Mobilität ungleich größere Küstenabschnitte absichern konnten. Sie alle waren bereits mit modernsten gezogenen Hinterladern und meist zusätzlich mit schwerem glattem Geschütz bewaffnet.

Da auch die Segelfregatten NOVARA und SCHWARZENBERG noch nicht alt und verbraucht waren, entschloss sich Ferdinand Max zu ihrer weiteren Verwendung. Beide wurden 1861 an Land geholt, in Teilen abgewrackt und als Schraubenfregatten (Abb. 03-03) wieder neu aufgebaut.

Mit der Allerhöchsten Entschließung vom 22. Jänner 1864 endete die Tätigkeit Erzherzog Ferdinand Max' als Marinekommandant.
Ob Maximilian die neue Schraubenfregatte NOVARA für die Überfahrt nach Mexiko auswählte, weil ihn der Name nostalgisch an seine erste Einschiffung erinnerte? Auch darüber, dass man 1867 vielleicht aus Pietätsgründen dasselbe Schiff auswählte, um seinen Leichnam heimzuholen, gibt es kein Aktenstück, das eine eindeutige Aussage trifft.
Die schicksalhafte Verknüpfung des Schiffsnamens mit Maximilian mag seinen Grund darin haben, dass die Geschichte der NOVARA als Segel- und Schraubenfregatte wegen der Namensfortführung immer in einem Atemzug erzählt wird. Schiffbautechnisch ist das falsch, denn die neue Fregatte war wegen des Dampfantriebes nicht nur eine ganz andere Gattung, auch die Form wurde grundlegend verändert.

Das Segelschiff war eine Verbesserung der Fregatte BELLONA, das erste Schiff, das nach dem Aufbrauchen der 1814 vom Königreich Italien übernommenen Einheiten nach neuen Plänen entworfen und gebaut wurde. Schiffbaudirektor Giuseppe Paresi versuchte 1843 durch Vergrößerung der Grunddimensionen eine verstärkte Version zu erzielen, ein Schiff, das „einen rechten Puff aushalten kann". Die Fregatte hätte ursprünglich MINERVA heißen sollen, aber als sie endlich 1850 vom Stapel laufen sollte, baten Offiziere um die Namensgebung nach dem Ort der siegreichen Schlacht von 1849. Sie hatte die Abmessungen von 154 ½' Länge, 42 ½' Breite und einer Raumtiefe von 21' in Pariser Maß (50 m – 13,8 m – 6,8 m). Bewaffnet war sie mit 30-Pfünder-Kanonen, das neue Einheitskaliber in verschiedenen Längen- und Gewichtsabstufungen für Batterie und Oberdeck, und vier 60-pfündigen Granatkanonen. Dass Ferdinand Max ausgerechnet der NOVARA und nicht der moderneren und größeren SCHWARZENBERG den Ruhm der ersten österreichischen Weltumsegelung gönnte, mag seiner Verbundenheit mit diesem Schiff geschuldet gewesen sein. Ein Dampfschiff kam dafür nicht in Frage, denn Kesselanlagen und Maschinen hätten einer Besatzung von etwa 350 Mann und den Wissenschaftlern mit ihren gesammelten Objekten zu viel Platz weggenommen.

Im November 1861 aufgeholt, blieb vom alten Schiff nach dem Abbruch von Bug und Heck nur ein Abschnitt des mittleren Rumpfes übrig, dieser wurde entzweigeschnitten, die Teile auseinandergerückt und dann ein Mittelstück sowie Bug und Heck neu ein- und aufgebaut. Es wurde ein sehr schönes Schiff, das bis 1898 in Dienst stand. Äußerlich hatte es mit der alten Segelfregatte nichts mehr gemein.
Als nunmehriger Kaiser von Mexiko wird Ferdinand Max an Bord der neuen NOVARA auf seiner Fahrt ins Ungewisse seine frühere enge, mit vielen Zukunftsträumen verbundene Kajüte des jungen Offiziers vielleicht vermisst, aber nicht mehr wiedergefunden haben.

4. Vision und Wirklichkeit – Maximilians mexikanisches Kaiserreich (1864–1867)

Gerhard Gonsa

Politische Voraussetzungen – die französische Intervention von 1861

Betrachtet man die Geschichte Mexikos im 19. Jahrhundert, so fällt das mit der Wiederherstellung der Republik 1867 gescheiterte Kaiserreich Maximilians gerade in deren turbulenteste Phase. Die Zeit nach dem Ende des Unabhängigkeitskrieges gegen Spanien (1821) stand ganz im Zeichen einer großen politischen Instabilität, gekennzeichnet durch ständig wechselnde Kabinette, Gegenregierungen sowie Aufstände lokaler und regionaler Machthaber. Im Inneren wechselten einander alle nur denkbaren Herrschaftssysteme ab, zu den Bürgerkriegen kamen Interventionskriege ausländischer Mächte hinzu, wie jener der USA (1846–1848), die im Zuge eines Eroberungskrieges die Hälfte des mexikanischen Staatsgebiets annektierten.[1] 1861 folgte schließlich der Konflikt mit Großbritannien, Spanien und Frankreich in der Frage der Auslandsschuld, die Mexiko seit Beginn seiner Unabhängigkeit stark belastete. Der eben als Sieger aus dem Bürgerkrieg hervorgegangene liberale Präsident Benito Juárez (Abb. 04-01) verkündete aus extremer Geldnot ein zweijähriges Zahlungsmoratorium betreffend die bestehenden Staatsschulden, woraufhin die drei Staaten sich im Oktober 1861 in der Londoner Konvention darauf einigten, in einer gemeinsamen Expedition nach Mexiko die sofortige Bezahlung der Schulden zu erzwingen.

04-01) Maximilians Gegenspieler: Benito Juárez, 2. H. 19. Jh. (MD)

Als sich herausstellte, dass es Kaiser Napoleon III. von Frankreich um mehr als nur finanzielle Ansprüche ging und er sich in Wahrheit maßgeblichen Einfluss in und über Mexiko sichern wollte, zogen Großbritannien und Spanien ihre Truppen rasch wieder zurück. Napoleon nützte die sich damit bietende Gelegenheit und ging an die Verwirklichung seines Planes, eine mexikanische Monarchie in Abhängigkeit von Frankreich zu errichten. Er suchte dabei die Zusammenarbeit mit den konservativen Widersachern Juárez', die ihrerseits in einer Monarchie – genauer gesagt sollte es ein erbliches mexikanisches Kaiserreich unter einem europäischen katholischen Prinzen werden, der freilich noch zu finden war – den Ausweg aus dem mexikanischen Chaos und gleich-

[1] Walther L. Bernecker, Mexiko im 19. Jahrhundert: Zwischen Unabhängigkeit und Revolution. In: Eine kleine Geschichte Mexikos. Frankfurt am Main 2007, S. 119–240, hier S. 139 ff.

zeitig die Chance zur Rückkehr an die Macht sahen. Die Hoffnungen Napoleons III. auf leichte Siege erwiesen sich indessen als Irrtum; erst mit einer Aufstockung des französischen Heeres von anfangs 5500 auf über 40.000 Mann gelang es seinen Generälen, die republikanischen Einheiten zu schlagen und 1863 die Hauptstadt zu besetzen sowie bis 1865 Juárez in die nördlichen Grenzgebiete zu verdrängen.[2]

Zum ersten Mal konfrontiert mit der Möglichkeit, sich auf ein „mexikanisches Abenteuer" einzulassen, wurde Erzherzog Ferdinand Maximilian im Oktober 1861, als ihm seitens mexikanischer Exilanten in schmeichelhaften Briefen nach Miramar der Kaiserthron Mexikos angeboten wurde. Bewusst koordiniert damit trat zur gleichen Zeit – es war noch am Vorabend des Entschlusses der europäischen Gläubigerländer zur Intervention in Mexiko – das französische Kaiserpaar Napoleon III. und Eugenie in der gleichen Sache an Kaiser Franz Joseph I., als Chef des Hauses Habsburg, heran.[3] Ungeachtet der wechselvollen, sich daran anschließenden Ereignisse und Verhandlungen, die die tatsächliche Verwirklichung des ganzen Projekts oftmals in Frage stellten, blieben dem Erzherzog von der ersten Beschäftigung mit dem Gedanken einer Kronannahme bis zum tatsächlichen Einzug als Kaiser in Mexiko-Stadt am 12. Juni 1864 schließlich etwas mehr als zweieinhalb Jahre Vorbereitungszeit, in der es galt, einen solch abenteuerlichen Schritt durch internationale Garantien abzusichern und gleichzeitig tragfähige Ideen zu Wesen und Aufgaben des neuen Staates zu entwickeln, insbesondere was grundlegende Fragen wie Verfassung, Verwaltung und Hofstaat, aber auch weitergehende, die mannigfaltigsten Bereiche des öffentlichen Lebens betreffende Maßnahmen anging.

Pläne und Vorbereitungen (1861–1864)

Die Wahl der Mexikaner und Napoleons hatte nicht den Falschen getroffen: Von Anfang an begeisterte sich der ehrgeizige und tatendurstige Erzherzog, der seit 1859 mangels geeigneter Aufgaben ein unfreiwillig zurückgezogenes Dasein in Miramar geführt hatte, für den Plan eines Kaiserreiches in Mexiko unter seiner Führung. Schon im Oktober 1861 spekulierte er mit einem möglicherweise zu erbringenden „schwersten Opfer".[4] Geblendet vom exotischen Glanz der mexikanischen Krone und den gleichen falschen Vorstellungen anhängend wie Napoleon III., begann er weitreichende, geradezu ausufernde Zukunftspläne zu schmieden, die bis zur Vision der Schaffung eines großen habsburgischen Doppelkaiserreiches in Mexiko und Brasilien gingen.[5] Es äußert sich darin ein typischer, letztlich fatale Wirkungen zeitigender Charakterzug Maximilians, dem es an der Fähigkeit mangelte, zwischen bloßen – wenn auch noch so geistreichen – Ideen und dem faktisch Erreichbaren zu unterscheiden. Was Mexiko anging war er, übereinstimmend mit den in einem zeitgenössischen Buch seines Lehrers Hauslab zu findenden Worten, davon überzeugt, das durch die Schätze seiner Natur an sich sehr reiche Land mittels Wiederbelebung von Kenntnissen und Kultur sowie durch das Walten eines neuen Geistes und einer neuen

---

[2] Bernecker (zit. Anm. 1), S. 214 f.
[3] Johann Lubienski, Der maximilianeische Staat: Mexiko 1861–1867. Verfassung, Verwaltung und Ideengeschichte, Wien-Köln-Graz 1988, S. 23.
[4] Ebenda, S. 23.
[5] Ferdinand Anders, Maximilian und Mexiko. In: Ausstellungskatalog Maximilian von Mexiko 1832–1867, Hardegg a. d. Thaya 1974, S. 87–129, hier S. 114.

Seele in eine starke Position unter den amerikanischen Völkern führen zu können.[6]

In vielen Zusammenkünften und in regem Briefverkehr verhandelte Maximilian mit seinem Bruder Kaiser Franz Joseph I. und den übrigen europäischen Mächten über die Bedingungen für deren Unterstützung und auch bereits über Einzelheiten seiner zukünftigen Herrschaft in Mexiko. Dabei waren Kaiser Napoleon III. von Frankreich und König Leopold I. von Belgien, der Vater von Maximilians Gemahlin Charlotte, seine politischen Mentoren. Was die Verfassungsfrage anging, erwies sich Maximilian als Verfechter liberaler Ideen, die ihm, in kontinuierlicher Fortsetzung seiner Haltung als Gouverneur Lombardo-Venetiens in den Jahren 1857 bis 1859, ein echtes Anliegen waren. So legte er sich gegenüber mexikanischen Deputationen in den Jahren 1863 und 1864 verbindlich darauf fest, als Kaiser von Mexiko konstitutionell regieren zu wollen; als Vorbild nannte er dabei seinen Bruder Kaiser Franz Joseph in Österreich.[7] Für heftige Diskussionen sorgte der von ihm im September 1863 nach europäischen Mustern ausgearbeitete Verfassungsentwurf („Septemberverfassung"). Neben allgemeinen Grundsätzen sah der Entwurf im Bereich der Gesetzgebung die Schaffung eines Senats vor, dem – in mancher Hinsicht dem österreichischen Reichsrat jener Zeit nachempfunden – nicht nur neben vom Kaiser zu ernennenden Mitgliedern und Honoratioren auch gewählte Abgeordnete angehören sollten, sondern dem auch gewisse Mitwirkungsrechte betreffend Vorschlag und Änderung von Gesetzen zukommen sollten. Diese Befugnisse des Senats gingen Kaiser Napoleon III. zu weit, er lehnte sie als zu liberal und die kaiserlichen Rechte zu sehr einschränkend kategorisch ab und empfahl Maximilian stattdessen eine „liberale Diktatur".[8] Auch General Juan Almonte, führendes Mitglied der vorläufig amtierenden provisorischen Regierung („Regentschaft") Mexikos in den von der französischen Besatzungsmacht kontrollierten Landesteilen, weigerte sich, den Verfassungsentwurf gemäß Maximilians Wunsch schon vorab der Nationalversammlung zum Beschluss vorzulegen. Resignierend verschob Maximilian die Lösung der Verfassungsfrage daraufhin auf die Zeit nach seiner Ankunft in Mexiko. Erstaunlicherweise akzeptierte er damit die Nichterfüllung einer seiner zentralsten, ihm besonders am Herzen liegenden Vorbedingungen für eine definitive Thronannahme, die Verwirklichung seiner liberalen Verfassungsideen. Auch als Kaiser von Mexiko konnte er seinen Entwurf später nie durchsetzen, die am 10. April 1865 tatsächlich in Kraft gesetzte Verfassung sah keinen Senat mehr vor, das Gesetzgebungsrecht dieser „Aprilverfassung" lag ausschließlich beim Monarchen. Die obersten Beratungsbehörden, Staatsrat und Ministerrat, mussten nicht zwingend hinzugezogen werden.[9]

Es sollte dies keineswegs die einzige unerfüllte Vorbedingung Maximilians bleiben: Letztlich gab es weder die erhofften Garantieerklärungen für das Kaiserreich seitens Englands und Spaniens, noch konnte die ausdrückliche Duldung des Projekts durch die USA jemals erreicht werden. Die in Aussicht genommene Unterstützung durch die katholische Kirche, die sich von der Gründung des Kaiserreiches

6 Elisabeth Springer, Maximilians Persönlichkeit. In: Ausstellungskatalog Maximilian von Mexiko 1832–1867, Hardegg a. d. Thaya 1974, S. 12–23, hier S. 19.
7 Lubienski (zit. Anm. 3), S. 39.
8 Ebenda, S. 42.
9 Ebenda, S. 83.

04-02) Nachbildung der mexikanischen Kaiserkrone als Funeralkrone, 1864–67 (MD/TK)

eine Restauration ihrer Vorrechte und ihres Grundbesitzes in Mexiko versprach, konnte nicht gewonnen werden. Angesichts der dann in Mexiko verfolgten Politik Maximilians, die in der Kirchengüterfrage die gleiche Position wie Juárez vertrat und überdies darauf abzielte, die Kirche dem Staat zu unterstellen, schlug sie vollends ins Gegenteil um. Schließlich waren auch die angeblichen Beweise für die Zustimmung einer Mehrheit der mexikanischen Bevölkerung zur Etablierung eines Kaiserreiches – es handelte sich um kistenweise präsentierte, unterschriebene Unterstützungserklärungen – äußerst dubios und entsprachen nicht der Realität.

Die geringen Aussichten, unter diesen Voraussetzungen einen auf Dauer lebensfähigen Staat zu schaffen, hinderten Maximilian nicht daran, am 10. April 1864 in Miramar in einer feierlichen Zeremonie die mexikanische Kaiserkrone (Abb. 04-02) formell anzunehmen und in einer Ansprache vor einer Delegation von Exilmexikanern zu erklären, dass seine Vorbedingungen hinreichend erfüllt seien. Tatsächlich beruhte das ganze Unternehmen nur mehr auf den Zusicherungen Kaiser Napoleons III., wie sie im sogenannten Miramarvertrag, abgeschlossen anlässlich der Kronannahme, fixiert wurden: Maximilian unterzeichnete dabei eine Konvention bezüglich Umfang und Modalitäten der französischen Militärhilfe, weiters nahm er für sein Kaiserreich ein erstes gewaltiges Darlehen vom französischen Staat auf, das zur Deckung aller bisherigen Schulden und zur weiteren Finanzierung Mexikos diente und aus den laufenden Einnahmen zurückgezahlt werden sollte. Daneben konnten immerhin Dekrete bezüglich der Aufstellung von belgischen und österreichischen Freiwilligenkorps unterschrieben werden, die dann mit Maximilian nach Mexiko gingen und an der Seite von Franzosen und kaiserlichen Mexikanern gegen die republikanischen Truppen kämpften.[10]

Maximilian unterwarf sein Schicksal damit faktisch ganz dem weiteren Erfolg eines Unternehmens, das nur als französisches Kolonialabenteuer charakterisiert werden kann.[11] Er hätte erkennen können müssen, dass hinter der Gründung des mexikanischen Kaiserreiches ausschließlich französische politische und wirtschaftliche Eigeninteressen standen und das Überleben des neuen Staates von vornherein alleine von der weiteren militärischen und finanziellen Unterstützung durch Napoleon III. abhing. Eine unabhängige Politik seinerseits war damit von vornherein unmöglich. Als Erklärung für Maximilians Verhalten kann wohl einerseits der starke Wunsch angesehen werden, seine Fähigkeiten als Herrscher unter Beweis zu stellen. Dem gegenüber mögen bei ihm die ungelös-

[10] Lubienski (zit. Anm. 3), S. 33.

[11] Dazu zuletzt ausführlich David Pruonto, Das mexikanische Kaiserreich Maximilians von Habsburg (1864–1867) – ein französisches Kolonialabenteuer? Phil. Diss. Wien 2012.

04-03) Entwurfszeichnung des mexikanischen Kaisermantels, um 1864 (ÖNB-BA)

ten politischen Probleme und die erfahrenen persönlichen Enttäuschungen – er musste auf alle seine Ansprüche in Österreich verzichten – in den Hintergrund getreten sein. Dazu kam andererseits die Unfähigkeit, die tatsächlichen Gegebenheiten in Mexiko und die wahren Anforderungen seines neuen Herrschaftsbereiches realistisch einzuschätzen: Seine Hauptbeschäftigung galt formalen und ästhetischen Fragen wie den Details seiner persönlichen Hofhaltung und der Adjustierung der Hofchargen, der Ausgestaltung seiner Residenzen und der Abhaltung großer Feste und Zeremonien sowie kulturellen Fragen auf den Gebieten von Kunst, Literatur und Wissenschaften (Abb. 04-03, 04-05).[12] Alles in allem liefen Maximilians Vorbereitungen eher auf die Verwirklichung eines großartigen Gesamtkunstwerkes in der Art eines zweiten, wesentlich größer dimensionierten Miramar-Projekts hinaus als auf die Schaffung einer den politischen Realitäten standhaltenden, ausreichend abgesicherten Machtbasis, von der aus dann die Konsolidierung eines innerlich zerrütteten Staates in Angriff genommen hätte werden können. Anschaulicher Ausdruck dieser seiner, von Eggert als „politischer Ästhetizismus"[13] bezeichneten Denkweise ist das 1865 abgeschlossene, im Druck erschienene „Reglamento para los Servicios de Honor y el Ceremonial de la Corte",[14] dessen Entwurf er auf der sechswöchigen Überfahrt auf der Fregatte „Novara" begonnen hatte. Auf mehr als 300 Seiten werden darin in allen Details die zu schaffenden vielfältigen Hofämter und -dienste sowie ein ausgeklügeltes, allen nur denkbaren Anlässen gerecht werdendes Hofzeremoniell dargelegt, ergänzt um sorgsam ausgearbeitete graphische Erläuterungen. Bei der Vertiefung in die kunstvollen Details dieses jedenfalls bewundernswürdigen Werkes kann sich der Leser das prachtvolle Bild eines Hofstaates ausmalen,

[12] Lubienski (zit. Anm. 3), S. 73.
[13] Zitiert nach ebenda, S. 73.
[14] Reglamento para el servicio y ceremonial de la corte, Mexico 1865.

wie er auch einem bedeutenden europäischen Kaiserhof, etwa dem als Vorbild genommenen österreichischen, bestens zu Gesicht gestanden hätte.

Die in die Vorbereitungen der Regierungsübernahme und das Werden des neuen Staatswesens führend eingebundenen Vertrauten Maximilians waren der schon anlässlich der Eidesleistung in Miramar bestellte erste kaiserliche Minister Velasquez de León, der sich vorläufig um die Erledigung der Staatsgeschäfte kümmern und die erste Regierung bilden sollte, der zum Leiter des kaiserlichen Kabinetts bestellte Belgier Felix Eloin und der zum Staatsrat ernannte Sebastian Schertzenlechner, schon bis dahin Maximilians Privatsekretär.[15]

Das Kaiserreich (1864–1867)

Nach der Landung in Veracruz zogen Maximilian und Charlotte weiter nach Westen in Richtung der Hauptstadt Mexiko-Stadt, wo ihnen ein begeisterter Empfang bereitet wurde. Dann begann eine Zeit intensiven Arbeitens, in der der Kaiser bestrebt war, sein Land kennen zu lernen und seine Ideen zu verwirklichen. Angesichts der vorgefundenen chaotischen Zustände und auch weil nicht genügend geeignete Personen zur Verfügung standen, ließ er die geplanten Ministerien zunächst unbesetzt und setzte Kommissionen auf den Gebieten Finanzen, Militär, Unterricht und Justiz ein – die zweite unter Leitung des kommandierenden französischen Generals Bazaine –, um die nötige organisatorische Infrastruktur herzustellen und Vorschläge zur Lösung der anstehenden Probleme auszuarbeiten. Nach einer großen, annähernd dreimonatigen Rundreise Maximilians nahm die erste Regierung Velasquez de León, deren Mitglieder durchwegs dem gemäßigt liberalen Lager angehörten, schließlich im Herbst 1864 die Arbeit auf. Ihre Ziele blieben bis zu ihrer Demissionierung im März 1866 stets die gleichen: Grundlegende Organisation des Kaiserreiches mittels Veröffentlichung der notwendigen Gesetze und Verordnungen nach den allgemeinen Grundsätzen der Aprilverfassung von 1865 und mittels Umsetzung der programmatischen Direktiven des Kaisers, Versöhnung der gegnerischen Parteien auf Basis einer Befriedung des Landes, Erreichung der Neutralität oder gar Anerkennung seitens der USA sowie Sicherung der kontinuierlichen politischen, finanziellen und militärischen Hilfe Napoleons III.[16] Nach etwa einem Jahr rastloser Tätigkeit konnte Maximilian in einem Handschreiben an seinen Außenminister Ramirez stolz verkünden, dass nunmehr die gesamte politische, gerichtliche und administrative Organisation seines Reiches abgeschlossen sei und man somit in eine neue Epoche einträte.[17]

Was den Hofstaat anging, erwies sich das theoretisch mustergültig ausgearbeitete Hofreglement in der Praxis für Mexiko schnell als völlig untauglich.[18] Im Gegensatz zu Maximilians Hofhaltung in Mailand und Miramar musste der mexikanische Hofstaat höchst einfach eingerichtet werden und mit einem sehr beschränkten Personalstand auskommen. Das lag nicht nur am knappen Geld – nach anfänglichen großzügigen Anschaffungen musste auch am Kaiserhof immer mehr gespart werden –, sondern insbesondere an den seit der

[15] Lubienski (zit. Anm. 3), S. 33 f.
[16] Ebenda, S. 53.
[17] Ebenda, S. 54 f.
[18] Anders (zit. Anm. 5), S. 109.

04-04) Mexikanischer Adlerorden mit Etui und Ordensband, 1864–67 (PB/EK)

Herrschaft der spanischen Vizekönige in Vergessenheit geratenen monarchischen Traditionen. Für den Hofdienst vorgesehene Mexikaner mussten erst mühsam in die Formen der Etikette und des Zeremoniells eingeweiht werden, wobei es durchaus vorkommen konnte, dass Hofdamen der Kaiserin den Ehrendienst verweigerten. Selbst die einfachsten Tischsitten waren vielfach unbekannt.[19] Nach der baldigen Rückkehr der meisten adeligen Reisebegleiter Maximilians und Charlottes nach Europa wurde der Hofstaat vermehrt um österreichische Bürgerliche ergänzt. Von der Schaffung neuer Adelstitel nahm Maximilian, damit freiwillig dem vorangegangenen Verbot durch die Republik folgend und politisch durchaus vernünftig, Abstand. Einzige Ausnahme war die für die Nachfolgefrage seiner „Erbmonarchie“ essentielle Verleihung des Fürstentitels an zwei Nachkommen des 1822 kurzfristig zum Kaiser von Mexiko ausgerufenen und 1824 erschossenen Obersten Agustín de Iturbide. Der kinderlose Maximilian adoptierte 1865 kurzerhand dessen Enkel und setzte ihn als legitimen Nachfolger und Thronerben ein. Als Ersatz für den de facto fehlenden Adel diente die Hervorhebung verdienstvoller Personen durch die Auszeichnung mit Orden und diversen militärischen und zivilen Verdienstmedaillen. Maximilian schuf drei kaiserliche Orden, deren Statuten gleichzeitig mit der Aprilverfassung 1865 publiziert wurden: den Mexikanischen Adlerorden (Abb. 04-04), den Orden von Guadalupe und den San-Carlos-Orden. Der Ordensschmuck wurde vom Wiener Juwelier C. F. Rothe hergestellt. Generell verlieh Kaiser Maximilian seine Orden und Medaillen sehr gerne und großzügig, nicht selten sogar über den Ozean hinweg, so erhielten etwa der Dichter Franz Grillparzer und Admiral Tegetthoff das Großkreuz des Guadalupe-Ordens.[20]

Als Residenz des Hofes war ursprünglich der als Regierungszentrum dienende riesige Nationalpalast in Mexiko-Stadt vorgesehen. Da er aber in einem verwahrlosten Zustand war, verlegte Kaiser Maximilian seinen Hof in das einige Kilometer südwestlich der Hauptstadt gelegene Schloss Chapultepec, ehemals Residenz der spanischen Vizekönige, das er renovieren und mit prächtigen Gartenanlagen ausstatten ließ.[21] Überhaupt galt Kaiser Maximilians besonderes Augenmerk einer immer intensiver betriebenen Bautätigkeit. So sind es, nimmt man einmal die relativ zahlreich erhaltenen kaiserlichen Insignien, Symbole und Gebrauchsgegenstände aus, vor allem einige Zeugnisse gerade dieser seiner Bemühungen, die tatsächlich realisiert werden konnten und – neben den auch auf diesem Gebiet noch weit großartigeren Plänen – von seiner Herrschaft übrig blieben: so etwa der Botschaftersaal des Nationalpalastes in Mexiko-Stadt, die zwischen der Hauptstadt und Chapultepec angelegte breite Allee mit Glorietten und doppelten Baumreihen und die im Schloss selbst ausgeführten gestalterischen Details

[19] Anders (zit. Anm. 5), S. 109 f.
[20] Lubienski (zit. Anm. 3), S. 75.
[21] Anders (zit. Anm. 5), S. 111.

und Malereien.[22] Auf kulturell-wissenschaftlichem Gebiet mögen noch die Förderung des Theaters, die Gründung einer Akademie der Wissenschaften, neue Lehrpläne im Unterrichtswesen und das Zusammentragen einer archäologischen Sammlung stellvertretend für die vielen Initiativen und Pläne Maximilians stehen, die – wie alle anderen – über bloße Planungen und bestenfalls während der ersten Hälfte seiner Regierungszeit erkennbare Ansätze hinaus niemals verwirklicht werden konnten.

04-05) Goldene Kutsche von Kaiser Maximilian von Mexico in Schloss Chapultepec (YMO)

Die Frage, ob sich die europäischen Ideen Maximilians, die er einem von völlig konträren Voraussetzungen geprägten Land wie Mexiko auferlegen wollte, selbst unter günstigeren Umständen jemals hätten realisieren lassen, stellte sich schon sehr bald nicht mehr. Zur Jahreswende 1865/66 trat die Katastrophe ein, die das Schicksal seines mexikanischen Kaiserreiches schlagartig besiegelte: Die Vereinigten Staaten unter Präsident Johnson wandten sich nach dem Ende des Sezessionskrieges (1861–1865) nunmehr aktiv gegen die imperialistischen, die amerikanische Machtsphäre verletzenden französischen Aktivitäten, die im Sinne der Monroe-Doktrin als feindlicher Akt empfunden wurden. Angesichts des auf ihn ausgeübten massiven Drucks – unter anderem wurden US-amerikanische Truppen an der Grenze zu Mexiko zusammengezogen – kündigte Napoleon III. Anfang 1866 den Abzug aller französischen Truppen aus Mexiko und die Einstellung jeglicher Finanz- und Wirtschaftshilfe an Maximilian an.[23] Kaiser Maximilian reagierte auf die radikal geänderte Situation und den bald darauf eintretenden Bruch mit Napoleon III. mit der Einhebung neuer Steuern und dem Versuch, mittels Zwangsaushebungen eine eigene mexikanische Nationalarmee aufzustellen. Im Zuge mehrerer Regierungsumbildungen bemühte er sich, gerade jene klerikal-konservativen Kräfte einzubinden, die ihn ursprünglich ins Land geholt hatten und die er durch liberale Reformmaßnahmen gegen sich aufgebracht hatte. Die sich nun einstellenden militärischen Niederlagen und das Scheitern einer Mission Kaiserin Charlottes im Juli 1866 nach Europa, die in Paris und Rom um Unterstützung werben wollte und angesichts deren Verweigerung den Verstand verlor, ließen auch Maximilian verzweifeln: Im Oktober 1866 war er knapp davor, abzudanken. Bestärkt durch sein Umfeld und neue, optimistische Regierungsprogramme,[24] und letztlich in der Hoffnung auf die Fähigkeiten seiner Generäle, harrte er schließlich, selbst angesichts der zu Beginn des Jahres 1867 erfolgenden endgültigen Einschiffung der französischen, österreichischen und belgischen Truppen, tapfer bis zum bitteren Ende aus. Im Juni 1867 wurde er zusammen mit seinen Generälen Mejía und Miramón in Querétaro als Hochverräter erschossen.

22 Lubienski (zit. Anm. 3), S. 76 f.
23 Bernecker (zit. Anm. 1), S. 216.
24 Lubienski (zit. Anm. 3), S. 66 f.

5. Paul von Zach und das österreichische Freiwilligenkorps in Mexiko

Thomas Ilming

Als der jüngere Bruder des österreichischen Kaisers Franz Joseph I., Erzherzog Ferdinand Maximilian, der bis dahin Oberbefehlshaber der k. k. Kriegsmarine war, am 10. April die neu geschaffene Kaiserwürde von Mexiko annahm, folgten ihm ein aufwendiger, an Österreich angelehnter Hofstaat mit einer Garde unter dem Kommandanten Graf Karl Bombelles, der zuvor Adjutant Kaiser Maximilians[1] war, sowie Soldaten in Freiwilligenkorps nach Mittelamerika.

05-01) Mitglieder des österreichischen Freiwilligenkorps in Ulanen- und Husarenuniform, um 1865 (KHM-MVK)

Ein Freiwilligenkorps wurde als Unterstützung von seinem Bruder Kaiser Franz Joseph zugesagt und wurde in den habsburgischen Erbländern angeworben. Dies wurde mit einer schriftlichen Zusage fixiert, die schließlich in einem bilateralen Abkommen ausgeführt wurde, der „Convention zwischen Österreich und Mexiko vom 19. Oktober 1864 über die Anwerbung eines Freiwilligenkorps für den mexikanischen Militärdienst".[2] (Abb. 05-01)

Melden konnte sich jeder Staatsbürger, der seinen Militärdienst absolviert hatte, sowie alle Mitglieder der k. k. Armee. Diese mussten jedoch um eine entsprechende Genehmigung ansuchen. Für die Mannschaften und Chargen dürften die in Aussicht stehende gute Bezahlung und Aufstiegsmöglichkeiten sowie die Möglichkeit eines neuen Lebens nach dem Militärdienst in Mexiko, da allen, die sich entschieden in Mexiko zu bleiben, Grundstücke, je nach Rang zwischen 12 und 28 Joch, in Aussicht gestellt wurden, der größte Anreiz gewesen sein.[3] Gerade in ärmlichen Regionen Böhmens und Ungarns dürfte dies sehr verlockend gewesen sein. Bei der Auswahl wurde das Augenmerk auf junge, unverheiratete Bewerber gelegt, da man offenbar davon ausging, dass diese eher in Mexiko bleiben würden.
Mannschaften wie Offiziere mussten sich für 6 Jahre verpflichten. Offiziere konnten nach absolvierter Zeit in die k. k. Armee zurückkehren, jedoch ohne Anrechnung ihrer Dienstzeiten und Auszeichnungen.

Die bereits erwähnten militärischen Aufstiegsmöglichkeiten dürften auch bei den meisten Offizieren, wohl neben der Abenteuerlust, den Hauptfaktor ausgemacht haben. Es wurde je-

1 Militär-Schematismus des österreichischen Kaiserthums 1863, Wien, 1863, S. 722.
2 Siehe auch: Klinger, Walter: Für Kaiser Max nach Mexiko – Das Österreichische Freiwilligenkorps in Mexiko, München 2007, S. 9.
3 Hamann, Brigitte: Mit Kaiser Max in Mexiko, Wien 1983, S. 74.

der Offizier im nächsthöheren Dienstgrad in das Freiwilligenkorps übernommen.[4] In der k. k. Armee sahen sich viele Offiziere mit dem Problem konfrontiert, als Hauptmann respektive Rittmeister in der Laufbahn anzustehen, ohne Aussicht auf eine Beförderung in einen Stabsoffizierrang. So finden sich unter den Namen der Offiziere viele junge Hauptleute bzw. Rittmeister.

Die Anwerbung in den einzelnen Provinzen brachte über 7000 Bewerber, doch standen viele Soldaten diesen Unternehmungen sehr skeptisch gegenüber und teilten offenbar die in den Medien aufgebaute Euphorie nicht. Die Stimmung beschreibt auch Johann Christoph Allmayer-Beck in seinem Werk über die k. (u.) k. Armee: „Doch auch das Zivil scheint sich damit nur schwer angefreundet zu haben, denn sonst hätten Gassenjungen nicht den Freikorpsangehörigen spöttend nachgerufen »Mexikaner, mag sie kaner!«." [5]

Auch König Leopold von Belgien unterstützte das Freiwilligenkorps, indem in Belgien ebenfalls Soldaten angeworben wurden, dies dürfte wohl vor allem aus Sorge um Maximilians Frau Charlotte geschehen sein. Die belgischen Truppen umfassten 1558 Soldaten, Unteroffiziere und Offiziere, welche von Oberstleutnant Alfred van der Smissen kommandiert wurden. Auf persönlichen Wunsch Kaiser Maximilians wurde Franz Graf Thun-Hohenstein Kommandant des neu geschaffenen österreichisch- maximilianischen Freiwilligenkorps und als Generalmajor in mexikanische Dienste übernommen. Kaiser Franz Joseph schrieb an seinen Bruder diesbezüglich: „Deinem Wunsch in Bezug auf den Obersten Graf Thun habe ich sogleich entsprochen und er kommandiert bereits das fast complette [sic!] Corps in Laibach."[6]

Franz Graf Thun-Hohenstein, der bis dahin Kommandant des Infanterieregiments Nr. 9 Graf Hartmann Klarstein und zuvor Flügeladjutant von Feldmarschall Radetzky war, hatte sich in den Revolutions- und Italienkriegen 1848/49 und 1859 einen Namen gemacht und bekam für seine Leistungen das Militärverdienstkreuz sowie das Ritterkreuz des Leopoldsordens verliehen.[7]

05-02) Paul von Zach, um 1865 (PB)

Neben ihm meldete sich nur Paul Ritter von Zach (Abb. 05-02) als höherer Offizier der k. k. Armee. Er war im Generalstab/Generalquartiermeisterstab für das österreichisch-mexikanische Freiwilligenkorps zuständig. In Mexiko dann Oberstleutnant, später Oberst, fungierte Paul von Zach sodann als Stabschef des Kommandanten Franz Graf Thun-Hohenstein des Freiwilligenkorps. Von ihm ist ein Ansuchen- und Genehmigungsschreiben zum Übertritt in kaiserlich mexikanische Dienste, in das

[4] Hamann (zit. Anm. 3), S. 72.
[5] Allmayer-Beck, Johann Christoph: Die K.(u.)K.-Armee 1848–1914, Wien 1974, S. 62.
[6] Zitiert bei: Stichler, Gerlinde: Der Anteil Österreichs an den Unternehmungen Erzherzogs Maximilian in Mexiko, Diss., Wien 1963, S. 14.
[7] Zum Lebenslauf vgl.: Biographisches Lexikon des Kaisertums Österreich, Band 45, Wien 1882, S. 21.

Freiwilligenkorps, erhalten, welchem am 29. August 1864 stattgegeben wurde. Der Brief ging bereits nach Laibach, wo sich der Treffpunkt des österreichisch-mexikanischen Freiwilligenkorps befand, von wo aus über den Hafen in Triest nach Mexiko verschifft wurde. Das erste Schiff, die „Bolivian", verließ am 19. November 1864 Triest und hatte einen Großteil des Korpsstabs an Bord, der in Mexiko den weiteren Aufbau betrieb. Bis Anfang 1865 war der Großteil der Truppen in Mexiko, im Mai 1865 wurde der Effektivstand von 6545 Mann erreicht.[8]

Geplant war das Freiwilligenkorps zur Unterstützung und Absicherung bis zum Aufbau einer regulären Armee, zu der es erst ab Dezember 1866 kam. Das mexikanische Freiwilligenkorps umfasste die Größe einer Brigade und bestand aus einem Korpsstab, 3 Jägerbataillonen, zu jeweils 6 Kompanien, wovon das erste Bataillon den Namen „Kaiser Franz Josef" führte. Dazu gab es 3 Artillerie-Gebirgsbatterien mit 3-pfündigen Kanonen, welche auf Tragtieren transportiert werden konnten, sowie 2 Pionierkompanien. Die Kavallerie umfasste ein Husaren- und ein Ulanenregiment mit jeweils 5 Eskadronen. Das Husarenregiment führte den Namen „Kaiser Maximilian". Diese Brigade wurde durch Garnisons-, Depot- und Disziplinarkompanien und die Tragtierabteilung sowie die Korpsgendarmerie ergänzt.
In Mexiko angekommen, hatte das Freiwilligenkorps mit einigen Problemen zu kämpfen. Neben den widrigen Gegebenheiten, Temperatur und Tropenkrankheiten war es mit einem Guerillakrieg konfrontiert und hatte einen massiven Mangel an ausgebildeten Stabsoffizieren, da sich vor allem junge Offiziere gemeldet hatten. Ein Problem, das bei der Aufstellung bereits klar gewesen sein dürfte: „Es dürfte ihm (Anm: der Kaiser) nicht entgangen sein, dass abgesehen von Graf Thun nur einer der 215 Offiziere, Paul Zach, ..., als Stabsoffizier eine entsprechende Erfahrung hatte."[9]

Einige Offiziere, wie der Eskadronskommandant der Husaren im Freikorps, Rittmeister Susani, finden sich in keinem Armeeschematismus vor 1864, wonach die Vermutung nahe liegt, dass er keine militärische Erfahrung hatte. Carl Graf Khevenmüller schildert die Hintergründe Susanis in seinem Tagebuch noch genauer und unterstreicht diese Annahme: „Susani war ein Neffe des Kardinal Rauscher. Er wollte in Österreich heiraten, Rauscher gab es aber nicht zu, deswegen trat er in mexikanische Dienste."[10] Er starb bei einem waghalsigen Husarenritt mit acht weiteren Husaren seiner Eskadron im Januar 1866 bei der Einnahme von Papantla.[11]

Ein weiteres Problem stellten die sprachlichen Unterschiede innerhalb der Truppe sowie mit den Einheimischen und anderen bewaffneten Truppen in Mexiko dar. Die Husaren, fast ausschließlich Ungarn, sprachen nur ungarisch, die Ulanen, die meisten waren Polen, die nach dem Aufstand 1863 gegen die Russen in die Monarchie geflohen waren, sprachen nur polnisch. Eine Situation, die dazu führte, dass am Hof Maximilians sogar die Aufstellung einer eigenen polnischen Legion erwogen wurde, offenbar hätte es hier auch noch viele weitere Interessenten gegeben.[12]

[8] Hamann (zit. Anm. 3), S. 72.
[9] Klinger, Walter: Für Kaiser Max nach Mexiko – Das Österreichische Freiwilligenkorps in Mexiko, München 2007, S. 52.
[10] Tagebuch des Grafen Karl Khevenmüller (in der Übertragung: Hamann, Brigitte: Mit Kaiser Max in Mexiko, Wien 1983, S. 199).
[11] Ebenda, S. 198.
[12] Anders, Ferdinand, Eggers, Klaus: Maximilian von Mexiko, St. Pölten u. Wien, 1982, S. 96.

Die Sprache im österreichischen Freiwilligenkorps war Deutsch, das belgische Freiwilligenkorps sprach französisch, genau wie die französischen Truppen. Die Verständigung mit der Bevölkerung war ebenfalls problematisch, in Mexiko wurde etwas spanisch, vor allem aber zahlreiche indigene Sprachen gesprochen, und dies war der geplanten Eingliederung in Land und Gesellschaft sehr hinderlich.

Das österreichisch-mexikanische Freiwilligenkorps hatte in der historischen Garnisonsstadt Puebla seinen Hauptstützpunkt. Es sicherte vor allem die Küstenstädte und die Verkehrswege von Veracruz zur Hauptstadt. Der unzugängliche Bereich der Sierra del Norte stellte die erste Bewährungsprobe für das Freiwilligenkorps dar, trotz militärischer Erfolge. So wurde die strategisch wichtige Stadt Teziutlan eingenommen durch Truppen unter Major Alfons von Kodolitsch, einem von zahlreichen Offizieren, der als Hauptmann in das Freikorps ging und sofort ohne Stabsoffiziersausbildung Major wurde. Über das Vorgehen ist deshalb, als kurze Schlussfolgerung der Gefechtsbeschreibungen, zu lesen:
„Vor allem das Vorgehen gegen einen Feind, über dessen Stärke und Lage nur ungenaue Informationen vorlagen, ohne über eine artilleristische Unterstützung zu verfügen, muss bei manchem Stabsoffizier Kopfschütteln verursacht haben, eine Beurteilung aus heutiger Sicht dürfte noch gravierender ausfallen.“ [13]

Genau dies strich erneut den bereits angesprochenen Mangel an gut ausgebildeten Offizieren hervor und bot dem französischen Oberbefehlshaber von Anfang an die Möglichkeit, sich militärisch über die Österreicher zu stellen. Die Kommandostruktur zeigt den Einfluss der Franzosen und steht eigentlich im Widerspruch zu dem Vertrauen, das Kaiser Maximilian bei Aufstellung des Korps General Thun entgegengebracht hatte, als er sich diesen als Kommandant wünschte.

In der über den Sommer eroberten strategisch wichtigen Region Sierra wurde Oberstleutnant Zach Kolonnenkommandant, nebenbei blieb er noch Chef der Kanzleien in Puebla[14]. Für seine Leistung in Mexiko erhielt er von Kaiser Maximilian den Orden „Unserer lieben Frau von Guadalupe“.
Der Druck der Vereinigten Staaten nahm immer weiter zu. Nach Ende des Amerikanischen Bürgerkriegs hatte man sich in Washington wieder auf die Monroe-Doktrin besonnen, sodass Napoleon III. im Jänner 1866 Kaiser Maximilian informierte, dass mit April 1867 alle französischen Truppen abgezogen werden. Damit brach Frankreich die Konvention von Miramar, in der Maximilian zugesichert worden war, 25.000 Soldaten in Mexiko zu belassen, bis die eigenen militärischen Kräfte ausreichen würden, das Gebiet selbst zu verteidigen.
Auch Österreich, das im März 1866 noch weitere Kontingente für das österreichisch-mexikanische Freiwilligenkorps zugesichert hatte, kam diesem nicht nach, jedoch auch wegen des drohenden Konflikts mit Italien wie Preußen im Frühjahr/Sommer 1866, der wenige Wochen später auch ausbrach.
Die ernster werdende militärische Lage wurde einerseits durch die Unterstützung der mexikanischen Republikaner mit Waffen und Munition durch die USA, andererseits durch die Anwendung der Guerillataktik immer gefährlicher. Die österreichischen Soldaten hatten Probleme mit dem Gegner, da sie keiner regulären Armee gegenüberstanden. So schrieb der Kommandant der 3. Ulaneneskadron, Ritt-

[13] Klinger (zit. Anm. 9), S. 23.
[14] Tagebuch Khevenmüller nach Hamann (zit. Anm. 3), S. 190.

meister Graf Kurtzrock: „Leider verschwimmen hier die Begriffe: Räuber und Soldaten sehr ineinander, ein Umstand der eben auch unserem Ansehen im Lande nicht sehr zuträglich ist.“ [15]

Das Mexikanische Kaiserreich war zu dieser Zeit, im Frühjahr 1866, so gut wie bankrott und konnte die Soldaten und Freiwilligen in den Korps nicht mehr bezahlen, weshalb alle Truppen unter französisches Kommando gestellt wurden. Parallel dazu wollte Kaiser Maximilian offenbar stärker die Idee einer kaiserlich-mexikanischen Armee vorantreiben.
Der Kommandant, der österreichische General Thun, wurde degradiert und einem französischen Brigadegeneral unterstellt und somit de facto entmachtet. Daraufhin hielten die Offiziere des österreichischen Freiwilligenkorps eine Versammlung in Puebla ab. General Thun hatte sich krank gemeldet, so dass Oberst Paul Zach das Korpskommando übernahm.
Durch die Probleme bei der Lohnauszahlung, die auch unter den Franzosen nicht besser wurden, und gebrochene Versprechen, durch die Unterstellung der Truppen unter französischen Befehl, war die Stimmung im Korps miserabel, so dass als Erstes im Juli 1866 Major Zillich und Oberleutnant La Vigne den Dienst quittierten.[16]

Im Spätsommer erklärte General Thun seinen Rücktritt, verabschiedete sich bei den versammelten Offizieren und reiste nach Österreich ab. Mit ihm sein Stabschef Oberst Paul von Zach.[17] Zeitweise steigerte sich der Hass gegen die Franzosen derartig, dass es gewaltsame Ausschreitungen der österreichischen Freiwilligen gegen die Franzosen gab. Diese nutzten, so die Vorwürfe, die österreichischen Freiwilligen als Schutzschilde und als Hilfstruppen bei heiklen Einsätzen.[18]
Der Großteil des Freiwilligenkorps verblieb in Mexiko, doch im Herbst wurde die Lage noch heikler. Es gab massive militärische Verluste, es gerieten über 1000 Soldaten in Gefangenschaft und über 250 wurden getötet. Die Stärke der belgischen Freiwilligen betrug zu dieser Zeit nur noch 750 Mann.[19]
Am 1. Dezember 1866 wurde eine kaiserlich-mexikanische Nationalarmee aufgestellt und das österreichisch-mexikanische Freikorps wurde schließlich von Kaiser Maximilian am 6. Dezember aufgelöst. Daraufhin kehrten Ende des Jahres 1866 etwa 3500 Soldaten nach Österreich zurück, 1011 Soldaten blieben in Mexiko und traten der Nationalarmee bei.[20] In der Nationalarmee bildeten die verbliebenen Österreicher den Kern dieser neuen Armee, in der Infanterie sowie in der Kavallerie, dort vor allem bei den als Rote Husaren bekannt gewordenen Husaren unter Carl Graf Khevenmüller.[21]
Neben Kodolitsch, der zuletzt Adjutant bei Kaiser Maximilian war und dessen Nationalarmee aufbauen sollte, blieben auch weitere Offiziere in Mexiko, da diese erneut, wie beim Eintritt in das Freiwilligenkorps, einen Dienstgrad höher eingestuft wurden. Alle Kadetten wurden als Offiziere in der Nationalarmee eingestuft, weshalb viele blieben.
Bereits in Österreich zurückgekehrt erhielt der Kommandant des Korps, Franz von Thun, von Kaiser Franz Joseph den Orden der Eiser-

[15] Kurtzrock-Wellingsbüttel, Carl Graf zu: Ein Jugendbild, 2. Aufl. Wien 1868, S. 128.
[16] Tagebuch Khevenmüller nach Hamann (zit. Anm. 3), S. 211.
[17] Ebenda, S. 219.
[18] Ebenda.
[19] Klinger (zit. Anm. 9), S. 42.
[20] Chartrand, Rene: The Mexican Adventure 1861–67, Oxford, 1994, S. 36.
[21] Ebenda.

nen Krone mit Kriegsdekoration für seine Verdienste verliehen und wurde sogleich zum Generalmajor befördert. Für ihn war Mexiko ein Teil einer erfolgreichen militärischen Karriere, welche er als Landesverteidigungskommandant von Tirol und Vorarlberg im Rang eines Generalfeldzeugmeisters beendete.

Seit dem Sommer waren immer wieder vor allem Offiziere nach Österreich zurückgekehrt. So zum Beispiel im Oktober der erste Auditor, Hauptmann Wolfgang Holy, der über Preußen heimkehrte.[22] Er wurde in seinem alten Regiment als Oberleutnant – in dem Rang, in dem er Österreich auch verließ – wieder eingesetzt.

In Österreich war der frühere Stabschef Paul von Zach wieder in den Generalstab der k. k. Armee übernommen worden und mit der Eingliederung der Soldaten, welche aus Mexiko heimkehrten, in die Armee betraut. Nach der Auflösung des Korps, als eine große Welle an Soldaten zurückkehrte, nahm er sie in Triest in Empfang, um die ehemaligen k. k. Armeeangehörigen wieder in die Armee zu übernehmen.[23]

Die meisten Heimkehrer hatten es nicht so gut wie die ersten Heimkehrer, die alle höhere Offiziere waren. Sie waren enttäuscht und oft mittellos, so gab es auch einige Selbstmorde unter den Zurückgekehrten. Die k. k. Armee sah das Abkommen der 6 Jahre Verpflichtung als nicht erfüllt an. Dadurch, dass das mexikanische Kaiserreich kurz darauf völlig zusammenbrach, wurden keine Gelder an die Soldaten bezahlt. Besonders Invalide traf es schwer, da keine Pensionen, weder von Mexiko noch der k. k. Armee, gezahlt wurden.

Einige, gerade höhere Offiziere und Offiziere der Kavallerie, gingen in ihr altes Regiment zurück, die meisten anderen in ein neu geschaffenes Feldjägerbataillon.
„Ein neu aufgestelltes Jägerbataillon in Dalmatien sollte zu zwei Dritteln mit jenen Offizieren besetzt werden. Damit aber auch die merken sollten, dass allerhöchste Gnadenbeweise erst verdient werden müssten, wurden sie als Unterleutnant II. Klasse mit einer zweijährigen Bewährungsfrist eingestellt.“ [24]

Paul Zach machte in der k. k. Armee im Gegensatz zu den meisten anderen „Mexikanern“ Karriere, und zwar als Oberstleutnant des Generalstabs. Im Büro zur Beschreibung des Auslands, wo er nach seiner Rückkehr aus Mexiko war, wurde er 1874 bereits als Oberst im Generalstab zum Generalstabschef des Generalkommandos in Prag ernannt. Es waren nun neun Jahre seit dem Aufbruch nach Mexiko vergangen, andere Offiziere befanden sich noch immer in dem Rang, in dem sie nach Mexiko aufbrachen. Paul von Zach, sicherlich auch wegen seiner frühen Heimkehr, stand Mexiko nicht im Weg. Er wurde zum Generalmajor und Kommandant der 23. Infanterie-Brigade ernannt, später war er als Feldmarschall-Leutnant beim 11. Korpskommando. 1886 ging Paul von Zach schließlich in Pension.

[22] Dokumentennachlass befindet sich in einer Privatsammlung.
[23] Klinger (zit. Anm. 9), S. 13.
[24] Ebenda, S. 62.

6. Traum oder Wirklichkeit? Die Uniformierung des mexikanischen Hofstaates

Monica Kurzel-Runtscheiner

Schon als Generalgouverneur der Lombardei und Oberkommandant der Marine hatte Maximilian einen riesigen Hofstaat unterhalten, dessen demonstrative Prunkentfaltung mitunter auch kritisiert wurde.[1] Von der Überzeugung durchdrungen, dass Zeremoniell und Repräsentation einen wesentlichen Beitrag zur Herrschaftssicherung leisten, kümmerte er sich daher höchstpersönlich um die Gestaltung seines neuen mexikanischen Hofes: Während der sechswöchigen Überfahrt arbeitete Maximilian an Bord der „Novara" eine ebenso umfangreiche wie detaillierte Hofstaatsordnung aus.[2] Überraschend ist dabei, dass er den österreichischen Hof, auf dessen Vorbild er naturgemäß zurückgriff, sowohl in der Zahl der zu schaffenden Würden und Funktionen als auch in der Strenge des Zeremoniells deutlich übertraf. Während europäische Höfe in der Regel mit vier höchsten Ämtern auskamen, die in Wien „Oberste Hofchargen" genannt wurden, sollte es in Mexiko nicht weniger als acht davon geben. Hier könnte der Ehrgeiz von Maximilians Gemahlin Charlotte eine Rolle gespielt haben, da beispielsweise auch der Obersthofmeister der Kaiserin zu diesen höchsten Würdenträgern zählte – eine Ehre, die seinem Wiener Kollegen nicht zugestanden wurde. Selbst diese „grandes Dignidades de la Corte", die vom Kaiser persönlich ausgesucht wurden und ihren Diensteid „in seine Hand" leisteten, durften nur dann vor ihm erscheinen, wenn sie Audienz hatten oder gerufen wurden, wobei ihnen ausdrücklich untersagt war, mit ihm über andere als dienstliche Angelegenheiten zu sprechen. Ihnen unterstand eine riesige Schar von streng hierarchisch organisierten Würdenträgern und Bediensteten aller Art, denen minuziös definierte Aufgabenbereiche zugewiesen wurden. Ein derart komplizierter Apparat brauchte ein probates Mittel, um jedem einzelnen Mitglied seinen Platz zuzuweisen, wobei sein Rang innerhalb der Hierarchie ebenso kenntlich gemacht werden musste wie seine Funktion, seine aktuelle Tätigkeit und die Bedeutung des jeweiligen Anlasses. Aus diesem Grund spielte uniformierte Kleidung an allen Höfen des 19. Jahrhunderts eine zentrale Rolle. Generell unterschied man zwischen der „Uniformpartei", zu der Würdenträger und Militärs gehörten, und der „Livreepartei" für die rangniedrigeren Hofdiener und Lakaien. In beiden Gruppen gab es eine reichere Gala-Adjustierung für Festlichkeiten und eine einfachere „Campagne-Kleidung" für den täglichen Dienst. Schönheit und Reichtum dieser Dienstkleider mussten die Bedeutung des Herrschers widerspiegeln, weshalb selbst der sparsame Wiener Hof Jahr für Jahr enorme Summen in die Ausstaffierung seiner Bediensteten investierte. Für Maximilian, der seine Bedeutung erst unter Beweis stellen musste, war die Kleidung seines Hofstaates daher ein besonderes Anliegen. Im Bildarchiv der Österreichischen Nationalbibliothek hat sich ein Konvolut von Zeichnungen erhalten, das der künftige Kaiser offensichtlich im Hinblick darauf zusammengestellt hatte.[3] Es enthält von verschiedenen Händen stammende Entwürfe für Uniformen

[1] Martin Clemens Weber, Das Italienbild von Erzherzog Ferdinand Maximilian. Diplomarbeit (GRIN Verlag) 2008, S. 110–113. Siehe auch: Hof- und Staats-Handbuch des Kaiserthumes Österreich für das Jahr 1858, Teil I., S. 35 f., S. 238 f.; Teil VI., 1.

[2] Ferdinand Anders, Erzherzog Ferdinand Maximilian und das Segundo Imperio Mexicano. Hardegger Beiträge zur Maximilian-Forschung 1. Hardegg 1974, S. 108 f.; Die Hofstaatsordnung wurde 1865 in Mexiko publiziert: Reglamento para el servicio y ceremonial de la Corte. Mexico 1865.

[3] Bildarchiv der Österreichischen Nationalbibliothek, ohne Inventarnummer.

Links: 06-01) Entwurfszeichnung der mexikanischen Uniform „Grande tenue d'adjutant général" (ÖNB-BA)
Rechts: 06-02) Entwurfszeichnung der mexikanischen Uniform „Petite tenue d'adjutant général" (ÖNB-BA)

Links: 06-03) Entwurfszeichnung der mexikanischen Uniform „Grande tenue d'adjutant" (ÖNB-BA)
Rechts: 06-04) Entwurfszeichnung der mexikanischen Uniform „Petite tenue d'adjutant" (ÖNB-BA)

und Livreen unterschiedlichster Art, von denen leider nur einige wenige bezeichnet sind. Der zu den 8 höchsten Würdenträgern zählende „Ayudante de Campo General" (Abb. 06-01, 02) war Chef des kaiserlichen Militärkabinetts und für die Organisation militärischer Zeremonien ebenso verantwortlich wie für den Zustand der Truppen. Er begleitete den Kaiser auf Reisen und war dann für dessen Unterbringung zuständig. Die ihm unterstellten Adjutanten (Abb. 06-03, 04) hingegen befehligten die bei Hof Dienst habenden Militärs, mit Ausnahme der Palastwache. Wenn Maximilian ausfuhr, saßen sie am Ehrenplatz jenes Wagens, der der kaiserlichen Kutsche folgte. Bei großen Zeremonien ritten sie rechts neben dem Galawagen, um jederzeit kaiserliche Befehle entgegennehmen zu können.[4] Da die Adjutanten sowohl zum Zivil- als auch zum Militärhaushalt des Kaisers gehörten, erhielten sie Uniformen nach militärischem Muster. Die Gala (Abb. 06-01, 03) bestand aus einem dunkelblauen Frack mit umgeschlagenem Revers, roten Aufschlägen an Kragen, Manschetten und Schößen, tellerförmigen Epauletten und goldenen Achselschnüren, zu dem lange dunkelblaue Hosen, Zweispitz und Säbel gehörten. Der Rangunterschied zeigte sich im Detail: So zeichnet den Frack des Generaladjutanten an Kragen und Manschetten eine fein gestickte Goldbordüre aus. Seine Hosen tragen doppelte Goldborten („Lampass"), während sich die Adjutanten mit einfachen Borten und deutlich dünneren Achselschnüren begnügen müssen. Während der Chef das große Band des kaiserlichen Hausordens trägt, ist um die Taille des Untergebenen eine rote Schärpe mit Quasten in den Landesfarben (rot-weiß-grün) geschwungen. Beide Herren tragen Zweispitze mit rot-weiß-grünen Kokarden, Schlingen aus Goldbouillon und schwarzen Straußenfedern. Der Rangunterschied wird hier durch die Bordierung ausgedrückt, die beim Vorgesetzten in Gold und bei den Untergebenen in schwarzer Seide gehalten ist. Bei der täglich zu tragenden Campagne-Uniform (Abb. 06-02, 04) wird der Frack durch einen Waffenrock ersetzt, der die gleichen Gestaltungselemente aufweist. Aller-

[4] Reglamento (zitiert Anm. 1), S. 9–18.

dings fehlt die Stickerei an den roten Aufschlägen des Generaladjutanten, der nun auch auf das Ordensband verzichtet und so wie seine Untergebenen mit einer roten Schärpe gegürtet ist.

Der überwiegende Teil der Hofbediensteten gehörte, anders als die Adjutanten, ausschließlich zum Zivilhaushalt des Kaisers und erhielt daher gänzlich anders gestaltete Uniformen. Wie man sich diese vorstellen kann, zeigen drei weitere erhaltene Entwürfe: Ein „grand officier de la couronne“ (Abb. 06-05) trug einen dunkelbraunen Frack mit reicher Goldstickerei an Kragen, Manschetten, Patten und Außenkanten. Die langen dunkelbraunen Hosen waren mit doppeltem goldenem Lampass verziert und der Zweispitz durch weiße Straussenfedern ausgezeichnet. Der einfache „Employé de la cour“ (Abb. 06-06) hingegen trug eine Uniform in gleicher Farbe und gleichem Schnitt, deren Stickerei jedoch auf Kragen, Manschetten und Patten beschränkt blieb. Die Hosen hatten einen einfachen Lampass und der Zweispitz mit goldener Bouillonschlinge blieb federlos. Lediglich der Degen war bei beiden Rangstufen gleich. Auch die kaiserlichen Bereiter (Abb. 06-07) trugen braune Fräcke, deren reiche Goldstickerei jener der „grand officiers“ ähnelte. Kombiniert wurden sie mit eng anliegenden Reithosen aus weißem Leder, schwarzen Stulpenstiefeln und Hofdegen. Der zugehörige Zweispitz war mit goldener Bouillonschlinge, Kokarde in den Landesfarben und schwarzen Straußenfedern verziert.

Links: 06-05) Entwurfszeichnung, „Uniforme de grand officier de la couronne“ (ÖNB-BA)
Rechts: 06-06) Entwurfszeichnung, „Uniforme d'employé de la cour“ (ÖNB-BA)

06-07) Entwurfszeichnung, „Uniforme d'écuyer“ (ÖNB-BA)

Dass die ebenso detaillierten wie hochtrabenden Ideen, die Maximilian für seinen Kaiserhof entwickelt hatte, in vollem Umfang realisiert wurden, darf allerdings bezweifelt werden: Das Fehlen einer höfischen Tradition, die leeren Staatskassen und die geradezu ärmlichen räumlichen Verhältnisse machten eine Hofhaltung dieser Dimension in Mexiko de facto unmöglich. Entsprechend groß waren Enttäuschung und Entsetzen bei den aus Europa mitgebrachten Höflingen und Dienern, von denen viele so rasch wie möglich wieder in die Heimat zurückkehren wollten.[5] Die wenigen Uniformstücke, die sich von Maximilians mexikanischem Hof erhalten haben, können auf den vorliegenden Entwürfen nicht nachgewiesen werden. Ob die hier besprochenen Uniformen tatsächlich angefertigt und getragen wurden, kann daher bei derzeitigem Wissensstand nicht beurteilt werden.

[5] Gräfin Paula Kollonitz, Eine Reise nach Mexico im Jahre 1864. Wien 1867, S. 117 f.

7. 19. Juni 1867 – Die letzten Kleidungsstücke Kaiser Maximilians I. von Mexiko

Katja Schmitz-von Ledebur

Am 22. Januar 1868 übergibt Wilhelm Baron Hornstein, der Obersthofmeister von Erzherzog Carl Ludwig von Österreich, der Schatzkammer in Wien ein Konvolut von Textilien zur Aufbewahrung. Es beinhaltet die von Kaiser Maximilian I. von Mexiko zuletzt getragenen Kleidungsstücke: eine Hose, eine Unterhose, ein Gilet, ein Paar Socken, eine Halsbinde, ein Trikotleibchen, ein Tuch, eine rotseidene Binde, ein Schnupftuch sowie einen Gehrock. Im Zuge der Übergabe werden die Bestandteile nicht nur erfasst, sondern explizit darauf hingewiesen, dass „dieselben nicht zur Vorweisung an Einlaßtagen geeignet" seien.[1]

Die Textilien geben beredt Zeugnis vom Schicksal des 1832 geborenen Erzherzogs Ferdinand Maximilian Joseph Maria von Österreich, der 1864 den mexikanischen Thron bestieg, in einen Bürgerkrieg verwickelt und schließlich 1867 vom Militärgerichtshof zum Tode verurteilt und exekutiert wurde.

07-01) Erinnerungsstücke an Kaiser Maximilian I. von Mexiko: Gilet (KHM)

Gehrock, Gilet und Hose – Beschreibung

Will man den Berichten der Augenzeugen Glauben schenken, so ist es Maximilian keinesfalls gleichgültig gewesen, welche Textilien er auf seinem letzten Gang zur Exekution trug. Er muss mit den ebenfalls zum Tode verurteilten mexikanischen Generälen Miguel Miramón (1832–1867) und Tomás Mejía (1820–1867) über die Wahl der Kleidung gesprochen ha-

07-02) Erinnerungsstücke an Kaiser Maximilian I. von Mexiko: Gehrock (KHM)

[1] Schatzkammer Faszikel 21, 1868, Nr. 11, 148.

07-03) Erinnerungsstücke an Kaiser Maximilian I. von Mexiko: Gehrock (KHM)

ben und gemeinsam entschieden sich die drei, „ihre letzten Momente nicht in Uniform, sondern in zivilem Schwarz zu erleben".[2] Und so bestätigt auch ein Augenzeuge, der die Verurteilten am Tag ihrer Hinrichtung zu Gesicht bekam, dass „alle drei Gefangenen [...] mit großer Sorgfalt gekleidet [waren]".[3] Die in der Wiener Schatzkammer noch heute verwahrten letzten Textilien Maximilians bezeugen, dass er am Tag seiner Exekution dunkle Zivilkleidung trug (Abb. 07-01-03). Die Hose, der Gehrock sowie das Vorderteil des Gilets wurden aus dem gleichen schwarzen Wollstoff gefertigt, gehören also zum selben Anzug. Hierfür sprechen auch einige weitere Details wie das rote Bändchen, das sowohl als Zier der Hose wie auch des zur Herstellung des Gehrockes verwendeten Futterstoffes Verwendung fand, oder aber der Baumwollstoff, aus dem sowohl das Rückenteil des Gilets wie auch die Rückseite der Verschlussriegel an der Hose gefertigt wurden.

Die Kleidung an sich birgt zunächst keine Besonderheiten. Sie entspricht der gängigen mitteleuropäischen Mode zu Zeiten Maximilians. Der Gehrock mit aufsteigendem Revers ist relativ hoch geschlossen und weist eine Brusttasche mit Klappe sowie zwei weitere Klappentaschen auf. Das Rückenteil wird mittels Wiener Nähten in Form gebracht und verfügt über einen hohen Gehschlitz. Das ärmellose Gilet mit drei Pattentaschen wird einreihig in der vorderen Mitte geschlossen. Von den ehemals zehn Knöpfen ist der unterste verloren gegangen. Auch die lange Hose mit angesetztem Bund, Eingrifftaschen, Riegel im Rücken und vorne knöpfbarem Schlitz weist keinerlei modisches Beiwerk auf. Die Textilien verdanken die ihnen zukommende Aufmerksamkeit vielmehr dem Umstand, dass Kaiser Maximilian am 19. Juni 1867 in ihnen exekutiert wurde und sie entsprechende Spuren aufweisen. Schenkt man den Berichten der Zeit Glauben, so wurde Maximilian der Anzug eigens für seine Exekution vom Bankier Carlos Rubio besorgt, da er im Gefängnis lediglich über eine helle Jacke verfügte.[4] Obwohl die Kleidung schlicht war, dürfte sie seinen Ansprüchen genügt haben. Nach Aussage des Prinzen Felix zu Salm-Salm (1828–1870), eines Vertrauten und Adjutanten, trug der Kaiser gewöhnlich Zivilkleidung, „einfach, aber sehr sorgfältig [...]".[5]

Maximilian selbst scheint bereits geahnt zu haben, dass den Textilien nach der Vollstreckung des Urteils ein besonderer Stellenwert zugewiesen würde. Diese Information entnehmen wir einer Aussage des kaiserlichen Leibarztes, Dr. Samuel Siegfried Karl Basch (1837–1905): „Maximilian seinerseits, immer praktisch in

2 Konrad Ratz, Maximilian und Juárez: das Zweite mexikanische Kaiserreich und die Republik; Hintergründe, Dokumente und Augenzeugenberichte, Bd. 2, Die Augenblicke der Gefahr („Querétaro-Chronik"), Graz 1998, S. 385.

3 N.N., Kaiser Maximilian von Mexiko, der letzte Ritter des 19. Jahrhunderts. Nach verläßlichen Quellen und Original-Mittheilungen von St., Brünn 1867, S. 94.

4 Siehe Samuel Basch, Erinnerungen aus Mexico. Geschichte der letzten zehn Monate des Kaiserreiches, Bd. 2, Leipzig 1868, S. 217–221; Konrad Ratz, Maximilian in Querétaro, Bilddokumentation über den Untergang des Zweiten Mexikanischen Kaiserreiches, Graz 1991, S. 354; Ratz (zit. Anm. 2), S. 384.

5 Felix Prinz zu Salm-Salm, Querétaro. Blätter aus meinem Tagebuch in Mexico, Stuttgart 1868, S. 290.

Details, stopft sich einige Taschentücher unter die Brust des Gehrocks. Er vermutet, daß dieses Kleidungsstück zu einer Reliquie werden wird – so soll es möglichst nicht durch Blut beschmutzt werden.“[6]

Gehrock, Gilet und Hose – Zeugnisse einer Exekution

Am Morgen des 19. Juni 1867 wurden der Kaiser wie auch die beiden Generäle Miramón und Mejía zum Cerro de las Campanas nahe der mexikanischen Stadt Querétaro gebracht. Das Exekutionskommando bestand aus dem Hauptmann Simón Montemayor und mehreren Männern – zumeist werden sieben genannt – des Batallón de Supremos Poderes. Sie waren mit sechsschüssigen Springfield-Gewehren ausgerüstet.

Von besonderer Bedeutung sind die Augenzeugenberichte, die in Details allerdings voneinander abweichen. Dass der Kaiser von vier Schüssen – bisweilen ist von fünf die Rede – getroffen zu Boden fiel, noch lebte und zwei Gnadenschüsse erhielt[7], darf ebenso angezweifelt werden wie die Beschreibung, dass sein Gilet Feuer fing, gelöscht werden musste und er sich im Kampf gegen die Schmerzen einen Knopf am Gehrock abriss.[8] Zwar fehlt dem erhaltenen Gilet – nicht aber dem Gehrock – tatsächlich der unterste Knopf, doch die Unversehrtheit des Gewebes sowie die glatten Enden des partiell noch erhaltenen Nähfadens sprechen gegen eine solche Theorie. Auch weist das Gilet keinerlei Anzeichen eines Brandes auf.

Prinz zu Salm-Salm erwähnt in seiner auf Augenzeugenberichten basierenden Beschreibung der Exekution zunächst fünf Kugeln, die den Körper Maximilians durchdrungen haben. Sie müssen bereits tödlich gewesen sein. Dennoch wurde laut seiner Auskunft auf den bereits am Boden liegenden, sich noch bewegenden Kaiser ein weiteres Mal geschossen, wobei auf das Herz gezielt wurde.[9]
In einem Sarg wurde der Leichnam in das Kloster de las Capuchinas gebracht. Hier wurde er entkleidet und die Einbalsamierung vom Mediziner Dr. Vicente Licea aus Querétaro sowie von Dr. J. Rivadeneyra, dem Stabsarzt der Nordarmee, vorgenommen.[10]

Samuel Siegfried Karl Basch durfte der Zeremonie beiwohnen.[11] Ihm zufolge soll der Kaiser von sechs aus kurzer Distanz ausgeführten Schüssen getroffen worden sein. Die Kugeln durchdrangen den Körper. Bach führt weiter aus: „Die drei Brustwunden waren absolut tödlich, die eine hatte ihren Weg durch das Herz (die rechte Vor- und linke Herzkammer) genommen, die zweite das Brustblatt durchbohrend die großen Gefäße zerschnitten, die dritte Kugel endlich die rechte Lunge durchbohrt.“[12] In einem sich im Haus-, Hof- und Staatsarchiv befindenden Dokument vom 12.11.1867, dessen Verfasser unbekannt ist, werden „3 Schüsse in die Magen- und Milzge-

[6] Basch (zit. Anm. 4), S. 217–221; Ratz (zit. Anm. 2), S. 385.
[7] Siehe u.a. N.N. (zit. Anm. 3), S. 94. Nach Aussage der Spuren am Gilet wäre es aber möglich, dass der Kaiser einen Gnadenschuss erhalten hat.
[8] Hierzu ein Dokument im Haus-, Hof und Staatsarchiv (=HHStA) (Verfasser anonym), Wien, 12.11.1867, Archiv Maximilian von Mexiko (=AMM), Karton 58. – Für diesen Hinweis danke ich Ilsebill Barta und Marlene Ott-Wodni.
[9] Siehe Salm-Salm (zit. Anm. 5), S. 284.
[10] Siehe Konrad Ratz, Ein Kaiser unterwegs: Die Reisen Maximilians von Mexiko 1864–1867 nach Presseberichten und Privatbriefen, Wien/Köln/Weimar 2007, S. 57; Ratz (zit. Anm. 2), S. 395.
[11] Siehe Wolfgang Bahr, Tote auf Reisen. Ein makabrer Reisebegleiter, St. Pölten/Wien/Linz 2000, S. 183.
[12] Basch (zit. Anm. 4), S. 219 f.; zit. nach: Ratz (zit. Anm. 2), S. 395.w

gend"[13] erwähnt sowie einer durch die rechte Brust, ein weiterer in die Lebergegend und ein letzter ins Herz.

Es lassen sich am Vorderteil des Gilets Einschusslöcher nachweisen, deren Kanten nur teilweise von Bluträndern gesäumt sind. Insgesamt sind es sieben Löcher, wobei eines mit einem Knopfloch zusammenfällt. Das Rückenteil des Gilets sowie das Rückenteil des Gehrocks zeigen dagegen Spuren von nur sechs Kugelaustritten.[14]

Das ebenfalls in Wien erhaltene Unterhemd könnte durchaus unter dem Gilet getragen worden sein, doch lässt sein stark fragmentarischer Zustand keine eindeutigen Aussagen zu. Hose und Unterhose weisen jeweils ein weiteres Einschussloch auf. Seine Position in der vorderen Mitte stimmt bei beiden Textilien überein, so dass sie übereinander getragen worden sein könnten. Dass die Hose im hinteren Bereich auch das Austrittsloch der Kugel aufwies, ist wahrscheinlich, doch ist eine konkrete Angabe auf Grund des schlechten, vornehmlich auf Mottenfraß basierenden Zustandes nicht mehr möglich. In der Unterhose ist das entsprechende Austrittsloch jedoch nachweisbar.

Größere Rätsel gibt der Gehrock auf. Er zeigt im Rückenteil die bereits erwähnten sechs Austrittslöcher, die mit denen des Gilets übereinstimmen. Ab der Taillenlinie können eventuelle Schusslöcher von durch Mottenfraß verursachten Schäden nicht mehr differenziert werden. Erstaunlich ist, dass die beiden Vorderteile völlig unversehrt sind. Dieser Umstand bezeugt, dass der Kaiser den Gehrock keinesfalls zugeknöpft getragen haben kann,

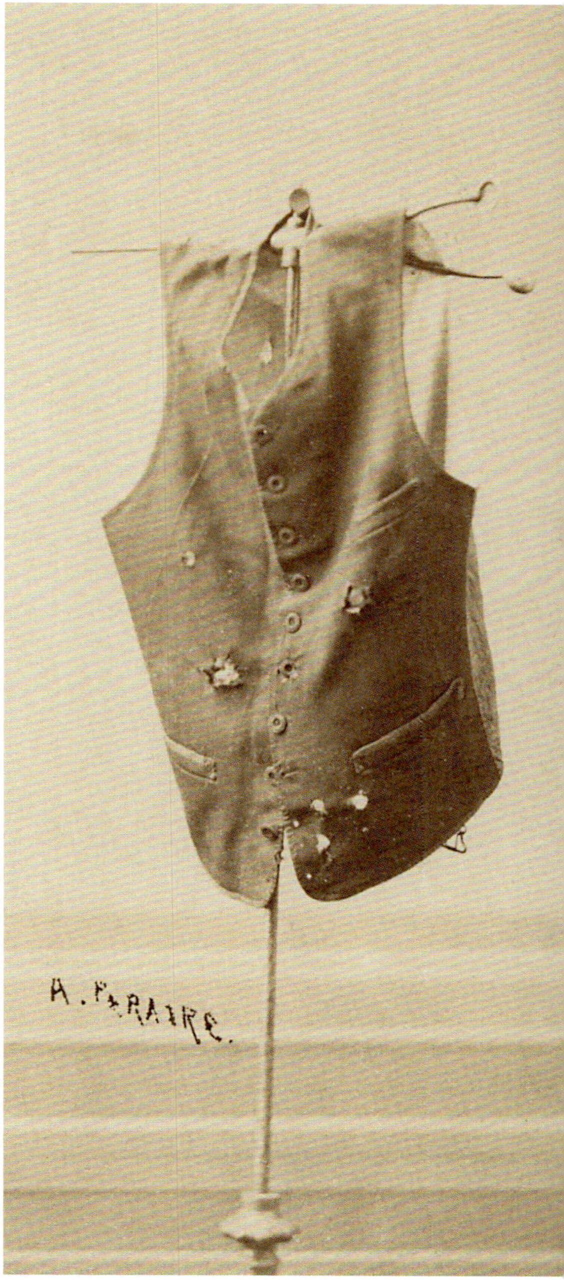

07-04) François Aubert, durchschossenes Gilet Kaiser Maximilians I. von Mexiko, Vertrieb: Augustin Peraire, 1867 (KHM-MVK)

[13] HHStA, AMM, Karton 58 (zit. Anm. 8).
[14] Technologische Untersuchungen: Michaela Kratochwil und Sabine Svec, Kunsthistorisches Museum, Wien.

ansonsten müssten sich die Einschusslöcher in den beiden Vorderteilen nachweisen lassen. Der Gehrock muss vielmehr so weit geöffnet gewesen sein, dass große Partien des Gilets sichtbar waren. In einem Augenzeugenbericht ist zu lesen, dass Maximilian, nachdem er Miramón den ehrenvolleren Platz in der Mitte der Dreiergruppe überlassen hatte, auf seine „typische Art die Hände hinter seinem Rücken“[15] gekreuzt habe. Dass der Kaiser seine Arme in dieser Position gehalten haben könnte, wird durch die Äußerung des Prinzen zu Salm-Salm bekräftigt, der explizit darauf hinweist, dass er „gewöhnlich die Hände auf dem Rücken [trug], wie man das häufig von Schiffscapitainen sieht, wenn sie auf dem Deck auf- und abgehen.“[16] Maximilian könnte auf diese Weise die Vorderteile des Gehrockes zwischen Oberarm und Körper fixiert und den Blick auf seine Brust freigegeben haben, denn ihm war daran gelegen, dass nicht auf seinen Kopf gezielt wurde.[17]

Fotografische Dokumentation der Textilien

Nachdem der Leichnam im Kloster entkleidet worden war, hatte der inoffizielle Hoffotograf Maximilians, François Aubert (1829–1905), die Möglichkeit, die Textilien zu fotografieren.[18] Aubert hatte bereits der Exekution beigewohnt, die er in einer Bleistiftskizze dokumentierte (heute: Musée Royal de l’Armée, Brüssel). Ein erstes Foto machte Aubert von den auf einem Haufen übereinandergelegten Textilien des Kaisers noch im Kloster. Die folgenden Fotos zeigen u. a. das Gilet (Vorder- und Rückseite) (Abb. 07-04) und den Gehrock, die offensichtlich in einem Studio fotografiert wurden. Als Kleiderständer dient Aubert ein Gestell, das zur Herstellung von Portraits gebräuchlich war. Es weist eine Halterung für den Kopf des Modells auf, um eine Bewegung während der Belichtungsphase zu verhindern.[19] Aubert fotografierte auch das Hemd des Kaisers, das nicht zum Konvolut der 1868 an die Schatzkammer übergebenen Textilien gehörte. Anders als Gilet und Gehrock ist es an eine Tür genagelt und erinnert, wenn auch die Ärmel nicht ausgebreitet sind, an das Martyrium eines Gekreuzigten. Die Fotos Auberts wurden international in Form der seinerzeit beliebten cartes-de-visite verkauft. In Frankreich haben sie wohl Edouard Manet u. a. als Quelle für sein berühmtes historisches Gemälde gedient.

Überführung nach Wien

Der Leichnam Maximilians, der nach der Einbalsamierung mit einer Uniform bekleidet wurde, konnte erst 1868 gemeinsam mit seinen Habseligkeiten auf der Fregatte Novara unter Kommando des Vizeadmirals Wilhelm von Tegetthoff (1827–1871) nach Miramar gebracht und von dort auf dem Landweg nach Wien überführt werden. Am 18. Januar wurde Maximilian schließlich in der Kapuzinergruft beigesetzt. Seine letzten Kleidungsstücke, mit Ausnahme des Hemdes, wurden wie auch der Schlüssel zu seinem Sarg der Schatzkammer übergeben.

---

15 Ratz (zit. Anm. 2), S. 391.

16 Salm-Salm (zit. Anm. 5), S. 290.

17 Siehe u. a. Augenzeugenberichte des Soria y Breña, dem Beichtvater Maximilians, und des ungarischen Kochs Josef Tüdös, in: Ratz (zit. Anm. 4), S. 339 f.

18 Siehe: Peter E. Palmquist, Thomas R. Kailbourn, Pioneer photographers from the Mississippi to the continental divide: a biographical dictionary, 1839–1865, Stanford 2005, S. 79.

19 Für diesen Hinweis danke ich Peter Svec, Wien.

8. Bilder vom Tod

Ilsebill Barta

Maximilian von Mexiko ließ gegen Ende 1866, als deutlich wurde, dass Napoleon III. seine Truppen aus Mexiko abziehen ließ, seine naturwissenschaftlichen Sammlungen, Archive und Kunstwerke auf Schiffe nach Europa bringen. Obwohl er im Oktober eine Abdankung erwog, konnte er sich letztendlich nicht dazu durchringen. Er war schon auf dem Weg zu den auslaufenden Schiffen, als ihn seine Generäle zu einer Umkehr überredeten. In völliger Fehleinschätzung seiner Lage ließ er sich auf einen neuen Feldzug ein, von Freunden und Feinden mehrmals gewarnt. Nur seine Mutter Sophie riet zum Durchhalten. Bis Februar 1867 wäre es für ihn möglich gewesen, nach Österreich zurückzukehren, wo man sich schon um seine zukünftige Stellung Gedanken machte. Eingekesselt in Querétaro mit 7.000 Mann kaiserlicher Truppen gegen 40.000 belagernde Republikaner, wurde er im Mai von einem ihm nahestehenden Obersten verraten, gefangengenommen und nach einem Prozess am 19. Juni – trotz mannigfacher Interventionen aller Herrscherhäuser Europas bei den amerikanischen und mexikanischen Präsidenten – von einem republikanischen Kommando hingerichtet.

Nach der Französischen Revolution war der gewaltsame Tod Maximilians die erste Hinrichtung eines Monarchen im 19. Jahrhundert. Sie erregte in ganz Europa ungeheures Aufsehen; die Zeitungen von New York bis Paris waren ab Anfang Juli voll von Berichten darüber.

08-01) Edouard Manet, Die Erschießung des Kaisers Maximilian, 1868/69 (KM/CY)

Edouard Manet, Die Erschießung des Kaisers Maximilian (Abb. 08-01)

Sofort nach Bekanntwerden der standrechtlichen Erschießung Maximilians und angeregt von den detailreichen Schilderungen in den Zeitungen, beschäftigte sich der französische Maler Edouard Manet in mehreren gemalten Versionen mit diesem Thema.[1] In Anlehnung an Goyas berühmte Erschießung spanischer Rebellen durch die Truppen Napoleons I. gestaltete er die Szene, wie Maximilian dem Moment der Erschießung entgegensieht – im Mittelpunkt stehend, behütet durch einen mexikanischen Sombrero, dem Symbol der Einheimischen. Die Zensur in Frankreich verbot sowohl die druckgraphische Version als auch die Ausstellung des großformatigen Gemäldes im Pariser „Salon". Manet hatte das Drama nicht als Aufeinandertreffen von barbarischer

[1] Oskar Bätschmann, Edouard Manet. Der Tod des Maximilian, Frankfurt/Main 1993.

mexikanischer und zivilisierter europäischer Welt beschrieben, wie es in Europa gerne gesehen wurde. Bei ihm, der „die Wahrheit über alles liebt“[2], tragen die Soldaten, wie er es von den Fotos Auberts kannte, Uniformen, die den französischen zum Verwechseln ähnlich waren, und nicht mexikanische Fantasiekostüme. Dahinter konnte die Anklage stehen: „Frankreich erschießt Maximilian“. Außerdem trägt der junge Kommandant rechts im Bild, der die Aufgabe haben wird, nach den nicht tödlichen Gewehrsalven der Soldaten Maximilian den „Gnadenschuss“ zu geben, die Barttracht Napoleons III. Durch den Sombrero Maximilians, der seinen Kopf hell umscheint, wird die Szene aber auch zum Sinnbild für einen Bürgerkrieg, in dem der „Einheimische“ von den mexikanischen Soldaten erschossen wird. Nachdem das in den liberalen USA ausgestellte Gemälde in den 1880er Jahren auf völliges Desinteresse stößt, wird das Bild in Europa erst nach 1905, lange nach Manets Tod 1883, in Deutschland zum ersten Mal öffentlich ausgestellt.

Rechlin & Sohn, A. Renand, Die Erschießung Maximilians und der Generäle Tomás Mejía und Miguel Miramón (Abb. 08-02)

Eine historisch unrichtige Darstellung des Ereignisses ist in einer Graphik von 1867 mit der Erschießung Maximilians zu sehen. Die aus den zeitgenössischen Fotos François Auberts bekannten kleinen Steinkreuze am Erschießungsplatz werden zu überlebensgroßen Holzkreuzen hinter Maximilian und den beiden mexikanischen Generälen, sodass die Szene auf die Kreuzigung Christi anspielt, und das Opfer Christi auf dem Berg Golgotha mit dem Opfer des Lebens Maximilians auf

08-02) Rechlin & Sohn, A. Renand, Die Erschießung Maximilians und der Generäle Tomás Mejía und Miguel Miramón, 1867 (MD/EK)

dem Hügel in Querétaro gleichsetzt. Der erschossene Kaiser wird in dieser Interpretation zum christlich-europäischen Märtyrer.

François Aubert, Leichnam Maximilians von Mexiko (Abb. 08-03)

Eine Fotografie des französischen Fotografen François Aubert (1829–1906) zeigt den einbalsamierten Leichnam Maximilians von Mexiko. Aubert versuchte während und nach der Exekution alles abzulichten, was mit dem Tod Maximilians in Verbindung stand. So fotografierte er das gesamte Exekutionskommando und bezahlte den einbalsamierenden Arzt Dr. Licea, um die durchschossenen Kleidungsstücke aufnehmen zu können. Schon am 11. August erschienen seine Fotos in der französischen Zeitung „Le Figaro“ mit den Schilderungen der Einzelheiten des Todeskampfes Maximilians. Erst am 28. September 1867, nach der zweiten Einbalsamierung in Mexiko-Stadt, bekam Aubert die Möglichkeit, den Leichnam des Kaisers in einem Holzsarg zu fotografieren, da

[2] Bätschmann (zit. Anm. 1), S. 20. Aus der öffentlichen Verteidigung Emile Zolas gegen die Zensur Manets.

08-03) François Aubert, Leichnam Maximilians von Mexiko, 1867 (MD)

die Mexikaner inzwischen der Vermarktung der Erinnerungsobjekte an die Exekution zugestimmt hatten; lange waren die republikanischen Sieger unschlüssig, ob sie den Leichnam überhaupt der Öffentlichkeit zeigen sollten.

Das Foto stellt heute ein erschütterndes Dokument der unprofessionellen Handhabung der Leiche dar. Im August 1867 war das schützende Glas des Sarges zerschlagen worden, so dass der Körper sehr schnell verfiel. Beim Transport soll der Leichnam zweimal vom Wagen gefallen sein, einmal stürzte er auch in einen Fluss, wobei der Körper durchtränkt und die Nase abgebrochen wurde.[3] Durch das eingefallene Gesicht, in dem die Nase mit Knetmasse neu modelliert war, und durch die Einsetzung von schwarzen Augen, da blaue nicht vorrätig waren,[4] war das Aussehen des Kaisers so verfremdet, dass seine Mutter Sophie, als sie in Wien den Leichnam sah, entsetzt ausgerufen haben soll: „Das ist nicht mein Sohn!"

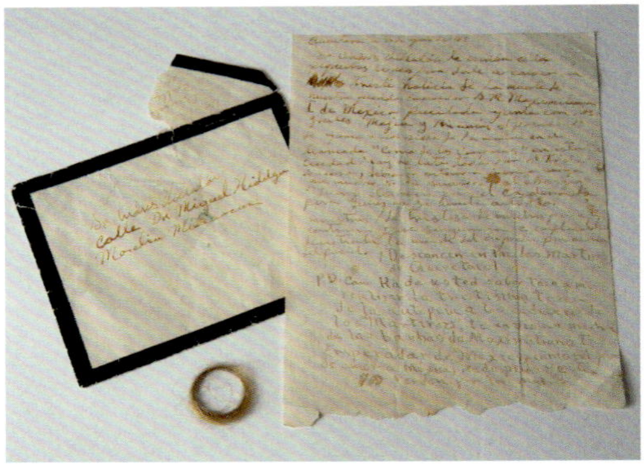

08-04) Bartlocke des Kaisers Maximilian von Mexiko mit einem Brief von Dr. Licea, dem Leichenbeschauer Maximilians (MD/EK)

Bartlocke des Kaisers Maximilian von Mexiko mit einem Brief von Dr. Licea, dem Leichenbeschauer Maximilians (Abb. 08-04)

Die Einbalsamierung von Maximilians Leiche wurde von zwei mexikanischen Ärzten durchgeführt, dem Militärarzt Dr. Riva de Neyra und dem Gynäkologen Dr. Licea. Der Diplomat Ernst Schmit Ritter von Tavera, der mit dem Leibarzt Dr. Basch dazu abgestellt war, zu überwachen, dass die Einbalsamierung würdig vonstatten ging, konnte den Leichnam während der acht Tage andauernden Behandlung nur unter großen Schwierigkeiten sehen und identifizieren. Entsetzt über das pietätlose Vorgehen der Ärzte berichtete er: „Bei Betreten des Gemaches erblickte ich eine in ein leinenes Umschlagtuch gewickelte menschliche Gestalt von abnormer Magerkeit, welche von einem mitten in dem Raume an der Decke desselben befestigten Stricke frei schwebend herabhing. Das musste des Kaisers Leiche sein – ich wagte es kaum, meinen Blick nach jener Gestalt zu richten!"[5]

Dr. Licea wurde später beschuldigt, Haare und wahrscheinlich auch andere Teile der Leiche widerrechtlich entfernt und zum Kauf angeboten zu haben. Erst kürzlich konnte die Bundesmobilienverwaltung eine Bartlocke Maximilians und einen Brief des Arztes, der die Echtheit der Locke bestätigt, ankaufen, was zeigt, dass diese Praxis wahrscheinlich war. In dem Schreiben bezeichnet Dr. Licea die Locke „als Reliquie der Liebe zu Mexiko".[6]

3 Johann Georg Lughofer, Des Kaisers neues Leben. Der Fall Maximilian von Mexiko, Wien 2002, S. 162.
4 Haus-, Hof- und Staatsarchiv (=HHStA), Archiv Maximilian von Mexiko (=AMM), Karton 58, Notizen über die letzte Zeit aus dem Leben des Kaisers Maximilian von Mexico und dessen Ende.
5 Lughofer (zit. Anm. 3), S. 158.
6 Otto Hellinghaus (Hg.), Maximilian von Mexiko. Das Ende eines Kaisers. Blätter aus dem Tagebuch des Prinzen Felix zu Salm-Salm, Freiburg im Breisgau 1928, S. 191.

08-05) Sarg, in dem die Leiche Maximilians von Mexiko nach Österreich transportiert werden sollte, Kupfer, Holz, Brokat, um 1867 (MD/EK)

Transportsarg Maximilians
(Abb. 08-05)

Der Sarg, heute in der Bundesmobilienverwaltung, wurde von Admiral Tegetthoff auf der Novara nach Mexiko transportiert, um den Kaiser darin standesgemäß nach Europa zu bringen. Der Übersarg besteht aus Kupfer, der Innensarg aus Holz, Letzterer ist mit einem Brokatstoff tapeziert. Nachdem der Leichnam von den Österreichern in Empfang genommen worden war, stellte sich heraus, dass die sterbliche Hülle Maximilians in dem mexikanischen Sarg besser fixiert war und sich somit als besser geeignet für die Überfahrt erwies: „... Zum Schluß erlaubt sich der gehorsamt Unterzeichnete noch anzuführen, daß die höchste Leiche zunächst in einem versperrten Holzsarg liegt, welcher in einer Zinkkiste eingelötet ist, beide Umfüllungen endlich befinden sich in einer massiven Holzkiste. Eine Umlegung in den mitgebrachten Sarg erschien in Anbetracht der für die Seereise sehr geeigneten Verwahrung unzweckmäßig."[7]

Die Frage des Sarges war damit noch nicht abgeschlossen: Admiral Tegetthoff erwartete Anweisungen, in welchem Sarg Maximilian von Triest nach Wien geführt werden sollte: „Zur Erläuterung des so eben abgeschickten Telegramms erlaube ich mir noch beizufügen, daß das Gewicht und Dimensionen des Sarges nur approximatisch angegeben werden konnten, da letzterer gleich nach der Übernahme in Vera Cruz im Interesse der Conservierung der Leiche von Neuem in die Zinn- und äußere Holzkiste verwahrt wurde und unter diesem Schutze gegen Einflüsse der Feuchtigkeit bis Triest derbleiben wird. Der eigentliche Sarg ist zwar einfach aber gut gearbeitet und der Leichnam in diesem durch mit Sammt bekleideten hölzernen Klammern weit besser befestigt, als dies in dem von Wien beigestellten Metallsarge möglich wäre, für welchen nur Kissen beigegeben sind (...) Ich bitte um Weisungen nach Corfu, in welchem Sarge die Überführung des Leichnams nach Wien stattfinden soll. Tegetthoff."[8]

Da der Kupfersarg der Bundesmobilienverwaltung Lötspuren aufweist, ist anzunehmen, dass die Leiche Maximilians nach der Ankunft in Triest doch noch in diesen repräsentativeren Sarg umgebettet wurde.

[7] HHStA, Neue Zeremonialakten (=NZA), Karton 32, Bericht von k. k. Obersthofmeisteramtsoffizial Carl Rauch bezüglich der Überführung der Leiche.
[8] HHStA, NZA, Karton 32, Bericht von Admiral Tegetthoff an das k. k. Kriegsministerium (Marine-Section) Wien bezüglich der Überführung der Leiche.

08-06) Tito Agujari, Die Ankunft des Leichnams von Kaiser Maximilian in Triest, 1870 (ÖNB-BA)

Tito Agujari, Die Ankunft des Leichnams von Kaiser Maximilian in Triest (Abb. 08-06)

Wilhelm v. Tegetthoff, der siegreiche Admiral der Seeschlacht von Lissa und Vertrauter Maximilians, wurde mit der schwierigen Aufgabe betraut, den toten Kaiser heimzuholen. Bereits am 25. August 1867 lief Admiral Tegetthoff mit der Novara in Veracruz ein. Mexiko weigerte sich aber vorerst, die Leiche des Monarchen an den Admiral freizugeben, und begehrte eine diplomatische Bestätigung des habsburgischen Wunsches, die Leiche nach Hause zu überführen, und den Verzicht österreichischer Ansprüche in Mexiko.[9]

Nach monatelangen Verhandlungen, bei denen Österreich schließlich die geforderten diplomatischen Noten übergab, wurde Maximilians Leichnam am 12. November an Tegetthoff übergeben. Die Einschiffung der Leiche und die Abreise aus Veracruz erfolgten am 26. November 1867. Man brachte den Sarg auf das Schiff, wo Maximilian in der Ehrenkabine aufgebahrt wurde und wo während der gesamten Überfahrt Kerzen brannten.[10] Mit der Fregatte Novara, dem Schicksalsschiff Maximilians, auf der er hoffnungsvoll 1864 ins mexikanische Abenteuer gesegelt war, wurde nun der tote Monarch nach Europa gebracht.

Am 16. Jänner 1868 erwies die Bevölkerung Triests Maximilian mit einem großen farbenprächtigen Schauspiel die letzte Ehre. Ein überreich geschmücktes Boot mit der österreichischen Fahne und dem Wappen Mexikos an den Seiten führte den mit der mexikanischen Kaiserkrone bekrönten, schwarz ausstaffierten Katafalk in den Hafen. In Triest wurde Maximilian als Kaiser empfangen, das Dekor des Trauerzuges trug die schwarze, imperiale Farbe. Von der Mole wurde der Sarg dann zur Eisenbahn nach Wien gebracht.

Protokoll der Leichenbeschau in Wien vom 22. Jänner 1868 (Abb. 08-07)

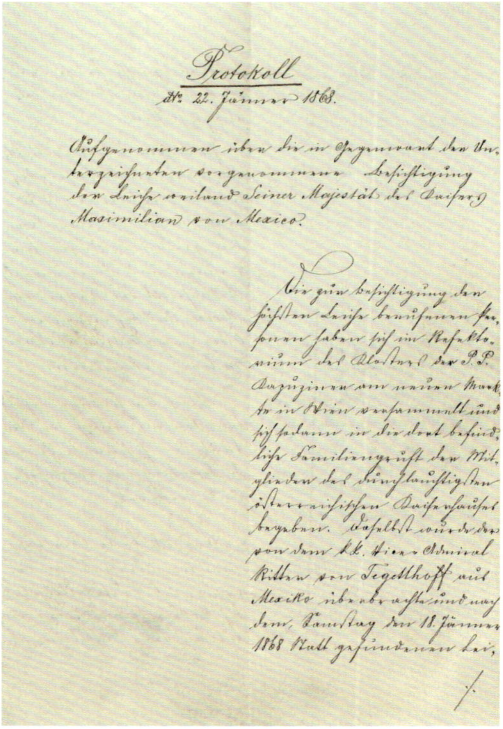
Protokoll
dd. 22. Jänner 1868.

Aufgenommen über die in Gegenwart der Unterzeichneten vorgenommene Besichtigung der Leiche weiland Seiner Majestät des Kaisers Maximilian von Mexico.

Die zur Besichtigung der höchsten Leiche berufenen Personen haben sich im Refectorium des Klosters der P.P. Capuziner am neuen Markte in Wien versammelt und sich sodann in die dort befindliche Familiengruft der Mitglieder des durchlauchtigsten österreichischen Kaiserhauses begeben. Daselbst wurde der von dem k.k. Vice-Admiral Ritter von Tegetthoff aus Mexiko überbrachte und auf dem Samstag den 18. Jänner 1868 statt gefundenen bei-

08-07) Protokoll der Leichenbeschau in Wien vom 22. Jänner 1868 (HHStA)

Nach der Beisetzung in der Kapuzinergruft am Neuen Markt in Wien wurde der Sarg Maximilians am 22. Jänner 1868 offiziell nochmals geöffnet. Anwesend waren insgesamt 13 Personen, darunter enge Vertraute Maximilians, wie Graf Carl Bombelles, Admiral Wilhelm

[9] Samuel Siegfried Karl von Basch, Erinnerungen aus Mexico V1-2: Geschichte der Letzten Zehn Monate Des Kaiserreichs, Leipzig 1868, S. 223.

[10] Konrad Ratz, Kampf um Mexiko. Kaiser Maximilian in den Erinnerungen seines Privatsekretärs José Luis Blasio, Wien/München 1999, S. 314.

Tegetthoff oder der ehemalige kaiserliche Leibarzt Dr. Samuel Basch. Die Aktion diente der Identifizierung des Leichnams. In dem Protokoll der Leichenbeschau bezeugten die Anwesenden die Identität Maximilians: „In diesem Sarge erblickte man die einbalsamierte, noch wohl erhaltene höchste Leiche, welche alle Anwesenden genau in Augenschein nahmen und als jene weil. Sr. Majestät und Erherzogs von Österreich Ferdinand Maximilian erkannten. Nach der hiedurch erfolgten Constatirung der Identität der höchsten Leiche wurde der Sarg wieder geschlossen und versperrt."[11]

Trotzdem gibt es heute Zweifel am stattgefundenen Tod durch die Hinrichtung und damit einhergehend auch Zweifel an der Echtheit der Leiche Maximilians. Diese Theorien begründen sich auf die Mitgliedschaft – sowohl von Maximilian als auch von seinem Gegenspieler Juaréz – bei den Freimaurern; laut den Statuten dieses Geheimbundes sollten sich deren Mitglieder nicht gegenseitig töten.

Mit dieser Version wird kurz nach Maximilians Tod das Erscheinen eines europäischen Unbekannten in El Salvador erklärt. Der Mann mit dem Namen Justo Armas besaß großes politisches Verständnis, eine hohe Bildung und zeremonielles Wissen, darüber hinaus war er seltsamerweise im Besitz von zahlreichen persönlichen Gegenständen des Kaisers. Er bestritt seinen Lebensunterhalt mit dem Ausrichten von Festen, als politischer Berater des Präsidenten und mit zeremoniellem Unterricht. Bis heute hält sich die – durch Recherchen eigentlich gut belegte – Legende von Justo Armas als überlebender Maximilian in El Salvador. Jedenfalls floss in seinen Adern, das scheinen DNA-Untersuchungen ergeben zu haben, Habsburgerblut.[12]

08-08) Totenschild Maximilians von Mexiko, 1867 (HHStA)

Totenschild Maximilians von Mexiko
(Abb. 08-08)

Totenschilder wurden bei den Habsburgern bei Aufbahrungen verwendet; sie waren für diesen kurzfristigen Gebrauch auf Papier gemalt und wurden hinter dem Sarg aufgestellt. Sie zeigen bildlich (Wappen) und schriftlich die Stellung des Verstorbenen.

Das Totenschild wurde anlässlich der Aufbahrung Maximilians in Wien hergestellt und zeigt das kaiserlich-mexikanische Wappen. Die Darstellung eines Adlers, der eine Schlange fängt, auf einem Feigenkaktus sitzt und umrahmt ist von Lorbeer- und Eichenblättern, geht auf eine aztekische Sage zurück, die der Gründungs-

[11] HHStA, NZA, Karton 32, Protokoll dt. 22. Jänner 1868 aufgenommen über die Besichtigung der h. Leiche weil. Sr. Majestät des Kaisers Maximilian von Mexico.

[12] Lughofer (zit. Anm. 3), S. 164–206.

mythos der Stadt Mexico-City ist. Der Adler ziert noch heute das Wappen Mexikos.
Die sterblichen Überreste Maximilians kamen am 18. Jänner 1868 abends in Wien an. Der von einem Spalier von Fackelträgern begleitete Trauerzug führte durch die Hauptstraßen Wiens zur Hofburg, wo der Sarg für einen Tag aufgebahrt wurde. Der Andrang der Bevölkerung war so groß, dass die Schweizer Wache kaum der Massen Herr wurde.

Maximilian wurde am 20. Januar unter Anteilnahme einer riesigen Menschenmenge in die Kapuzinergruft in Wien gebracht, wo er bestattet wurde.

In Wien wurde ihm „nur" ein erzherzogliches Begräbnis bereitet, wobei die Sargdecke und die Kutsche in Rot, der Trauerfarbe der Erzherzöge, geschmückt waren. Eine große rote Sargdecke und eine goldene Kutsche – für Maximilian extra angefertigt – wurden bis zum Ende der Monarchie für erzherzogliche Begräbnisse verwendet. Sie werden in der Wagenburg des KHM aufbewahrt.[13]

Anhang:
Unpublizierter anonymer Bericht über den Tod Kaiser Maximilians[14]

„Während der Belagerung von Queretaro (...) entstand Mangel an Lebensmitteln, welche zuletzt nur mehr aus Pferde- und Maultierfleisch bestanden, wovon sich auch zum Theil der Kaiser nährte. Ob wegen angesprochener Lebensweise, oder wegen nicht gesunder Luft wurde der Kaiser von einer Dissenterie /:Ruhr:/ befallen und zwar schon im Monate Mai, welche mit kurzer Erleichterung abwechselnd bis zu seinem Tode anhielt und ihn an Kräften und gutem Aussehen sehr herabbracht.
Daß sich der Kaiser während der Belagerung muthig zeigte, wurde in den öffentlichen Blättern hinreichend beleuchtet. Der auf den bestimmten Tag festgesetzte Ausfall wurde auf den nächsten Tag verlegt, weil sich der Kaiser ... an diesem Tage zu dieser Action zu schwach fühlte, welchen Aufschub Lopez zu dem bekannten Verrath benützte.
...
Nach einem Monat der (...) Ungewissheit und anhaltender Kränklichkeit, welche der Kaiser mit der größten Geduld und Fassung ertrug, nahte der 16. Juni, an welchem um 10 ½ Uhr vormittags dem Kaiser das Todesurtheil vorgelesen wurde, welches noch am selben Tage nachmittags um 3 Uhr vollstreckt werden sollte. Auf ein solches Urtheil gefasst, hatte sich der Kaiser durch mehrere Tage vorher schon damit beschäftigt, Abschiedsbriefe zu dictiren und einen oder zwei eigenhändig zu schreiben /: eigenhändig schrieb er nur an seine Mutter, alle übrigen Briefe dictirte er:/ Er gab nun den Auftrag, diese wenigen Stunden zu benützen, um Alles in Ordnung zu bringen mit seiner Ruhe und Manneskraft, welche Alle in Erstaunen setzte. Um 12 Uhr kam sein Beichtvater Padre Soria, um 1 ½ Uhr hörte der Kaiser mit den Brüdern Generalen die heilige Messe mit Communion, nachher ordnete er noch einige Angelegenheiten, gab seinem Arzt Dr. Basch Aufträge an seine nächsten Verwandten mit dem Bemerken denselben nach seiner Rückkehr nach Wien über die Belagerung von Queretaro, Gefangennahme /: 15. Mai :/ und die letzten Tage seines Lebens Bericht zu erstatten und zugleich anzugeben, daß er versöhnt mit Gott und der Welt sterbe und als guter Christ

[13] Für diese Information danke ich Dr. Monica Kurzel-Runtscheiner.
[14] HHStA, AMM, Karton 58, Notizen über die letzte Zeit aus dem Leben des Kaisers Maximilian von Mexico und dessen Ende.

dem Tod entgegen sehe und gab ihm den Trauring. Kurz vor 3 Uhr nahm er Abschied vom Arzte, dem Kammerdiener und Koch, und von den Offizieren der Wache, welche ihn unter Thränen um Vergebung bathen.

Von 3 Uhr an erwartete er von Minute zu Minute mit männlicher Fassung die Abführung zum Tode. Um 4 Uhr kam ein Telegramm aus Louis Potosi mit der Aufschiebung der Urtheilsvollstreckung bis zum 19ten Juni. Bei dieser Ankündigung äußerte er sich: „Das ist hart, da ich bereits mit der Welt abgeschloßen habe." Diese Suspension scheint durch den preußischen Gesandten Bar. (Baron) Magnus beim Präsidenten erwirkt worden zu sein und zwar in der besten Absicht; theils durch Zeitgewinnen vielleicht dennoch die Begnadigung zu erwirken, theils als letztes Mittel die Flucht vielleicht zu ermöglichen, wozu selbst von republ. Seite viele Hilfsmittel geboten wurden; besonders wohlwollend nach jeder Richtung zeigte sich die Familie Rubio, welche an verschiedenen Punkten Pferde zur Flucht gestellt hatte.

Alle schöpften aus dem Aufschube Hoffnung für die Begnadigung; bei dem Kaiser selbst schien es bloß ein schwacher Schimmer zu sein und er beschäftigte sich während dieser Zeit noch ernster mit dem Abschied von der Welt, seine Stimmung war sanft und weich. Er erwähnte seine Gemahlin, welche er für todt hielt in Folge eines dortigen Gerüchtes, wobei er äußerte, daß dies für ihn ein großer Trost sei, daß die Kaiserin vor ihm gestorben sei, wodurch ihn ein Band weniger an die Welt fessle. Er diktirte während dieser Zeit noch mehrere Briefe, empfing täglich seinen Beichtvater, mit welchem er einige Stunden verkehrte – und so kam der 18te Juni, an welchem Magnus nachmittags von Juarez zurückkam mit der Ablehnung der Begnadigung; er übergab demselben Briefe und Gegenstände zur bestimmten Verfügung, welche wegen seiner Erkrankung noch nicht an ihre Adresse gelangt sind.

Abends hatte er 2 Priester bei sich, welche sich nach 8 Uhr entfernten, dann blieb er einige Zeit allein im Gefängnis auf- und abgehend und bei Ermüdung sich niedersetzend; seine Dissenterie war in den letzten Tagen etwas besser, er legte sich nieder, las bis gegen 10 Uhr und versuchte einzuschlafen.

Um 11 ½ Uhr nachts, als der Kaiser gerade eingeschlummert war, kam General Escobedo, Chef der Belagerungs-Armee, um Abschied zu nehmen, mit welchem er längere Zeit conversirte, nach seiner Entfernung gegen 1 Uhr schlummerte der Kaiser wieder ein und schlief ruhig bis gegen 4 Uhr, zu welcher Stunde der Kammerdiener Befehl hatte, ihn zu wecken. Nachdem er angekleidet war, kam der Beichtvater; um 5 Uhr ging er mit den beiden Generälen in die Kapelle zur heiligen Messe und Communion und um 5 ¾ Uhr zurückgekehrt nahm er etwas von seinem Frühstück, bestehend aus Kaffee, Thee, kalte ... (unleserlich) und Bordeaux, welcher nach der Meinung der Dienerschaft bloß in der Absicht genommen wurde, um sich dadurch die nöthige Kraft zum letzten Gange zu erhalten.

Nach dem Frühstück gab der Kaiser zum zweiten Mahl den Trauring dem Arzte und trug ihm auf als letzten Wunsch ein Skapulier, welches er in der Brusttasche seiner ... (unleserlich) stekt, seiner Mutter zu übergeben; diese Gegenstände, worüber der Kaiser dem Arzte die Verfügung (...) hat, befinden sich in den Händen des noch abwesenden Arzte, welcher mit der Leiche erwartet wird; dann sprach der Kaiser noch mit den Generälen Miramon und Mejia und den Offizieren der Wache.

Um 6 ½ Uhr kam der Oberst /:Palassius ?:/ welcher die Execution kommandierte, die 3 Herren aufzufordern, sich fertig zu machen, da es Zeit sei und die Wagen bereit ständen; der Kaiser stieg mit 2 Priestern, die 2 Generäle jeder mit einem in die bereitstehenden Wagen /: wie schlecht zugemachte Fiaker :/

Beim Weggehen aus dem Gefängnis trug er seinem Kammerdiener auf, zurückzubleiben und die noch übrigen Habseligkeiten zu übernehmen.

Dr. Basch konnte es nicht über sich gewinnen, ihn sterben zu sehen und blieb auch zurück, nur der Koch begleitete ihn, neben dem Kutscher sitzend zum Richtplatz. Die Fahrt ging fast durch leere Gassen bis auf den Platz, wo der Kaiser gefangen genommen wurde, dort stiegen Alle aus und gingen ohne Unterstützung zur Anhöhe, wo die Execution stattfand. Der Kaiser stand links, mitte Miramon und rechts Mejia. Der Kaiser hielt die bekannte Rede /: auch die Generäle sprachen :/ betheilte die Mannschaft mit der Ermahnung gut auf die Brust zu zielen und sprach mit dem Offizier, welcher die Executions-Mannschaft kommandirte, der sehr gerührt war und ihn um Vergebung bath.

Dreien wurden die Augen verbunden, der Kaiser nahm den Hut ab, wischte sich mit dem Sacktuch Stirn und Gesicht ab, übergab beides dem Koche für seine Mutter und richtete – vielleicht ganz unwillkürlich – seinen Bart. Der Koch glaubt beobachtet zu haben, daß der Kaiser in Erwartung des Commandos zum Schießen die Augen gegen Himmel gerichtet und dann geschlossen habe.

Auf ein gegebenes Zeichen des Offiziers fielen die Schüsse und alle drei stürzten, ohne todt zu sein, da sie sich alle noch bewegten, was dem Umstande zuzuschreiben ist, daß keinem in den Kopf geschossen werden wollte und die Soldaten schlecht schossen, da sie anlegten und mit abgewandtem Gesicht losdrückten.

Der Kaiser hatte nach der Decharge von 4 Schüssen auf dem Boden liegend die Augen offen und schien noch sprechen zu wollen, seine Weste fing Feuer welches mittelst Wasser gelöscht wurde, wobei sein Koch behilflich war, der Kaiser soll sich dabei wegen Schmerz einen Knopf von der Weste abgerissen haben.

Der Kaiser erhielt noch 2 Schüsse, dessen letzter aus Mitleid von einem Sergenten der imperialistischen Truppen in das Herz dem Leiden ein Ende machte; diese ganze Scene dauerte ziemlich lange, da sein Gewehr versagte, ein anderes erst geladen werden mußte und im Ganzen die Vorsorge fehlte.

Zuerst verschied Miramon – er hatte bei dem letzten Kampf einen Schuß durch die Gesichtsknochen erhalten, welcher noch nicht geheilt war – er galt als ein muthiger und tapferer Soldat, seine Haltung bis zu seinem Tod im hohen Grade männlich, er soll auf dem letzen Gange seinen Bekannten noch zugelächelt haben; seine Frau war während seiner Hinrichtung bei Juárez um Gnade bittend, die Familie mittellos. General Mejia, welcher sehr schwächlich und kränklich aussah, schien sehr niedergeschlagen ohne verzagt zu sein, er war der letzte im Verscheiden und erhielt nach der Decharge auch noch einige Schüsse.

Sie wurden jeder in die bereitstehenden Särge – der Kaiser in einen schwarz-gelben – gelegt und in das Kloster zurückgetragen, wo alsbald die Einbalsamierung vorgenommen und die Leichen in der Kapelle beigesetzt wurden.

Anmerkung: Der Kaiser hatte bei der Decharge 3 Schüsse in die Magen- u. Milzgegend und einen durch die rechte Brust erhalten, der nächste Schuß in die Lebergegend und der letzte durch das Herz.

Für jeden Verurtheilten waren 4 Mann zur Decharge und 2 als Reserve commandirt, die Uniform in welcher der Kaiser gefangen genommen wurde, vertauschte er im Gefängnis mit einem schwarzen Anzuge, welcher ihm der Kammerdiener besorgt hatte, mit der Leibwäsche ging es ihm schlecht, da ihm alles gestohlen wurde. Baron Lago, der öfters in seinem Gefängnis war, brachte die durchschossene und ausgebrannte Weste und ein Stück von dem Leintuch mit, mit welchem die Leiche zugedeckt war, die übrigen Gegenstände brachten die Kammerdiener und der Koch. Im Sarge wurde ihm das Beinkleid gelassen, welches er anhatte und die Uniform angezogen, in welcher er gefangen genommen wurde, es wurden ihm schwarze Augen eingesetzt, da man keine Blauen fand, die Wangen rasirt, das Gesicht gemalt und der große Bart geordnet; überhaupt geht aus der Erzählung hervor, daß die Leiche mehr ausgestopft als einbalsamiert wurde. Die Section und Einbalsamierung wurde von Mexicanischen Aerzten bei Anwesenheit des Leibarztes vorgenommen; in den Gedärmen fanden sich dyssentrische Geschwüre.

...

12. 11. 1867

Nachtrag

Die Leiche blieb Ende Monat in Queretaro nachher wurde sie verstohlen auf einem Karren nach Mexico gebracht und in der Kapelle eines Spitals aufbewahrt; auf dem Wagen Regen durchnässt wurde der bisherige Anzug mit schwarzen Kleidern gewechselt, in welchen die Leiche hier ankam und in dem Sarg von Rupinienholz gelegt, in welchem Tegetthoff dieselbe übernahm. Das Skapulier, welches der Kaiser vor dem Abschied und im Beisein des Dr. Basch in die linke Brusttasche steckte, ist von dem letzten Schuß gebräunt und wird von der Erzh. Sophie auf der Brust getragen. Auf dem Richtplatz kömmt ein Reiter in großer Eile – allgemein für einen Bettler gehalten – mit dem Auftrag: Nicht auf den Kopf zu schießen.

Baron Magnus wohnte der Hinrichtung hinter den Soldaten bei; dem hamburgischen Consul Banzen wurden am Tage der Erschießung die Briefe übergeben, weil Dr. Basch sie in seinen Händen für ... (unleserlich) hielt, er übergab sie einem americanischen Schiff; welches sie nach Europa bringen sollte; allein bis jetzt konnte noch keine Spur aufgefunden werden. (...) hat der Kaiser einen Brief an seine Mutter eigenhändig mit Bleistift copirt, welchen Dr. Basch mitbrachte, ein höchst interessanter und herzlicher Brief, worin seine Frau mit großer Innigkeit erwähnt wird; auch eine Copie eines Briefes mit eigenhändiger Unterschrift an Gf. Bombelles, wurde mitgebracht.

Am meisten ausgezeichnet durch Charakter und Anhänglichkeit (...) wird General Mejia genannt und sein Tod von allen, welche ihn kannten, am meisten betrauert, während Miramon wegen seines Ehrgeizes eben nicht als besonders verlässlich galt und seine Frau als besonders intrigante im Allgemeinen bekannt war.“

9. „Ich hoffe, daß Mama Morgen mit mir zufrieden sein wird" – Kindheit und Jugend von Erzherzog Ferdinand Max (1832–1850)

Ingrid Haslinger

„Mit der Ambition ist's wie mit dem Luftballon; bis auf eine gewisse Höhe zu steigen ist interessant und schön. Man gewinnt einen klaren, weiten Überblick; strebt man höher hinaus, so schwindelt der Kopf, die Fernsicht wird umnebelt und verworren, die Luft wird zu fein, zuletzt stürzt man aber gar leicht und bricht sich das Genick."[1] Der junge Erzherzog Ferdinand Maximilian, in der Familie *Maxi* gerufen, liebte es, solche Denksprüche aufzuschreiben. Hätte er sich daran gehalten, wäre ihm viel in seinem Leben erspart geblieben.

Ferdinand Max wurde am 6. Juli 1832 in Schloss Schönbrunn geboren. Erzherzogin Sophie (1805–1872) war überglücklich, einen zweiten Sohn zu haben, was die Thronfolge weiter in der Linie ihres Gatten, des Erzherzogs Franz Karl (1802–1878), sicherte. Weniger erfreut mit dem zweiten Sohn war die Aja von Erzherzog Franz, Baronin von Sturmfeder, die nun einen *richtigen* Sohn und einen *Stiefsohn* hatte.[2] Vollends unglücklich machte *Ilb*, wie die Aja von ihren Schutzbefohlenen genannt wurde, dass *Maxi* schöner und intelligenter als *Franzi* zu werden versprach: „Er ist größer als der Älteste in diesem Alter war und mit einigem Verdruß glaube ich zu bemerken, daß er schöner werden wird."[3] Als Erzherzog Ferdinand Max älter wurde, fühlte er diese Zurücksetzung; aber er liebte Ilb sehr und drückte seinen Schmerz auf seine Art aus: „Ich hab' Dich gerade so lieb wie Du den Franzi lieb hast."[4]

Ferdinand Max war ein zart gebautes, blasses Kind, das sich anfänglich seiner Umwelt gegenüber recht teilnahmslos verhielt. Mit seinen blauen Augen und hellblonden Haaren war er eine charmante Erscheinung; wegen seines fliehenden Kinns ließ er sich in späteren Jahren seinen charakteristischen Bart wachsen. Obwohl Erzherzogin Sophie ihren Erstgeborenen, in dem sie den künftigen Kaiser sah, besonders sorgfältig betreuen und ausbilden ließ, wurde schließlich *Maxi* ihr Lieblingssohn. Viele Jahre später fiel dem Polizeipräsidenten Kempen auf, „daß sie [Erzherzogin Sophie] eine große Vorliebe für ihren Sohn Max und für den jüngsten Ludwig[5] entwickle ...".[6] Erzherzog Franz war ihre Lebensaufgabe, der sie sich mit Akribie und starkem Willen widmete. *Maxi*, der seine Umgebung durch seine offene, heitere Art bezauberte, konnte viel freier und unbekümmerter aufwachsen. Im Laufe der Zeit entwickelte er sich zu einem lebhaften, phantasievollen Kind, das seine Erzieher auf Trab hielt und das auch *muthwillig* und ungehorsam sein konnte. In Sophies Briefen an ihre Mutter und in *Maxis* Tagebüchern[7] kann man nachlesen, dass er sich sehr oft *in der Strafe* befand. Bei seinen Scherzen stellte sich aber oft rasch schlechtes Gewissen und Reue ein, wie dies beispielsweise der Fall war,

---

1 Zit. nach: Brigitte Hamann, Mit Maximilian in Mexiko, Wien 1983, S. 32.

2 Louise Baronin Sturmfeder, Die Kindheit unseres Kaisers, Briefe der Aja Seiner Majestät aus den Jahren 1830–1840, bearbeitet von Anton Weimar, Wien 1910, S. 103.

3 Sturmfeder (zit. Anm. 2), 18. Juli 1832.

4 Haus-, Hof- und Staatsarchiv (=HHStA), Nachlass (=NL) Sophie K 19, Sophie an ihre Mutter, Wien, 1. Februar 1837.

5 Erzherzog Ludwig Viktor (1842–1919).

6 Josef Karl Mayr (Hg.), Das Tagebuch des Polizeiministers Kempen von 1848–1859, Wien 1931, S. 445.

7 Maximilian und seine Brüder Franz und Karl Ludwig wurden ungefähr ab ihrem jeweils zwölften Lebensjahr dazu angehalten, Tagebücher zu schreiben. Während sich der spätere Kaiser dieser Aufgabe mit viel Ernst und Eifer unterzog, sah Maxi in dieser Arbeit eher eine lästige Pflichtübung, der er sich oft schlampig und oberflächlich entledigte.

09-01) Die Brüder Franz Joseph, Ferdinand Maximilian und Carl Ludwig, nach einer Lithografie von Josef Kriehuber, 1844 (MD/EK)

als *Maxi* eine Bedienstete vor einem Ausflug in den Wienerwald in einen Kasten sperrte. Während der ganzen Fahrt war er in Angst, dass sie ersticken könnte.

Als Kind genoss Erzherzog Max unter seinen Geschwistern (Abb. 09-01) und den *Kameraden*[8] den Vorzug: „Ich muß sagen, daß unter den Buben Franzi von allen der besterzogene war ... Maxi aber gewann alle Herzen; ohne nur im mindesten schön zu sein, zieht er alle Welt durch seine herzige kleine Gestalt und seine komische Art an."[9] Auch Sophies Mutter, Königin Karoline von Bayern (1776–1841), war ähnlicher Ansicht. Als sie ihrer Tochter 1835 bei der Geburt der kleinen Anna (gest. 1840) beistand, berichtete sie ihrem Stiefsohn, König Max II. von Bayern (1811–1864): „... ich finde den zweiten, Max, den man mir so häßlich geschildert hatte viel hübscher und angenehmer wie Franzi ..."[10] Dies fiel auch *Franzi* bald auf, und er zeigte Anzeichen von Eifersucht, obwohl beide Brüder gern gemeinsam mit den Kameraden spielten. Sophie versuchte daher ständig, ihren Ältesten in den Vordergrund zu rücken, was *Maxi* wiederum als Zurücksetzung empfand. Die Ansätze zum späteren Zerwürfnis der beiden Brüder waren schon in ihrer Kindheit vorhanden.

Beim Lernen war *Maxi* – im Gegensatz zu *Franzi* – nicht gerade der fleißigste. Bereits im Kindesalter wurde den Erzherzögen Personal aus Böhmen und Ungarn zugeteilt, damit sie von Kindesbeinen an diese wichtigen Sprachen der Monarchie erlernten. Doch *Maxi* weigerte sich oft, die so erlernten Wörter und Sätze zu wiederholen. Für ihn begann am 27. Oktober 1838 der Ernst des Lebens mit dem geregelten Unterricht. Neben den oben erwähnten Sprachen kamen im Laufe der Jahre Latein, Französisch, Italienisch und Englisch dazu. Überdies musste *Maxi* Latein- und Kurrentschrift (gleichzeitig!) erlernen.[11] Weitere Unterrichtsgegenstände waren Religion, Geographie, Geschichte, Naturkunde, Mathematik, Philosophie, Statistik, Zeichnen (Abb. 09-02) und Musik. Die Stunden fanden entweder in den Appartements der Kinder oder bei Erzherzogin Sophie statt, die es sich meist nicht nehmen ließ, den Unterrichtsstunden mit einer Lektüre beizuwohnen.[12] Sophie war allerdings nicht nur beim Unterricht und bei den

[8] Die Kameraden waren die Kinder des Fürsten Metternich, des Primo Ajo Heinrich Graf Bombelles und des Erziehers Graf Coronini-Cronberg.

[9] Zit. in: Egon Caesar Conte Corti, Maximilian und Charlotte, Wien 1924, S. 92.

[10] Geheimes Hausarchiv München, Kabinettsakten König Maximilian II., No. 83/2/408, Königin Karoline an König Maximilian II., No. 83/2/408.

[11] In Kurrent wurden deutsche Texte abgefasst, die Lateinschrift wurde für Fremdsprachen bzw. für Fremdwörter in einem deutschen Text verwendet.

[12] HHStA, NL Sophie, K 19, vgl. dazu Sophies Briefe während der Kindheit der beiden älteren Erzherzöge Franz und Max bzw. ihre Tagebucheintragungen zwischen 1843 und 1849.

09-02) Kinderzeichnung von Ferdinand Max, Mädchen mit Gießkanne, 1844 (MD)

Prüfungen ihrer Söhne dabei; sie versuchte, so viel Zeit wie möglich mit ihren Kindern zu verbringen; alle ihre Söhne entwickelten eine starke Bindung an die Mutter.

Maxi konnte einem Unterrichtsgegenstand nur dann etwas abgewinnen, wenn dieser ihn interessierte. Dementsprechend unterschiedlich fielen Benotungen und Beurteilungen aus – für die Lehrer eine höchst pikante Angelegenheit, schließlich handelte es sich um einen Erzherzog, bei dem man den Rangunterschied nicht vergessen durfte. Der spätere Kardinal Joseph Othmar Rauscher unterrichtete den jungen Mann in Philosophie und berichtete an das Elternpaar, das regelmäßig die Monatsberichte der Lehrer seiner Kinder genau las, über Ferdinand Max ziemlich resigniert: „Im Monate April wurde die allgemeine Sittenlehre vollendet: wobei sich Gelegenheit fand, eine Reihe von Begriffen, welche für das praktische Leben von maßgebender Wichtigkeit sind, genauso zu entwickeln. Indessen hat der Durchlaucht.[igste] Herr Erzherzog der Sache nur selten eine ausdauernde Aufmerksamkeit zugewendet."[13] Ähnlich erging es Pater Columbus, dem Religionslehrer, der konstatierte: „Die Zeit der Selbstbeschäftigung blieb ganz unbenützt."[14] Mehr Glück hatte Franz Leydolt, der *Maxi* in Naturkunde und Geographie unterrichtete: „Se. k.k. Hoheit der durchlauchtigste Herr Erzherzog haben dem Gegenstand große Aufmerksamkeit geschenkt und richtig aufgefaßt."[15]

Schon als Kind zeigte *Maxi* immer stärker seine Liebe zu allem, was schön, fremd und exotisch war – ein Hang, der mit zunehmendem Alter intensiver werden sollte. Er interessierte sich für Kunst, war schriftstellerisch begabt (er verfasste Gedichte; seine Reiseaufzeichnungen wurden gedruckt) und zeichnete und karikierte gerne. Der junge Erzherzog war jedoch nicht nur ausgelassen, heiter und voll *Dummheiten*, die andere zum Lachen brachten. *Maxi* konnte auch unbeherrscht sein – in einem Augenblick himmelhochjauchzend, im anderen verdrossen und schlechter Laune. Kritisiert wurden v. a. seine Oberflächlichkeit und Gedankenlosigkeit: „Se. kais. Hoheit bewahren dem Gegenstand Lust und Neigung; aber Ihre Absprünge und Reflexionen werden immer häufiger, so daß Sie den Vortragenden oft buchstäblich nicht zu Worte komen lassen. Es ist wohl auch hierin ein gewisser Eifer nicht zu verkennen, aber ein solcher, der dem geregelten Fortschritte eher Hinderniße zu le-

[13] Österreichische Nationalbibliothek (=ÖNB), Handschriftensammlung (=HS), Han. ser. n. 9296.
[14] Ebenda.
[15] Ebenda.

gen geeignet ist“[16], heißt es in einem Bericht aus dem Jahr 1845. Auch in finanziellen Dingen äußerte sich Maximilians Leichtfertigkeit. Ab 1840 wurde er dazu angehalten, ein Cassa Buch zu führen.[17] Doch immer wieder war es ihm nicht möglich, Rechenschaft darüber abzulegen, wo sein Geld hingekommen war.[18]

Maxi kam langsam in die Pubertät und machte immer mehr Probleme, die Erzherzogin Sophie – nach außen hin stolz auf ihre Kinder – Pater Columbus mitteilte. Dieser hielt die Gespräche in seinen *geheimen Notizen* fest: „Sie sagte mir: a) von *Franzi*, daß besonders zu sehen sei auf das Ängstliche, da er sich immer im vorhinein fürchte auf das Zuspätkommen, ob das und jenes gut ausfalle. Es sei Familienantheil; besonders habe es der Kaiser Franz gehabt und habe sich daher mit Kleinigkeiten abgequält, während er Großes versäumte;
b) von *Ferdinand*, daß er zu sehr auf Flatterhaftigkeit, Egoistisches et nescio quid adhuc![19]
c) von *Carl*, daß er in letzter Zeit mehr egoistisch sei, daher gleich weine bei jeder kleinen Ermahnung.“[20]

Im Jahr 1846 hatte der vierzehnjährige Ferdinand Max wieder eine spannende Idee – den Ankauf der Habsburg über einen Strohmann. Er spannte dafür seinen Lehrer Doré ein, den er brieflich beauftragte, sich zu erkundigen, was die Ruine mit oder ohne Berg kosten sollte.[21] Auch Abbé Mislin[22] war in die Aktion eingeschaltet, die jedoch scheiterte. Offenbar war die kaiserliche Familie in die Sache eingeweiht, denn den Brief an Doré schrieb *Maxi* mit *Erlaubnis seiner Mutter.*[23]

Im Jahr 1847 waren schließlich alle mit ihrer Weisheit bei *Maxi* am Ende angelangt: Es wurde beschlossen, dass er von der Familie entfernt werden und nach Venedig übersiedeln sollte, um seine Erziehung in strengere Hände zu legen und seinen Charakter in eine bessere Richtung zu lenken.[24] Allein der Ausbruch der Revolution im März 1848 verhinderte diesen gutgemeinten erzieherischen Schritt. Die folgende Zeit war für Ferdinand Max eher problemlos; die Aufenthalte in Innsbruck und Olmütz bedeuteten Abwechslung, es gab wenig geregelten Unterricht und kaum Verpflichtungen. Im Juli wurden er und sein Bruder Carl Ludwig in Innsbruck gefirmt, was auch ihren Onkel Ludwig[25] veranlasste, seine Meinung über *Maxi* kundzutun: „Mit dem größten Vergnügen habe ich Patenstelle bey der Firmung des Maxi übernommen, ich hoffe diese heilige Handlung wird in seinen manchmal schwankenden Religionsbegriffen, mehr festen Glauben, ohne Grübeleyen zur Folge haben.“[26]

---

[16] Ebenda, Han. ser. n. 9297.
[17] Ebenda, Han. ser. n. 9302.
[18] Verschwendungssucht wurde Max auch nachgesagt, als er bereits Kaiser von Mexiko war – vgl. Abschrift eines Briefes von Francis de Laporte de Castelnau (1812–1880), undatiert / wohl Oktober/November 1866, Bundesmobilienverwaltung.
[19] „Als ob ich dies nicht ohnehin schon wüsste!“
[20] Elisabeth Kovács, Geheime Notizen des Joseph Columbus 1843–1848, Wien 1971, 2. November 1844.
[21] ÖNB, HS, Han. Autogr., 1284/2/1.
[22] Abbé Mislin war Französischlehrer von Franz und Max. Mislin wollte offenbar später von Maximilians neuer Stellung als Kaiser durch ein angebliches Naheverhältnis zu ihm profitieren, was ihm Maximilian sehr übelnahm. Dennoch wurde Mislin nach der Katastrophe von Querétaro gemeinsam mit Admiral Tegetthoff von Erzherzogin Sophie beauftragt, die sterblichen Überreste ihres Sohnes nach Wien zu bringen.
[23] ÖNB, Han. Autogr., 1284/2/1.
[24] Kovacs (zit. Anm. 20), 19. November 1847.
[25] Erzherzog Ludwig (1784–1864), ein jüngerer Bruder von Kaiser Franz, der im Staatsrat gemäß den Instruktionen seines kaiserlichen Bruders jegliche Veränderung innerhalb des Staatswesens zu verhindern trachtete.
[26] HHStA, NL Sophie, K 8, Ludwig an Sophie, Ischl, 20. Juli 1848.

Als *Maxis* Bruder am 2. Dezember 1848 Kaiser von Österreich wurde, war Ferdinand Max völlig überrascht. Er wurde nach Aussagen von Zeitgenossen nun etwas nachdenklicher und ernster, sah jetzt aber auch deutlich seine Stellung als Zweitgeborener. *Maxi* bewunderte zwar seinen Bruder, als er im Frühjahr 1849 Zeuge des mutigen Vorgehens des Kaisers mit den Truppen bei der Erstürmung von Raab[27] war. Aber Max erkannte auch, dass er der populärere von beiden war, und nützte dies bei jeder Gelegenheit aus. Zu jener Zeit wollte Ferdinand Max unbedingt zur Armee nach Italien, was ihm sein misstrauischer, in der Macht noch nicht gefestigter Bruder jedoch verwehrte. Ferdinand Max war in seiner Erziehung und seinem Verhalten immer noch *unfertig;* noch 1850 musste sich Sophie häufig *mit ... Jablanowsky ernsthaft über ihren Max unterhalten.*[28] Die Querelen führten schließlich dazu, dass Franz Joseph seinen Bruder Ende 1850 auf eine sechsmonatige Seereise schickte, damit er seine Liebe zum Meer und zur Marine erproben konnte. Dies nahm Erzherzogin Sophie mit großer Sorge zur Kenntnis. Sie legte jedoch noch im Jahr 1850, solange ihr Zweitältester in Wien war, Wert auf seinen Unterricht und war bei seinen Unterrichtsstunden häufig anwesend. Ferdinand Max, der an der Marine tatsächlich großen Gefallen fand, lebte anschließend in Triest und war dem Kaiser in Wien nicht mehr im Weg.

Ein Licht auf den Charakter des jungen Ferdinand Maximilian wirft auch jener Text, mit dem er sein Tagebuch für das Jahr 1849 einleitete, das er aber nicht mehr weiterführte: *Was ist ein Tagebuch, es ist eine unvollkommene Sammlung, ein blaßer, matter Schatten, der immer fliehenden Begebenheiten, und ihrer Eindrücke auf die Gedankenwelt des Menschen, welche zum Theile durch die ersteren sich bildet. So wie das Geschriebene die schwindenden Umrisse der Thaten fesseln soll, so wünsche ich durch die Zeichnungen mir das wirklich Bestehende vor Augen zu führen; oder auch nur Bilder meiner Phantasie auf das Papier in Formen zu bringen.* [29]

[27] Ort in Ungarn.
[28] HHStA, vgl. z. B. NL Sophie, K 25, Tagebuch, Wien, 27. April 1850.
[29] HHStA, Hausarchiv, Maximilian von Mexiko, K 98.

10. Die Kinderzimmer der „jungen Erzherzöge“

Eva B. Ottillinger

Am 21. Oktober 1834 versammelte sich die Familie von Kaiser Franz II./I. nach einem gemeinsamen Abendessen im sogenannten Familientafelzimmer des kaiserlichen Wohnappartements im zweiten Obergeschoss des Schweizerhofes der Wiener Hofburg. Diese „Familienvereinigung“ wurde vom Wiener Maler Peter Fendi im kaiserlichen Auftrag in einem Aquarell festgehalten und zeigt 37 Mitglieder der kaiserlichen Familie aus drei Generationen (Abb. 10-01). Im Zentrum des Bildes stehen Kaiser Franz und seine vierte Gemahlin, Caroline Auguste von Bayern. Seine Enkelkinder und deren Spielsachen nehmen einen großen Raum im Bild ein. Im Vordergrund sitzen die Söhne von Erzherzog Franz Karl und Erzherzogin Sophie, Franz Joseph, Ferdinand Max, der damals zwei Jahre alt war, und der kleine Carl Ludwig, auf biedermeierlichen Kindermöbeln.

Wie wir aus den Briefen von Baronin Louise Sturmfeder, der Aja der Kinder, wissen, pflegte der Kaiser ein inniges Verhältnis zu seinen Enkeln. Ein weiteres Aquarell Fendis zeigt sie beim Spielen in seinem Arbeitszimmer. Es stellt sich daher die Frage, wo und wie die jungen Erzherzöge in der Wiener Hofburg gewohnt haben und wo die Wohnungen ihrer Eltern und Großeltern lagen.
Franz II./I. wohnte seit seiner Jugend im zweiten Obergeschoss des Schweizerhofes. Seine

10-01) Johann Passini nach Peter Fendi, Die kaiserliche Familie, 1835 (WM)

Räume wurden zunächst im Frühklassizismus eingerichtet, später kamen Empire-Zimmer hinzu. Anlässlich seiner Hochzeit mit Caroline Auguste wurden 1816 einige Zimmer im gerade aufkommenden Biedermeier neu ausgestattet und möbliert. Durch Interieur-Aquarelle von Johann Stephan Decker sind diese neuen Räume detailreich dokumentiert.[1]

Erzherzog Franz Karl, der zweitälteste Sohn des Kaisers, bezog 1824 anlässlich seiner Hochzeit mit Sophie von Bayern die exquisiten Empire-Räume der 1816 verstorbenen dritten Gemahlin von Kaiser Franz, Maria Ludovica d'Este. Zunächst sollte die Zimmerflucht im zweiten Obergeschoss des Leopoldinischen Traktes unverändert bleiben. Aber schon bald setzte Erzherzogin Sophie Umgestaltungen im Biedermeier und später im modernen Neorokoko-Stil durch.[2]

Als am 18. August 1830 Erzherzog Franz Joseph, der spätere Kaiser Franz Joseph I., geboren wurde, galt es eine Kindskammer in der Nähe der elterlichen Wohnräume einzu-

[1] Eva B. Ottillinger/Lieselotte Hanzl, Kaiserliche Interieurs, Die Wohnkultur des Wiener Hofes im 19. Jahrhundert und die Wiener Kunstgewerbereform, Publikationsreihe der Museen des Mobiliendepots, Band 3, Wien-Köln-Weimar 1997, S. 103–122.

[2] Ottillinger/Hanzl (zit. Anm. 1), S. 75–102.

10-02) Peter Fendi, Erzherzogin Sophie betet mit ihren Kindern, 1839 (Albertina)

richten. Die Zimmer lagen an der Schnittstelle des Leopoldinischen Traktes mit dem Schweizerhof. Die Aja, Baronin Sturmfeder, beschrieb diese in einem Brief vom 20. Oktober 1830 sehr genau: „Unser Quartier liegt in der Mitte zwischen dem des Kaisers und der Kaiserin und dem des Erzherzogs und der Erzherzogin. Von dieser Seite trennt uns ein großer Saal, dann kommt ein kleines Zimmer mit einem Fenster, worin ein Kanapee und einige rothe Stühle und braune Tische stehen, dann kommt ein recht hübscher blauer Salon oder Zimmer mit zwei Fenstern. Die Möbel sind braun, mit recht hübschem blauem Kattun und bestehen aus einer Chaiselongue, einem Mitteltisch, dem Bett des Kleinen (ein Korb ...), meinem Bette, einem porzellanenen Ofen, dem Bette der Kindsfrau und zwei Kommoden, dann kommt wieder ein Zimmer (worin ein kleiner Herd ist), in welchem die Amme und das Kammerweib und Extraweib hausen, dann noch ein Zimmer, worin das Kindsmädchen schläft, in welchem die Leute essen, sich anziehen und sich retirieren, wenn zu viele Herrschaften bei dem Kleinen sind. Zwischen meinem Bette und dem Ofen ist eine Tapetentüre, welche immer auf ist, durch welche man in ein gelbes Zimmer, das zur Hälfte frei ist, kommt. Die andere Hälfte ist wieder durch eine spanische Wand und einen viereckigen Glasverschlag abgeteilt, hinter der spanischen Wand steht ein Waschtisch und noch ein Möbel und in dem viereckigen Glaskasten steht ein Kanapee, mein Schreibtisch, ein viereckiger, eine Toilette, ein Sessel und zwei Stühle. Die Aussicht gegen das große Tor, welches nach Schönbrunn führt, rechts der Volksgarten. In diesem Kasten sitze ich, sobald der

Kleine schläft, und es ist ein recht gutes Etablissement, stünde es nur nicht (...) so direkt über der Retirade der Wachstube, daß ich oft vor Geruch nicht existieren kann."[3]
Im Unterschied zu den repräsentativen Räumen der Eltern und Großeltern wurde die Kindskammer von der Hofmobiliendirektion mit vorhandenem Mobiliar sehr einfach eingerichtet.[4] 1832 und 1833 wurden Ferdinand Max und Carl Ludwig geboren und kamen ebenfalls zu Aja Sturmfeder in die Kindskammer. Das Aquarell „Erzherzogin Sophie betet mit ihren Kindern" von Peter Fendi, auf dem neben ihren Söhnen auch die 1840 verstorbene Tochter Maria Anna vor einem Madonnenbild kniet, dürfte diese Räumlichkeiten zeigen (Abb. 10-02).

10-03) Ferdinand Laufberger, Lernstunde Erzherzog Franz Josephs, 1846 (WM)

Während Ferdinand Max, Carl Ludwig und Maria Anna noch bei Aja Sturmfeder in der Kindskammer wohnten, hatte Franz Joseph 1836 Heinrich Graf Bombelles zum Erzieher erhalten und ein eigenes Appartement im zweiten Obergeschoss des Schweizerhofes bezogen. Es handelte sich um einige jener Räume, wo zuvor sein 1835 verstorbener Großvater, Kaiser Franz II./I., gewohnt hatte. 1836 war geplant, das große Audienzzimmer des Kaisers in ein Schlafzimmer und ein Studierzimmer für Franz Joseph zu teilen. Die Tapisserien sollten abgenommen und durch grüne Wandbespannungen ersetzt werden. Weiter sollte das anschließende Gardezimmer in ein Zimmer für den Erzieher und den Leiblakei unterteilt werden.[5] Diese Umbaupläne wurden jedoch nicht umgesetzt. Ferdinand Laufbergers Darstellung einer „Lernstunde Erzherzog Franz Josephs in Gegenwart seiner Mutter, des Kardinal Rauscher, der Grafen Heinrich Bombelles und des Freiherrn von Gorizutti" aus den 1840er Jahren zeigt das Audienzzimmer von Kaiser Franz ungeteilt und mit Tapisserien an den Wänden (Abb. 10-03). 1837 wurden einige einfache Gebrauchsmöbel, darunter eine „spanische Wand", ein Waschtisch und sechs Stühle des Strohsesselfabrikanten Lamanche für die Räume angekauft.[6]

1838 kam Ferdinand Max aus der Kindskammer ebenfalls in die Obhut von Graf Bombelles. Seine Übersiedlung dürfte mit wenig Aufwand verbunden gewesen sein, da sie keine Spuren in den Akten der Hofmobiliendirektion hinterlassen hat. 1841 wird dort die Anschaffung neuer Teppiche für die Söhne von Erzherzog Franz Karl und die Anfertigung eines Mineralienkastens aus Kirschbaumholz verzeichnet.[7]

[3] Anton Weimar (Hg.), Die Kindheit unseres Kaisers, Brief der Baronin Louise von Sturmfeder, Aja seiner Majestät aus den Jahren 1830–1840, Wien 1910, S. 41 f.
[4] Weimar (zit. Anm. 3), S. 39.
[5] HHStA (= Haus-, Hof- und Staatsarchiv, Wien), OMeA (= Obersthofmeisteramtsakten) r (= Rubrik) 131/4/8-1836.
[6] HHStA/OMeA r 93/5/3f-1837.
[7] HHStA/OMeA r 93/21-1841 und OMeA r 130/1-1841.

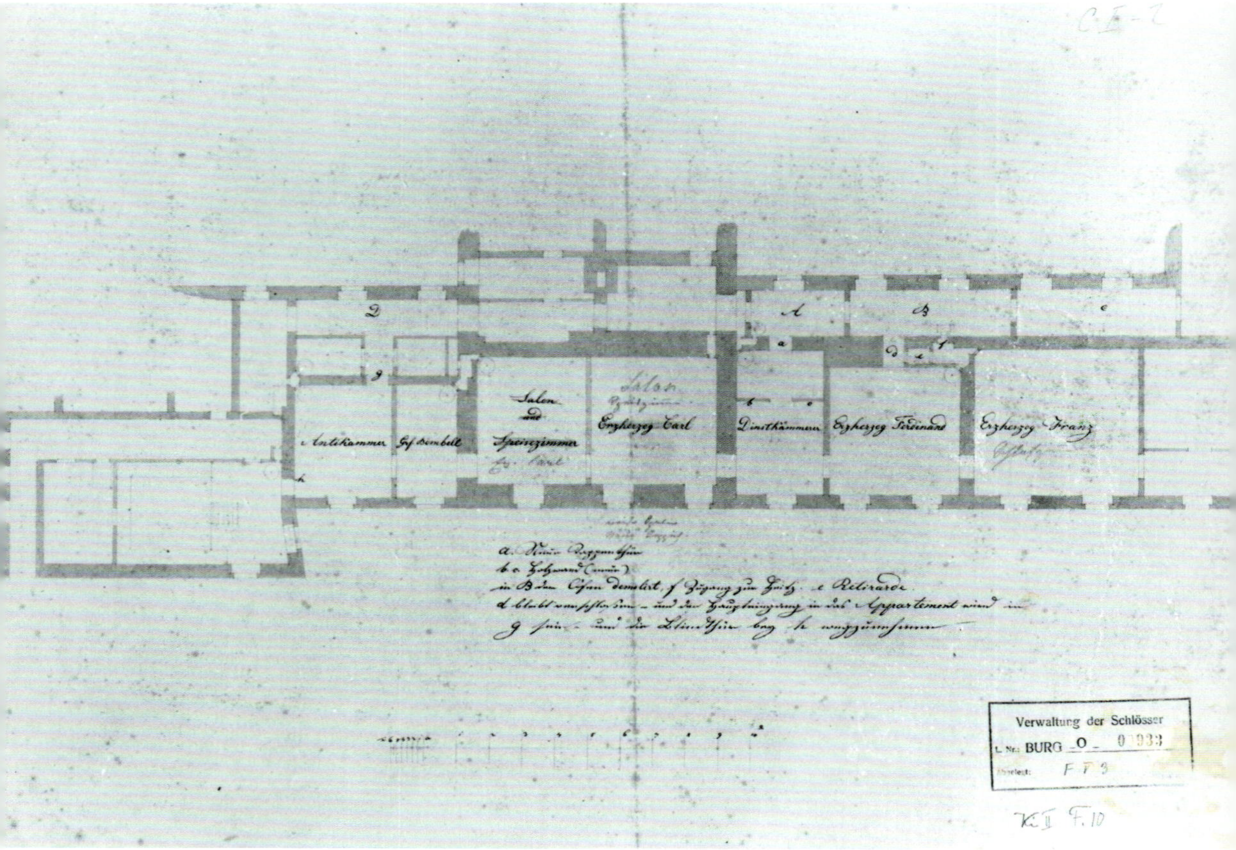

10-04) Plan des Kronprinzenappartements, 1846 (HHStA)

Erst 1846, als auch Erzherzog Carl Ludwig bei seinen älteren Brüdern wohnte, brachte Graf Bombelles sein Anliegen einer Erneuerung der Räume durch. Wie ein Schreiben des Hofmobilieninspektors Rosenthal an das Obersthofmeisteramt vom 26. Juli 1846 illustriert, verlangte Bombelles „die Renovierung der alten und Anschaffung mehrerer neuer Meublegegenstände, (die) Beischaffung von drei neuen Fußteppichen, (und die) neue Spalierung von 5 Zimmern“.[8] Ein Plan zeigt die damalige Nutzung der Räume. Die Raumfolge bestand aus einer Antikammer, dem Kabinett des Grafen Bombelles, den drei Zimmern der Erzherzöge Carl Ludwig, Ferdinand Max und Franz Joseph sowie einem gemeinsamen Salon bzw. Speisezimmer und einem Dienerzimmer (Abb. 10-04).

Hoftapezierer Friedrich Stöger nahm die „Spalierung von 5 Zimmern“ vor und bezog ein „weiß vergoldetes Kanapee (und) 12 Sessel mit karmesinroth-goldgelben Procakelle“.[9] Die neuen Brokatell-Stoffe lieferte die Wiener Firma Schopper und Hell. Die Neuvergoldung der

[8] HHStA/OMeA r 93/23-1846.
[9] Ebenda.

Sitzgruppe und eines dazugehörigen Trumeau-Tisches führte der Hofvergolder Johann Zentner durch. Neue Teppiche für die Schlafzimmer von Franz Joseph und Ferdinand Max wurden von der k. k. Linzer Wollzeugfabrik geliefert, während die Firma Lechleitner den neuen Speisezimmer-Teppich bereitstellte. Dazu kamen einzelne neu angefertigte Möbelstücke, darunter zwei Kanapees, 18 Stühle, ein großer Tisch und „spanische Wände“, für die der Hoftischler Ernest Gissl und die bürgerlichen Tischler Eduard Röhrs und Karl Thieme Kostenvoranschläge erstellten.[10] Die Auflistung zeigt, dass in den Räumlichkeiten der jungen Erzherzöge die Wanddekorationen und Möbel aus der Zeit von Kaiser Franz II./I. erhalten blieben. Nur Stoffe und Teppiche wurden erneuert und einzelne Möbel wurden ergänzt. Während im Appartement ihres Onkels, Kaiser Ferdinand I., und in den darüber liegenden Räumen ihrer Eltern nach 1835 die opulente Formenwelt des Neorokoko Einzug gehalten hatte, blieben die Zimmer der drei Söhne im Schweizerhof den klassizistischen Stilformen aus der Zeit Kaiser Franz II./I. verpflichtet.

In Folge der Revolution von 1848 folgte der damals 18-jährige Erzherzog Franz Joseph seinem Onkel auf den österreichischen Kaiserthron und übersiedelte in der Folge in die Wohnräume von Kaiser Ferdinand I. im ersten Stock des Leopoldinischen Traktes der Wiener Hofburg.

Ferdinand Max blieb hingegen in den alten Räumen im Schweizerhof, die ab 1857 für seinen jüngsten Bruder, Erzherzog Ludwig Victor, erneuert wurden.[11] Ein 1861 datiertes Interieur-Aquarell von Franz Alt zeigt das ehemalige Audienzzimmer von Kaiser Franz mit den alten Wandverkleidungen und Möbeln sowie mit jenem Linzer Teppich und jenen Möbelstoffen, die 1846 angebracht wurden. Unter Ludwig Victor neu hinzu kamen hingegen der Kachelofen sowie asiatische Lackmöbel und Vasen, die wohl noch aus der Zeit Maria Theresias stammen.[12]

Während sich über die Einrichtung jener Räumlichkeiten, in denen Ferdinand Max mit seinen Brüdern in der Wiener Hofburg wohnte, aus den Quellen ein anschauliches Bild ergibt, ist die Quellenlage zu den Séjour-Aufenthalten in Schloss Schönbrunn wesentlich schlechter. Aus den Briefen der Baronin Sturmfeder ist zu entnehmen, dass die Wohnverhältnisse hier mitunter recht beengt waren. Während einer Erkrankung von Erzherzogin Sophie im Oktober 1834 waren, so berichtete die Aja, „meine Kinder hinter einer spanischen Wand eingepfercht, wurden da gewaschen und gebadet“.[13] In den Jahren 1845 und 1846 wohnten die „jungen Erzherzöge“ mit ihrem Erzieher, Freiherr Gorizutti, im dritten Stock des Schlosses.[14] Quellen zur Möblierung ihrer Räume fehlen bislang. Nach der Revolution von 1848 bewohnte Franz Joseph als neuer Kaiser die Räume von Kaiser Ferdinand I. im Hietzinger Trakt, während sich Ferdinand Max am Rande des Schlossparks das Sommerhäuschen „Maxing“ errichten ließ.

---

[10] Ebenda.

[11] HHStA/OMeA r 21/C/11-1857.

[12] HHStA/OMeA r 21/B/2-1860, siehe: Ottillinger / Hanzl (zit. Anm. 1), Abb. 64.

[13] Weimar (zit. Anm. 3), S. 153.

[14] HHStA/OMeA r 128/10-1845 und OMeA r 128/10-1846; siehe Ottillinger/Hanzl (zit. Anm. 1) Abb. 64, S. 128.

11. „Mein Hang zum Altar“ – Die Wohnräume in Maximilians europäischen Residenzen[1]

Marlene Ott-Wodni

„Wenn ich auch nie mehr nach Europa zurückkomme, so will ich doch, daß meine Jugendgenossen, und die mir so werthen Bevölkerungen der Küste sich meiner eines vollendeten Miramar und Lacroma erfreuen, und daß sie sehen mögen, daß ich trotz aller Schwierigkeiten und Hindernissen in der Sphäre, die mir eigen war, mit festem Willen etwas Gelungenes zu leisten im Stande war.“[2]

Seit seinen Jugendtagen trat Ferdinand Maximilian als engagierter Bauherr und Innenausstatter in Erscheinung. Er brachte sich selbst bewusst und aktiv in den Planungsprozess ein. Dies zeigen einige Architektur- und Möbelskizzen aus der Hand des Erzherzogs sowie seine zahlreichen detaillierten Anweisungen zu Bau- und Interieurplanungen. Als weiterer Beleg für seine gestalterischen Ambitionen zeugt die Auswahl der Planer; anstelle von „künstlerisch entwerfenden“ Architekten beauftragte er zumeist ausführende Organe, wie Baumeister und Techniker.

Für Ferdinand Max sollten die Natur und die Architektur ein Zusammenspiel bilden. So betrieb er bei all seinen Residenzprojekten neben architektonischen Studien eine ebenso vertiefende Auseinandersetzung mit der Umgebung; sämtliche Bauten waren eingebettet in liebevoll angelegte Park- und Gartenlandschaften. Bei der Gartengestaltung kam ihm sein über Jahre und in zahlreichen Ländern angeeignetes botanisches Wissen zugute.

Maxing in Wien

„Wie die Menschen schmeichelnd staunen
Über kleine Prinzen-Launen.“[3]

Bereits mit 17 Jahren ließ Ferdinand Maximilian sein erstes Wohnhaus auf einem in unmittelbarer Nähe zum Schlosspark Schönbrunn befindlichen Grundstück errichten. Es handelte sich um ein Sommerhaus im „Schweizer

11-01) Anton Schüssl, Villa Maxing, 1853 (ÖNB-BA)

Style“ (Abb. 11-01), das nach den Vorstellungen des Erzherzogs von Baumeister Mantay[4] umgesetzt wurde. Das kleine Holzblockhaus wies einen nahezu u-förmigen Grundriss auf. Ein großes Parterrezimmer, das als Speisesaal

[1] Der Aufsatz beruht auf den Forschungsergebnissen des derzeit laufenden Projektes des Austrian Science Fund (FWF): P24180-G 21 „Die private Wohnkultur der kaiserlichen Familie im 19. Jahrhundert“ unter der Leitung von Dr. Ilsebill Barta.

[2] Haus-, Hof- und Staatsarchiv (= HHStA), Archiv Maximilian von Mexiko (= AMM), Karton (= Kt.) 162, Brief von Kuhachevich an die Präfektur der überseeischen Schlösser in Miramar, Mexico, 19.11.1865.

[3] HHStA, AMM, Kt. 136.

[4] HHStA, AMM, Kt. 190, 1. Gästebuch Maxing.

genutzt wurde, verband die beiden Flügel. Markanter Blickfang war der Turm, auf dessen Spitze eine eiserne Wetterfahne positioniert war, die sich heute im Bezirksmuseum Hietzing befindet. Die feierliche Einweihung fand am 3. Februar 1850 statt, Ferdinand Max gab ein rauschendes Fest, zu dem er seine Gäste im orientalischen Gewand begrüßte.[5]

Die Errichtung eines Schweizerhauses entsprach einer seit dem Ende des 18. Jahrhunderts vorherrschenden Mode; durch Reiseberichte avancierte die Alpenlandschaft zum Synonym für Ursprünglichkeit, Naturverbundenheit und Romantik.[6] Im 19. Jahrhundert wurden Schweizerhäuser oftmals als eigenständige Baukörper in englische Parklandschaften integriert. Im Schlosspark Schönbrunn ließ Erzherzog Johann, ein Bruder Kaiser Franz II./I., bereits 1801/02 zwei Holzblockbauten im Tiroler Stil sowie einen Alpengarten errichten.[7] Die unmittelbare Nähe zum Tirolergarten war sicherlich ausschlaggebend dafür, dass sich Ferdinand Maximilian für den Bau eines Holzhauses im ländlich-alpinen Schweizer Stil entschied.

Das Grundstück wurde in Form eines Landschaftsgartens angelegt. Zentrale Punkte des Parks bildeten ein Alpengarten und ein künstlich angelegter Teich, ein beliebtes Gartenmotiv in der zweiten Hälfte des 19. Jahrhunderts. Ferdinand Maximilian bemerkte darüber ironisch in seinen Reiseerinnerungen: „Auch in meinem Garten bei Wien glänzt solch eine Pfütze als Symbol jetziger Großartigkeit, bei welcher ich aber immer die Besorgnis hegen muß, daß sie von den Hunden, die allenfalls die Besucher mitbringen, ausgetrunken werden könnte."[8]

Über die Einrichtung des Hauses ist wenig bekannt. Aus dem Jahr 1854 hat sich ein Verzeichnis der in Maxing befindlichen Gegenstände erhalten, darunter finden sich neben Geschirr, Gläsern, Besteck und Porzellanobjekten auch einige Möbel.[9] Eine Identifizierung der Mobilien beziehungsweise deren Raumzuordnung ist nach derzeitigem Wissensstand nicht möglich.

Ferdinand Maximilian veranstaltete oftmals Feierlichkeiten in Maxing. Eine Vorstellung davon vermittelt ein Besucherbericht: „Das sehr feine kleine Diner wurde zumeist auf Silber im grossen Parterre-Zimmer servirt, wogegen nach der Tafel Kaffee und Liqueur im ersten Stocke und auf dem offenen Gange des letzteren herumgereicht wurde. Se. k. k. Hoheit Erzherzog Maximilian verstand es vortrefflich die Conversation zu beleben und war, nachdem die Tafel aufgehoben worden und man sich im I. Stocke etwas freier bewegte, von entzückender Liebenswürdigkeit und ungezwungener Heiterkeit, so dass sogar viel und herzlich gelacht wurde."[10] Beeindruckt zeigte sich der Gast auch von „dem besonders poetischen Reiz des Hauses und der herrlichen Garten-Anlage".[11]

Bereits ein Jahr nach dem Erwerb der Liegenschaft strebte Ferdinand Maximilian deren Erweiterung an.[12] In den folgenden Jahren entstand ein kompliziertes Konglomerat aus Parzellen, die sich zum Teil in seinem Privat-

[5] Erzherzogin Sophie, zit. Nach: Joan Haslip, Maximilian Kaiser von Mexiko, München 1972, S. 38–39.
[6] Axel Klausmeier, Der gebaute Traum vom harmonischen Leben in der Natur – Die Schweizerhäuser in den preußischen Gärten, in: Stiftung Preußische Schlösser und Gärten Berlin-Brandenburg (Hg.), Preußische Gärten in Europa, Leipzig 2007, S. 63.
[7] Dehio. Die Kunstdenkmäler Österreichs, 10.–19. und 21.–23. Bezirk, Wien 1996, S. 216.
[8] Ferdinand Maximilian, Aus meinem Leben. Reiseskizzen, Aphorismen, Gedichte, Band 1, Leipzig 1867, S. 138.
[9] HHStA, AMM, Kt. 80, Verzeichnis der in Maxing sich befindlichen Gegenstände, October 1854.
[10] Fünfunzwanzig Jahre im Staatsdienste. Lose Blätter aus dem Papierkorbe eines Unbedeutenden, Wien 1882, S. 83–84
[11] Ebenda.
[12] HHStA, AMM, Kt. 97, Acker-Ankauf, 14.11.1851.

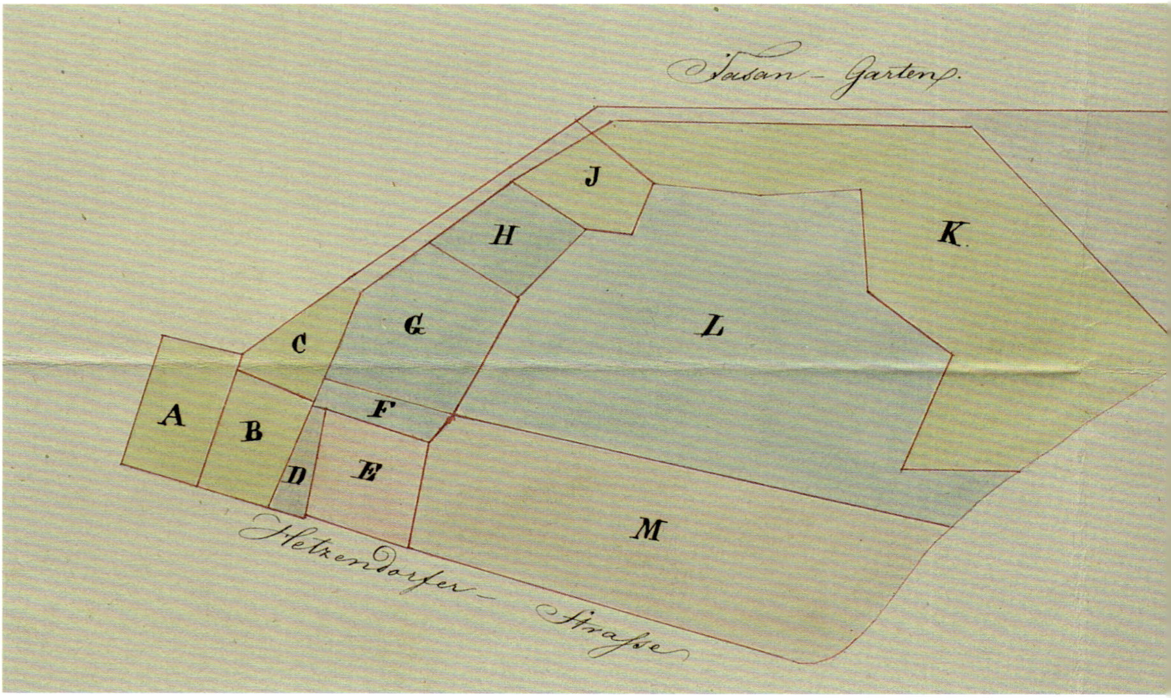

besitz befanden, zum Teil von der Gemeinde Hietzing gepachtet waren und teils dem Hof gehörten. Ein 1859 erstellter Situationsplan (Abb. 11-02) gibt Aufschluss über die Zusammensetzung sowie die unterschiedlichen Provenienzen der einzelnen Immobilien.

Mit der Vergrößerung der Anlage gingen auch Planungen zu einem neuen Bauprojekt einher. In der Kartensammlung der Österreichischen Nationalbibliothek hat sich ein Konvolut an Maxing-Plänen[13] erhalten, das sich mit einem winterfesten Neubau beschäftigt. Ein Grundstücksplan der 1858/59 erweiterten Anlage aus der Feder des Hofgärtners Franz Antoine (1815–1866) zeigt die Position des geplanten Gebäudes und einen Vorschlag zur Parkgestaltung (Abb. 11-03). Der Neubau sollte sich nördlich von „Alt-Maxing“ befinden. Die stilistisch divergierenden Entwürfe stammen von verschiedenen Planern; die Vorschläge reichen vom Bau eines winterfesten Schweizerhauses bis hin zu Schlossprojekten. Allerdings wurde keiner der Entwürfe realisiert, ebenso kam die Umsetzung der Parkgestaltung nicht zustande.

Generell scheint es erstaunlich, dass Ferdinand Maximilian um 1859 noch eine Vergrößerung seiner Liegenschaft andachte, wollte er sie doch bereits seit 1854 verkaufen. Demgemäß schrieb er an Carl Ludwig: „Mein Geschäft mit Maxing geht nicht so brillant, der Hof kauft es leider nicht, dafür habe ich aber noch Hoffnung, es gut bei einem Privaten, der sich gemeldet hat, anzubringen.“[14] Sein Bruder erwiderte: „Es thut mir sehr leid, das

[13] Eine detaillierte Dokumentation der Pläne findet sich in: Ferdinand Anders, Von Schönbrunn und Miramar nach Mexiko. Leben und Wirken des Erzherzog Kaisers Ferdinand Maximilian, Graz 2009, S. 141–160.

[14] Ferdinand Maximilian an Carl Ludwig, 14. Juni 1854, zit. nach: Gabriele Praschl-Bichler, „Ich bin bloß Corvetten-Capitän ...“. Private Briefe Kaiser Maximilians und seiner Familie, Wien 2006, S. 150.

11-02) Situationsplan der Liegenschaft Maxing, 1859 (HHStA)

A: Bretscheider's Garten, hofärarisch, Erweiterung 1858
B: hofärarisches Grundstück, Erweiterung 1851/52 (Parkanlage unvollendet)
C: hofärarisches Grundstück
D: Pachtgrundstück von der Gemeinde Hietzing, Erweiterung 1851/52
E: Hietzinger Friedhof
F: Reservegarten zu Maxing, im Besitz des Erzherzogs, Erweiterung 1851/52
G: „Alt-Maxing“, 1. Maxing-Anlage mit dem Wohngebäude, im Besitz des Erzherzogs, am 25.5.1850 um 423 fl. 48 Kr. erworben
H: im Besitz des Erzherzogs, Erweiterung 1857
J: hofärarisches Grundstück für geplantes Neubauprojekt, Erweiterung 1858/59 (unvollendet)
K: Wiesen, hofärarisch, Erweiterung 1858/59 (Parkanlage unvollendet)
L: Felder, im Besitz des Erzherzogs, an die k. k. Hofgarten-Direktion verpachtet
M: Felder des Stifts Klosterneuburg
N: Hutweide der Gemeinde Hetzendorf

liebliche Maxing, woran sich so viele schöne und heitere Erinnerungen knüpfen, in fremde Hände übergehen zu sehen! Doch ist es von Dir ganz natürlich; es wegzugeben, da Du es kaum genießest.“[15]

In Zusammenhang mit Ferdinand Maximilians Verkaufsabsichten stehen wahrscheinlich auch bisher unbekannte Entwürfe für die Neuausstattung einiger Räumlichkeiten in Schloss Schönbrunn, die für den Erzherzog vorgesehen waren. Diesbezüglich holte das Obersthofmeisteramt 1855 Kostenvoranschläge für im Neorokoko-Stil gehaltene, weiß-gold gefasste Möbel bei den Tischlern Abermann und Schmidt, den Tapezierern Zentner und Pauller und dem Vergolder Troger ein.[16] Ungewiss bleibt allerdings, welche Räumlichkeiten

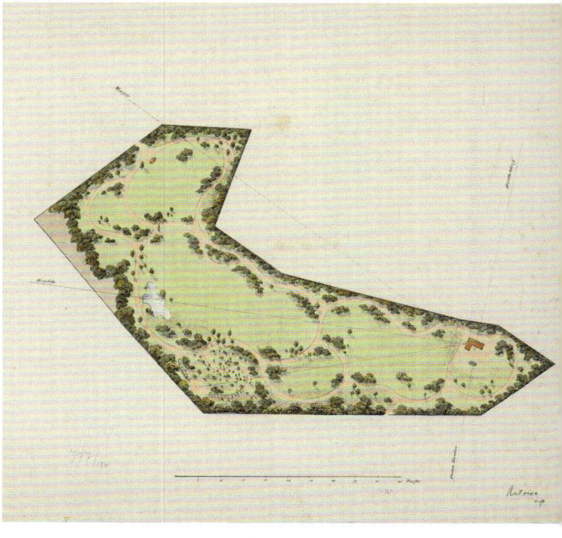

11-03) Franz Antoine, Neubauprojekt einer Villa und Parkplanung für die 1858/59 erweiterten Maxing-Gründe, 1859 (ÖNB-KS)

[15] Ebenda, S. 150–151.
[16] Archivio di Stato Trieste (= AST), Amministrazione Castello di Miramare (= Miramare), Karton 2, Zusammenstellung der eingelangten Kostenvoranschläge über die Anfertigung von weiß gefaßten und vergoldeten Möbeln für seine Kais. Hoheit dem Durchl. Herrn Erzherzog Ferdinand Max, Schönbrunn, den 15.1.1855.

dem Erzherzog in Aussicht gestellt waren und ob die Möbel tatsächlich ausgeführt wurden. Nachdem alle Verkaufsversuche gescheitert waren, schenkte Ferdinand Maximilian 1859 die Liegenschaft Maxing der Gemeinde Hietzing, „unter der Bedingung, daß diese Gemeinde jedoch sich verpflichtet, diesen Park als einen öffentlichen Belustigungsort für immerwährende Zeiten zu erhalten".[17] Seine persönlichen Einrichtungsgegenstände, wie Möbel, Geschirr, Bilder und Kunstgegenstände, wurden von Maxing nach Triest versandt.[18] Dem Wunsch des Erzherzogs folgend ist der Maxingpark in Wien Hietzing bis heute als öffentliche Grünfläche zugänglich und wird von den Österreichischen Bundesgärten betreut; das Holzhaus ist nicht mehr erhalten, da es 1955 wegen Baufälligkeit abgerissen wurde.

11-04) Germano Prosdocimi, Außenansicht der Villa Lazarovich in Triest von der Gartenseite, 1850er Jahre (CM)

Villa Lazarovich in Triest

„Mit meiner Wohnung bin ich sehr zufrieden, und was die Einrichtung betrifft, wird es sich auch bald machen. (...) Manche meubles fehlen auch noch, so gerade die Kästen in meinem Lieblingszimmer (Bibliothek), aus dem ich Dir jetzt schreibe. Es (...) hat die schöne Aussicht auf das Meer und die Rhede und hat den ganzen Tag Sonne. (...) Mein Garten ist voll Obst, Trauben, Feigen u.s.w., und ich könnte bald bucolische Feste geben, wenn man überhaupt in Triest Idille treiben könnte."[19]

1850 trat Ferdinand Maximilian in den Dienst der k. k. Kriegsmarine. Ab 1852 verlegte er seinen Hauptwohnsitz nach Triest, wo er von Marco Nicolò Lazarovich eine Villa (Abb. 11-04) in der Via Tibor mietete, die er nach seinen Vorstellungen umbauen und ausstatten ließ. Die in den 1850er Jahren angefertigte Aquarellserie des Malers Germano Prosdocimi gibt den Zustand des Gebäudes samt Garten sowie die Interieurs zur Zeit Ferdinand Maximilians wieder.

Die Wohn- und Repräsentationsräume des Hauses waren auf drei Ebenen untergebracht. Das Souterrain beherbergte neben den Wirtschaftsräumen einen Gartensalon (Abb. 01-08), in dem größere Diners stattfanden. Dieser war in Form eines Ahnensaals mit Porträts von Maximilians Vorfahren ausgestattet. Im Erdgeschoss befanden sich die Repräsentationsräume, als Enfilade angeordnet, bestehend aus einem Cavalierssalon, einem kleinen Salon (Abb. 11-05), dem 2. Großen Salon (Kat.-Nr. 07), gefolgt von dem 1. Großen Salon sowie

Rechts oben:
11-05) Germano Prosdocimi, kleiner Salon im Erdgeschoss der Villa Lazarovich in Triest, 1850er Jahre (CM)

Rechts unten:
11-06) Germano Prosdocimi, 1. Gastzimmer, orientalischer Salon im ersten Stock der Villa Lazarovich in Triest, 1850er Jahre (CM)

[17] HHStA, AMM, Kt. 80, Ausschuss Sitzungs-Protocoll der Gemeinde Hietzing, 16.4.1859.
[18] HHStA, AMM, Kt. 80, Verzeichnis der von Maxing nach Triest gesendeten Gegenstände.
[19] Ferdinand Maximilian an Carl Ludwig, Triest, 8.9.1852, zit. nach: Praschl-Bichler (zit. Anm. 14), S. 89.

einem Speisezimmer. Alle Salons waren mit roten Tapeten und vergoldeten Sitzmöbeln versehen. Das Mobiliar bestand aus Antiquitäten, in diesem Zusammenhang sind insbesondere der Schreibsekretär des Möbelmachers Adam Weisweiler aus dem Besitz von Marie Antoinette (Abb. 11-05, Abb. 24-01) zu erwähnen, den Kaiser Napoleon III. Charlotte zum Geschenk gemacht hatte, oder die runden Pietra-dura-Tische (Abb. 11-05), ein Präsent Papst Pius IX.[20]

Während die Räume des Erdgeschosses ihrer Repräsentationsfunktion entsprechend formell und etwas unpersönlich wirkten, wiesen die Zimmer des 1. Stockes einen privaten Charakter auf und spiegelten mit ihrer Einrichtung die Interessen des Hausherrn wider.

In einem Vorhaus befand sich ein „Badelocal", das Maximilian für „Tuschbäder"[21] nach modernsten Grundsätzen einrichtete. Der erste Wohnraum war das Cavalierszimmer (Kat.-Nr. 13), dessen Wände und Decke komplett mit einer Holzverkleidung versehen waren, die geschnitzten Dekorationselemente waren im eklektizistischen Stil – eine Mixtur aus Neorokoko- und Neorenaissanceelementen – ausgeführt. In der Mitte der Decke war eine Lichtkuppel installiert. Das Mobiliar des Raumes setzte sich aus neu angefertigten, rot tapezierten Eichenmöbeln (Kat.-Nr. 12) im Stil der Neorenaissance und historischen Objekten, wie den Kabinettschränken aus dem 17. Jahrhundert, zusammen. Die Wände zierten eine Vielzahl von Gemälden, die in dichter Hängung platziert waren.

Anschließend befand sich das 1. Gastzimmer, das Herzstück und gleichzeitig der exotischste Raum des Hauses. Ferdinand Maximilian installierte hier, der im 19. Jahrhundert weit verbreiteten Orientmode folgend, einen orientalisch-maurischen Salon (Abb. 11-06). Inspiration dafür fand er auf seinen Reisen, die ihn unter anderem nach Griechenland, die Türkei, Dalmatien und Albanien führten; so berichtete er am 19. Juli 1852 von einem orientalischen Zimmer, das er in dem Palast des Generalgouverneurs in Algier besucht hatte: „In diese Halle mündet ein liebliches reich verziertes Closet, das nach orientalischer Sitte eine Stufe erhöht, schwellende Divans mit schönen Teppichen enthält, während von der mit Arabesken verzierten Kuppel, durch welche das Licht sich in farbigen Gläsern bricht, feinbemalte Strauß-Eier als orientalisches Präservativ gegen das Malocchio herunterhängen. Dieses an Farben, Schnitzwerk und Getäfel reiche Closet nennen die Araber Marabuh, es ist das Prachtgemach ihres Hauses, der Thron des Besitzers, das Schaustück seiner Reichthümer. Hier genießt der Maure, von der Meerbrise gefächelt, von den plätschernden Springbrunnen umrauscht, von Jasmin und Rosen umduftet, sein Tässchen schwarzen Kaffee mit dem dampfenden Nargilé."[22]

In Ferdinand Max orientalischem Salon dominierten die Farben Rot, Blau und Gold. Während die Wände mit einem Lackanstrich in einem kräftigen Rotton versehen waren, waren Fenster- und Türbögen mit kunstvoll bemalten und vergoldeten Ornamenten geschmückt. Besonders aufwendig war die Decke in Form von bemalten Schuppen aus Papiermaché[23] gestaltet, in deren Mitte eine Lichtkuppel mit arabischen Inschriften eingelassen war. Die orientalische Atmosphäre wurde durch die bunt gemusterten Teppiche und die im Zentrum des Raumes installierte Fontäne verstärkt. Sowohl den Salon als auch

[20] Rossella Fabiani, Schloss Miramare. Das historische Museum, Trieste 1989, S. 153.
[21] Ferdinand Maximilian an Carl Ludwig, Triest, 17.10.1852, zit. nach: Praschl-Bichler (zit. Anm. 14), S. 95.
[22] Ferdinand Maximilian (zit. Anm. 8), Band 4, S. 14–16.
[23] AST, Miramare, Kt. 2, Conto des Franz Hofmann für geleistete Arbeiten, 24.11.1855.

11-07) Germano Prosdocimi, 2. Gastzimmer im ersten Stock der Villa Lazarovich in Triest, 1850er Jahre (CM)

den angrenzenden Corridor (Kat.-Nr. 08), der ebenfalls im orientalischen Stil gehalten war, stattete der Erzherzog mit zahlreichen exotischen Erinnerungsstücken und Reisesouvenirs aus, die er unter anderem auf dem Bazar d'Orléons in Algier 1852 speziell für seine Villa erstanden hatte.[24]

Neben dem orientalischen Salon befand sich das nicht minder aufwendig gestaltete 2. Gastzimmer (Abb. 11-07). Die Wand- und Deckengestaltung war wieder vollflächig ausgeführt und bestand aus Holzkassetten, in die Gemälde eingelassen waren. An den Wänden waren Frauenporträts zu sehen, es handelte sich hierbei um eine Schönheitengalerie, wie sie viele Herrscherpersönlichkeiten des 18. und 19. Jahrhunderts unterhielten, so auch Kaiserin Elisabeth. Die Decke schmückten Blumenmotive, harmonierend dazu bestand das Mobiliar des Raumes aus niederländischen Rokokomöbeln (Abb. 11-08, Kat.-Nr. 22) mit eingelegten Blumen- und Pflanzendarstellungen. Zur Ausstattung des Raumes gehörten auch Figuren aus Ferdinand Maximilians Porzellansammlung (Abb. 11-09, Kat.-Nr. 23-25), die zum Teil auf Konsolen positioniert waren.
Am Ende der Enfilade lag das Schlafzimmer des Erzherzogs (Kat.-Nr. 27), dessen Raumeindruck durch die Holzverkleidung und die mächtigen Eichenmöbel (Kat.-Nr. 26) im Stil der Neorenaissance sowie die roten Samtvorhänge dominiert wurde. Nebenan befanden sich die Bibliothek (Kat.-Nr. 09) mit Bücherregalen aus Nussbaumholz und ein Wintergarten (Kat.-Nr. 10), in dem wiederum eine Fontäne installiert war. Eine großzügige Terrasse konnte vom Wintergarten betreten werden.
Charakteristisch erscheint in Maximilians Wohnräumen die opulente Wandgestaltung. Im Gegensatz zu den kaiserlichen Appartements in den Wiener Schlössern, in denen die Wände weiß bemalt oder mit einer Tapezierung und vergoldetem Stuckdekor versehen

[24] Ferdinand Maximilian (zit. Anm. 8), Band 4, Leipzig 1867, S. 9–10. Weiterführend zu den Straußeneiern siehe den Katalogbeitrag von Axel Steinmann.

waren, ließ Ferdinand Maximilian in seinen Privaträumen in Triest Wände und Decken mit Täfelungen komplett verkleiden. Das geschnitzte Dekor war entweder im Stil der Neorenaissance oder des Neorokoko ausgeführt. Das Mobiliar der Villa erstand der Erzherzog zum Teil auf seinen Reisen und bei Kunsthändlern, wie zum Beispiel dem Triestiner Antiquitätenladen A. Wünsch.[25] Im Zuge des Forschungsprojektes[26] ist es gelungen, Möbel und Einrichtungsgegenstände aus der Villa Lazarovich in der Sammlung der Bundesmobilienverwaltung zu identifizieren. So sind aus dem kleinen Salon (Abb. 11-05) der sogenannte Marie-Antoinette-Sekretär (Abb. 24-01), der Ofenschirm (Abb. 11-10), die beiden Leuchtertische (Abb. 11-11) und vier Exemplare der vergoldeten Armlehnstühle (Kat.-Nr. 11) erhalten. Des Weiteren konnten eine Sitzgruppe sowie ein Betstuhl (Kat.-Nr. 26) im Neorenaissance-Stil sowie einige Exemplare der niederländischen Stühle (Abb. 11-08) und Kommoden (Kat.-Nr. 22) aus dem 2. Gastzimmer (Abb. 11-07) ausfindig gemacht werden. Aus dem orientalischen Zimmer (Abb. 11-06) sind neben den eigens dafür entworfenen Objekten (Kat.-Nr. 14-15), perlmuttbesetzte Tischchen (Abb. 16-02), orientalische Gegenstände (Kat.-Nr. 17, 18, 20, 21), wie zum Beispiel Waffen, Messingteller und -schälchen (Kat.-Nr. 16), ein Straußenei (Abb. 13-02) und Stoffe (Kat.-Nr. 19) vorhanden.

Die im Archivio di Stato in Triest aufbewahrten Akten zur Villa Lazarovich geben Aufschluss über die am Umbau und der Ausstattung involvierten Handwerker. Als Bauleiter fungierte Franz von Gossleth (1792–1879), der Besitzer

11-08) Stuhl und Armlehnstuhl aus dem 2. Gastzimmer in der Villa Lazarovich, Buche, Ahorn, Buchsbaumholz, Brandtechnik, 18. Jh. / 19. Jh. (MD/EK)

11-10) Ofenschirm aus dem kleinen Salon in der Villa Lazarovich, Holz, vergoldet, Brokat, um 1850 (MD/EK)

[25] Luisa Grusvar, Massimiliano e l'esotismo, in: Laura Ruaro Loseri (Hg.), Massimiliano. Rilettura di'un esistenza, Trieste 1987, S. 157.

[26] Austrian Science Fund (FWF): P24180-G 21, Die private Wohnkultur der kaiserlichen Familie im 19. Jahrhundert, Projektleiterin Dr. Ilsebill Barta.

11-09) Porzellanfiguren aus dem 2. Gastzimmer in der Villa Lazarovich, Wien, 19. Jh. (MD/EK)

11-11) Leuchtertische aus dem kleinen Salon in der Villa Lazarovich, Holz vergoldet, 18. Jh. / 19. Jh. (MD/EK)

mehrerer Fabriken und einer Tischlerwerkstätte. Zu seinen Kunden zählte die Triestiner Oberschicht, wie etwa die Familie Revoltella.[27] Franz von Gossleth koordinierte die Handwerker und lieferte die meisten neu gefertigten Einrichtungsgegenstände für die Villa Lazarovich.[28] Überwiegend wurden die Arbeiten von ortsansässigen Betrieben durchgeführt sowie lokale Erzeugnisse erstanden. Lediglich die farbenfrohen Teppiche wurden von der Firma „Philipp Haas & Söhne" geliefert und die Papiertapeten von dem Unternehmen „Spoerlin & Zimmermann" in Wien bezogen.

Unbekannt war bisher, dass der Vergolder und Dekorateur Franz Hofmann, der gemeinsam mit seinem Sohn Julius einige Jahre später die Innenausstattung von Schloss Miramar entwerfen sollte, bereits bei der Ausstattung der Villa Lazarovich maßgeblich beteiligt war. Wie einer Auflistung seiner geleisteten Arbeiten zu entnehmen ist[29], war er für sämtliche Vergolderarbeiten, die Vertäfelungen im 1. Stock sowie die Wand- und Deckengestaltung in der Kapelle zuständig. Als Hofmanns Glanzstück ist jedoch die spektakuläre Wand- und Deckenausführung des orientalischen Salons anzusehen.

Die Villa Lazarovich diente Ferdinand Maximilian fünf Jahre als Hauptwohnsitz. 1857 wurde der Erzherzog zum Generalgouverneur von Lombardo-Venetien ernannt, im Sommer desselben Jahres heiratete er Charlotte von Belgien. Aufgrund seiner Regierungstätigkeit hielt sich das Ehepaar fortan überwiegend in Mailand, Venedig und Monza auf, wo es die kaiserlichen Paläste bewohnte.

[27] Eliana Perrotti, Das Schloss Miramar in Triest (1856–1870). Erzherzog Ferdinand Maximilian von Habsburg als Bauherr und Auftraggeber, Wien/Köln/Weimar 2002, S. 112.

[28] AST, Miramare, Kt. 2, Rechnungen, Inventarium der von Herrn Franz Gossleth gelieferten Einrichtungsgegenstände.

[29] AST, Miramare, Kt. 2, Conto des Franz Hofmann für geleistete Arbeiten, 24.11.1855.

11-12) Villa Lazarovich im Mai 2012 (PB)

Die ehemalige Villa Lazarovich ist noch in ihren Grundmauern erhalten (Abb. 11-12), jedoch weicht das heutige Erscheinungsbild durch Umbauten stark von dem des 19. Jahrhunderts ab. Anstelle des prächtigen Gartens befinden sich nun mehrstöckige Wohnbauten.

Schloss Miramar in Triest

„Es rauscht der weiße Schaum der Welle
Melodisch an die Marmorschwelle
Und drücket auf des Schloßes Fuß
Den schauerkühlen Nympfenfuß,
Und als zurück die Wellen prallen,
Da zittert's wonnig durch die Hallen."[30]

Im März 1856 erwarb Erzherzog Ferdinand Maximilian auf der Landspitze bei Grignano ein Grundstück, auf welchem er ein Schloss (Abb. 11-13, Abb. 12-01) nach den Plänen des österreichischen Civilingenieurs Carl Junker (1827–1882) errichten und einen weitläufigen Park anlegen ließ.[31] Durch den Zinnenabschluss und den in Ferdinand Maximilians Bauten obligatorischen Turmbau erinnert das Gebäude vielmehr an eine Wehranlage als an einen romantischen Schlossbau. Die Liebe des Bauherrn für die See und die Marine – Ferdinand Maximilian erkor den Anker zu seinem persönlichen Symbol – spiegelt sich in der Architektur wider. So folgt der Grundriss des Gebäudes den Formen des exponierten Bauplatzes, einem Felsvorsprung, sodass die freie Sicht auf das Wasser von drei Seiten des Baus gewährleistet ist. Ferdinand Maximilians Festung thront förmlich hoch über dem Meer vor den Toren Triests. Das maritime Thema kommt auch in Bezug auf die Innenausstattung des Erdgeschosses zum Ausdruck.

11-13) Schloss Miramar, 1860er Jahre (CM)

In Schloss Miramar befanden sich die Wohnräume des erzherzoglichen Paares im Erdgeschoss. Im Dezember 1860 waren diese unter der Bauleitung von Franz von Gossleth so weit fertiggestellt, dass Ferdinand Maximilian und Charlotte das Schloss beziehen konnten.[32] Für die Gestaltung der Räumlichkeiten war wiederum Franz Hofmann in Zusammenarbeit mit

[30] Das Schloß am Meer, in: Ferdinand Maximilian (zit. Anm. 8), Band 7, S. 365.
[31] Eine detaillierte Aufarbeitung der Baugeschichte von Schloss Miramar, eine architektonische Analyse des Bauwerks sowie dessen Einordnung in den kunsthistorischen Kontext wurden von Rossella Fabiani in ihrer Publikation „Schloss Miramare. Das historische Museum", die 1989 in Triest erschienen ist, anschaulich dargestellt.
[32] Fabiani (zit. Anm. 20), S. 53.

11-14) Franz und Julius Hofmann, Entwurf für ein Wohnzimmer in Schloss Miramar, um 1858 (CM)

seinem Sohn Julius verantwortlich. Die hofmannschen Entwürfe sind in Form von aquarellierten Interieurdarstellungen (Abb. 11-14) erhalten, die jedoch von der tatsächlichen Ausführung abweichen. Die Ideen zur Raumgestaltung stammen von Ferdinand Maximilian selbst; der Erzherzog erteilte detaillierte Anweisungen, die die Dekorateure zu Papier brachten und schließlich ausführten.[33]

Das erzherzogliche Appartement bestand aus zwei Bereichen, den Zimmern des Herrn und den Zimmern der Dame. Die Raumfolge des Erzherzogs wurde durch sein Schlafzimmer erschlossen, das er in Form einer Schiffskajüte ausbilden ließ. Anschließend befand sich sein Arbeitszimmer, das in seinen Dimensionen und der Gestaltung ebenfalls einem Schiffssalon nachempfunden war. Dementsprechend niedrig fiel die Raumhöhe aus. Die an Wand und Decke angebrachten Holzverkleidungen verstärkten den beengten und dunklen Raumeindruck. Die angrenzende Bibliothek war mit raumhohen Bücherregalen ausgestattet, die die umfangreiche, rund 7.000 Bände umfassende erzherzogliche Büchersammlung aufnahmen.

[33] Ebenda, S. 48–49.

11-15) Blauer Seidendamast mit den Symbolen des Erzherzogs für Schloss Miramar, Croné & Gillier, Paris, um 1860 (MD/SK)

Charlottes Bereich setzte sich aus dem sogenannten Blauen Salon, dem Schreibzimmer, dem Turmzimmer, ihrem Schlafzimmer und ihrem Toilettezimmer zusammen. Im Gegensatz zu den Wohnräumen von Ferdinand Max wurde in den Zimmern der Erzherzogin auf großflächige Wandvertäfelungen verzichtet, stattdessen fanden sich hier Wandbespannungen aus einem eigens für Schloss Miramar angefertigten blauen Seidenstoff (Abb. 11-15), der von der Firma Croné & Gillier in Paris hergestellt wurde. Das Stoffmuster setzte sich aus den Symbolen des Erzherzogs zusammen – dem Anker und der Ananas. Für die Interieurs am Wiener Hof war ein seit 1839, zum ersten Mal im Appartement von Erzherzogin Sophie und Franz Carl, verwendeter roter Seidendamast charakteristisch, der ebenso mit einem Ananasmotiv versehen war.[34] Während jedoch am Kaiserhof dasselbe Stoffmuster herrscherübergreifend Verwendung fand, personalisierte Ferdinand Max den in Miramar eingesetzten Seidendamast durch seine persönlichen Symbole.

Das Mobiliar setzte sich aus einer Mischung von antiquarischen Möbeln und Neuanfertigungen zusammen. Die Mobilien aus der Villa Lazarovich wurden in Schloss Miramar weiterverwendet. Im Rahmen der Forschungsarbeiten[35] wurden rund 500 Einrichtungsgegenstände – vom kleinen Nippes bis hin zu Garniturmöbeln – in der Bundesmobilienverwaltung ausfindig gemacht. Mit Hilfe der Inventarbücher und Raumpläne konnten die Objekte exakt den Zimmern zugewiesen werden.

Die nähere Betrachtung der Möbel gibt Aufschluss über Ferdinand Maximilians Wesen als Antiquitätensammler[36]. Besonders charakteristisch für seine Ankaufspolitik ist ein umfangreiches Konvolut an Kabinettschränken (Abb. 11-16, Kat.-Nr. 32, 43, 46) und Kästchen (Kat.-Nr. 36, 40). Es finden sich darunter wertvolle Stücke aus dem 17. Jahrhundert genauso wie einfache Reisesouvenirs aus der zweiten Hälfte des 19. Jahrhunderts; somit sind starke Qualitätsschwankungen zu beobachten.

11-16) Kabinettschrank aus der Möbelsammlung des Erzherzogs, Palisander, Nussbaumholz, Birnbaumholz schwarz gebeizt, Bein, Stein, Bronze, 17. Jh. (MD/EK). Das Kabinett ist auf dem Entwurf von Franz Hofmann für ein Wohnzimmer in Miramar abgebildet (siehe Abb. 11-14).

Neben der Massenware gibt es auch zahlreiche Kopien in Ferdinand Maximilians Möbelsammlung, die er im guten Glauben als historische Originale bei Kunsthändlern erworben hatte. Prägnantestes Beispiel ist eine Kommode (Abb. 11-17), die sich im Schiffssalon (Abb. 11-18) befand. Das Möbel besteht aus Buche und Birnbaumholz, in den Laden und der Deckplatte sind Puttifiguren aus Bein eingelegt. Während das Holz und die Einlegearbeiten aus dem 17. Jahrhundert stammen, widersprechen jedoch die Formgebung und die Konstruktion des Möbels diesem frühen Herstellungsdatum. Tatsächlich han-

[34] Für diesen Hinweis danke ich Eva B. Ottillinger. Siehe auch: Eva B. Ottillinger/Lieselotte Hanzl, Kaiserliche Interieurs. Die Wiener Wohnkultur des 19. Jahrhunderts und die Wiener Kunstgewerbereform, Wien 1997, S. 96.

[35] Austrian Science Fund (FWF): P24180-G 21, Die private Wohnkultur der kaiserlichen Familie im 19. Jahrhundert, Projektleiterin Dr. Ilsebill Barta.

[36] Weiterführend siehe den Aufsatz von Eva B. Ottillinger über „Sammeln und Einrichten".

delt es sich hierbei um ein Objekt, das erst in der zweiten Hälfte des 19. Jahrhunderts aus altem Material neu zusammengebaut wurde. Dieses Stück stellt keinen Einzelfall in Bezug auf die erzherzogliche Mobiliensammlung dar, die einige dieser „Phantasiekreationen" enthält.

Als Ferdinand Maximilian und Charlotte 1864 nach Mexiko abreisten, waren die Repräsentationsräume im 1. Stock des Schlosses noch nicht fertiggestellt. Die geografische Entfernung hinderte den nunmehr zum Kaiser ernannten Maximilian nicht daran, sich weiterhin in den Gestaltungsprozess einzubringen beziehungsweise diesen zu lenken. Regelmäßig erhielt Franz Hofmann detaillierte Anweisungen vom Kaiser bezüglich der Ausstattung.[37]

11-17) Kommode aus dem Schiffssalon in Schloss Miramar, Birnbaumholz, Buche gebeizt, Elfenbein, Messing, Pasticcio, 17.–19. Jh. (MD/EK)

Schloss Miramar zählte, wie auch Ferdinand Maximilians weitere europäische Residenzen, nach seinem Thronantritt zum mexikanischen Kaiserreich. Als herrschaftliches Zeichen ließ er einen neuen, roten Seidendamast (Kat.-Nr. 59) entwerfen, der in Mailand von der Firma Osagno[38] hergestellt wurde und eine Weiterentwicklung des blauen Miramar-Stoffes darstellt: „Die Zeichnung für die rothen Seidentapeten ist insofern zu ändern, daß nunmehr in derselben die mexikanische Krone, das Chiffre, und der Adler abwechselnd anzubringen ist, dagegen haben Anker und Königskrone wegzufallen, die Ananas hat zu bleiben."[39] Der Stoff kam sowohl in Mexiko als auch in Europa zum Einsatz. In Schloss Miramar wurde der rote Seidendamast in den neuen Repräsentationsräumen als Wandbespannung und Möbeltapezierung verwendet, während der blaue Damast in den Wohnräumen des Paares erhalten blieb.

11-18) Das Arbeitszimmer des Erzherzogs in Schloss Miramar, genannt „Schiffssalon", 1860er Jahre (MD)

[37] AST, Miramare, Kt. 2, Anmerkungen für Hoffmann, 20.10.1864.
[38] HHStA, AMM, Kt. 162, Miramar 1867, Inventar der mit der Bremer-Barke „Marie" eingelangten, in Gravosa ausgeschifften Kisten.
[39] AST, Miramare, Kt. 2, Anmerkungen für Hoffmann, 20.10.1864.

Wies das kaiserliche Appartement einen persönlichen Charakter auf, so waren die Zimmer des ersten Stockes deutlich durch ihre Repräsentationsfunktion gekennzeichnet.
Die Ikonografie der Raumausstattung sollte der Manifestation von Maximilians Herrschaftsanspruch dienen. Er entwickelte ein raumübergreifendes Bildprogramm, das ihn als ebenbürtigen Regenten im Kreis der europäischen Herrscher darstellte. So zierten das Fremdenschlafzimmer „16 Portraite der regierenden Kaiser und Könige, welche nicht aus habsburgscher oder coburgscher Familie sind“[40]. Die Porträts wurden im Auftrag Maximilians nach Vorbildern in verschiedenen europäischen Museen kopiert.[41] Im Audienzsaal fanden sich Gemälde der nahen österreichischen und belgischen Verwandtschaft.
Die Supraporten zierten drei Gemälde von Residenzen, die Carl Haase 1866 anfertigte. Es handelt sich um Darstellungen des Stammsitzes der Habsburger, der Wiener Hofburg sowie Schloss Chapultepecs in Mexiko[42], dem zum Zeitpunkt der Herstellung aktuellen Regierungssitz Maximilians. Der Kaiser verwies somit wieder auf die Tradition des Habsburgerreiches und dessen direkte Fortführung in Mexiko.
Der Höhepunkt der Herrschaftsmanifestation und die gleichzeitige Verankerung von Schloss Miramar als historischer Standort findet sich im kleinen Speisezimmer (Abb. 11-19), für dessen Bildprogramm Cesare dell'Acqua (1821–1905) verantwortlich zeichnete. Der Maler fertigte zwischen 1858 und 1867 sieben Gemälde an, die historische Szenen in Zusammenhang mit dem Standort Miramar zeigen; unter anderem die Ankunft Kaiserin Elisabeths

11-19) Das kleine Speisezimmer im 1. Stock von Schloss Miramar, 1860er Jahre (MD)

in Schloss Miramar am 18. Mai 1861, das Angebot der Kaiserkrone durch die mexikanische Deputation 1863 sowie die Abreise des Kaiserpaares von Miramar nach Mexiko am 14. April 1864.[43] Seine Finalisierung fand das plakative Bildprogramm durch die Darstellung eines großformatigen Stammbaums im Thronsaal und die dort installierte Ahnengalerie, deren Bilder ursprünglich aus dem Gartensalon der Villa Lazarovich (Abb. 01-08) stammten.[44]

Kaiser Maximilian sollte die Vollendung Schloss Miramars nicht mehr erleben. Erst vier Jahre nach seinem Tod wurde die Ausstattung der Repräsentationsräume durch den Bildhauer August La Vigne fertiggestellt.[45] Das in Maximilians Privatbesitz befindliche Schloss wurde nach seinem Ableben vom österreichischen Hof übernommen und diente bis zum Ende der Monarchie als Absteigequartier für die kaiserliche Familie in Triest.

[40] Ebenda.
[41] HHStA, AMM, Kt. 162, Alleruntertänigster Bericht No 188 am 2.8.1866.
[42] Fabiani (zit. Anm. 20), S. 177.
[43] Ebenda, S. 179–182.
[44] Ebenda, S. 193.
[45] Ebenda, S. 82.

11-20) Castelletto im Schlosspark Miramar, 1856–59 (CM)

11-21) Jean Étienne Liotard, Kinder mit Seifenblasen, um 1750 (SKB/EK)

Castelletto im Schlosspark Miramar

Im Osten des Parks[46] ließ der Erzherzog ein zweistöckiges Gartenhaus (Abb. 11-20) mit Turm, genannt Castelletto, errichten, das bereits 1859 fertiggestellt war und das dem Ehepaar vor Fertigstellung des Schlosses als Wohnsitz diente.

Im Erdgeschoss befand sich neben Dienerzimmern auch ein Schlafzimmer des erzherzoglichen Paares. Die Wände dieses Raumes zierten Porträtdarstellungen des Malers Jean-Étienne Liotard (Abb. 11-21, Kat.-Nr. 53), einige dieser Pastelle sind heute in Schloss Schönbrunn ausgestellt. Im 1. Stock des Gartenhauses waren drei Wohnräume untergebracht. Es ist anzunehmen, dass diese drei Zimmer nach den Raumdimensionen der Villa Lazarovich geplant wurden, denn Ferdinand Maximilian ließ die komplette Ausstattung seiner privaten Gemächer, bestehend aus den Möbeln, Dekorationsobjekten, Kunstgegenständen und der vollständigen Wand- und Deckentäfelung ins Gartenhaus transferieren.

Das Zentrum des Gebäudes bildete wie in der Villa Lazarovich der orientalische Salon (Abb. 11-22), welcher vom ehemaligen Schlafzimmer sowie vom Cavalierszimmer (Kat.-Nr. 55) flankiert wurde. Betreten wurde die Raumfolge durch das ehemalige 1. Gastzimmer, dessen vollständige Vertäfelung samt Gemälden der Schönheitengalerie in den Raum übertragen wurde. Eine kleine Terrasse war sowohl vom Bilderzimmer als auch vom Salon aus zugänglich.

11-22) Der orientalische Salon im Castelletto in Miramar, 1860er Jahre (MD)

[46] Weiterführend zum Schlosspark Miramar siehe den Beitrag von Rossella Fabiani.

Während die Räumlichkeiten im Erdgeschoss des Hauses mittlerweile zu einem WWF-Besucherzentrum umgebaut wurden, sind im ersten Stock Teile der Originalausstattung in Form der Wand- und Deckenverkleidungen noch erhalten.

Insel Lacroma in Dalmatien

„Lacroma übt einen eigenen Zauber, den man fühlen aber nicht beschreiben kann und der auf alle die gleiche Wirkung ausübt."[47]

Im Oktober 1859 erwarb Charlotte die der Stadt Ragusa (Dubrovnik) vorgelagerte Insel Lacroma (Lokrum) in Dalmatien. Auf der „immergrünen Feeninsel"[48] – wie Ferdinand Maximilian seinen geliebten Rückzugsort bezeichnete – inmitten von Pinien-, Oliven- und Zypressenwäldern befand sich ein 1023 errichtetes, ehemaliges Benediktinerkloster mit einer Kirchenruine. Das Gebäude wurde bei einem Erdbeben 1676 schwer beschädigt.[49] Während ihrer Aufenthalte auf Lacroma bewohnte das erzherzogliche Paar die bestehenden Räumlichkeiten der Abtei, deren Instandhaltung und Restaurierung sie forcierten. 1864 nahm Ferdinand Maximilian den Ausbau des Klosters zu einem Kaiserpalast in Angriff, den er von Mexiko aus anwies und überwachte.

Der Architekt Professor Thomas Friedrich zeichnete für die Gesamtplanung verantwortlich, ihm zur Seite stand der Wiener Architekt Franz Xaver Segenschmid (1839–1888), der sowohl die Pläne als auch eine Gesamtansicht des Projektes (Abb. 11-23) anfertigte. Der Entwurf (Abb. 11-24), der in Anlehnung an die spätromanischen und gotischen Formen der Abtei in einem neogotischen Stil umgesetzt werden sollte, sah die Einbindung der Altsubstanz vor.

11-23) Franz Xaver Segenschmid, Gesamtansicht der Abtei Lacroma, Ansicht von Westen, um 1864 (CM)

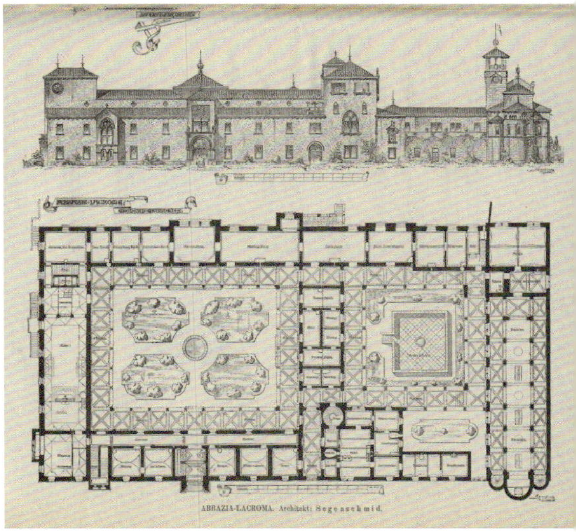

11-24) Franz Xaver Segenschmid, Grundriss und Ansicht der Ostfassade der Abtei in Lacroma, um 1864 (Der Bautechniker)

Das Zentrum der Anlage bildete der alte Klosterhof mit mittelalterlichem Kreuzgang, um den die Gebäudetrakte angeordnet waren. Der Osttrakt sollte die Küche und Wirtschaftsräume aufnehmen. Das kaiserliche Appartement wurde im Westtrakt angesiedelt. Im Südtrakt

[47] HHSTA, AMM, Kt. 98, Tagebuch des Erzherzogs Ferdinand Max, 7.4.1863
[48] Ferdinand Maximilian (zit. Anm. 8), Band 5, S. 9.
[49] Ebenda, S. 11.

war der Einbau einer Kirche vorgesehen. Den Abschluss des Hofes bildete der Fremdenappartementtrakt, an den der sogenannte Cisternen- oder Wirtschaftshof anschloss. Dieser wurde im Norden von den Ruinen der alten Klosterkirche begrenzt.[50] Der westlichen, zum Meer gewandten Fassade sollte eine große Terrasse vorgelagert werden. Wie bei Maximilians Bauprojekten üblich wäre die Anlage von einer kunstvoll angelegten Parklandschaft in Form eines Barockgartens umgeben gewesen.

In Bezug auf die Inneneinrichtung existiert ein detailliertes Einrichtungskonzept, das Aufschluss über Maximilians Vorstellungen zur Ausstattung gibt: „1. wünschen S. M. im ganzen Appartement des Kaisers und der Kaiserin, so wie in den Gastzimmern naturholzfarbene Lambrien. (...) Die Plafonds müssen naturholzfarbene Balkenwerke sein in demselben Tone als die Lambrien. (...) Die Böden in den kais. Appartements und Gastzimmern müssen von einfachen Eichen-Parqueten sein, die wenig Pflege brauchen. Alle Zimmer der Majestäten und Gäste müssen zum Heitzen eingerichtet sein. (...) Die Fenster in den kaiserl. Appartements müssen vom guten Eichenholz, und großen Spiegelgläsern, ganz wie in Miramar verfertigt, und alle doppelt sein. (...)
2. Die Meubeln (müssen mit der) Einrichtung der Kirche wenigstens annähernd harmonieren, und zwar, nach dem Grundsatze, daß die Kirche einer älteren Epoche entspricht und die Einrichtung des Schlosses mehr der neuen Renaissance Zeit, daß aber doch beide einem selben Lande und einem Geschmacke angehören müssen.
(...) Selbstverständlich wünschen S. Majestät, wie in Miramar so auch in Lacroma, so viel als möglich, wirklich alte Meubel und Einrichtungsgegenstände angebracht zu wissen. (...) Auf die übrigen Zimmereinrichtungen übergehend, bemerkten Sr. Majestät, daß kein Meubel poliert, sondern alle entweder von Naturholz, oder in Naturholzfarbe angestrichen sein müssen.“[51] Für die Bildausstattung in den Wohnräumlichkeiten sollten Kopien von Herrscherporträts angefertigt werden, die sich im Belvedere, in Schloss Hetzendorf, in Schloss Schönbrunn und in Schloss Miramar befanden.[52]

Wie in den Vorgängerbauten plante Maximilian auch in Lacroma die Installierung eines orientalischen Salons: „Der große Mittelsaal ist der einzige, der zwar auch italienisch-dalmatinisch sein muß, aber in seinen Ausklängen und seiner Einrichtung doch ein entschiedenes geprägtes Orient zeigen muß. In diesem Saale könnte verschiedenartiger Marmor angebracht werden, der Plafond könnte im reichen orientalischen Geschmacke gehalten sein, an den Wänden statt Bilder, Trophäen von schönen orientalischen Waffen angebracht werden und die Divans müssten vom orientalischen Stoffe sein, von dem selben schöne orientalische Teppiche. In der Mitte des Saales (...) muß eine Marmorfontaine genau nach orientalischen Mustern angebracht werden.“[53]

Mit der Gestaltung und Ausführung der Möbel beauftragte Maximilian wiederum Franz Hofmann. Wie dem Quellenmaterial zu ent-

[50] In Bezug auf den Nordtrakt unterscheiden sich der Grundriss und die Gesamtansicht des Projektes. Während im Grundriss ein Archiv und eine Bibliothek vorgesehen sind, findet sich bei der Gesamtansicht an Stelle des Nordtraktes neben der Kirchenruine lediglich eine Mauer, die den Hof abschließt.
[51] HHStA, AMM, Kt. 161, Bericht von Radonetz über die Ausbaupläne in Lacroma, 6.11.1865.
[52] HHStA, AMM, Kt. 162, Liste von Günner mit den zu kopierenden Bildern für Lacroma, 29.8.1866.
[53] HHStA, AMM, Kt. 161, Bericht von Radonetz über die Ausbaupläne in Lacroma, 6.11.1865.

nehmen ist, lieferte aber auch Professor Friedrich Möbelentwürfe.[54] Welchem Vorschlag der Kaiser schlussendlich den Vorzug gab, konnte nicht eruiert werden.

Nachdem bereits „der Bau des neuen Küchentraktes bis zur Fensterhöhe des 2. Stockes gediehen und die Steinmetzarbeit nahezu vollendet war“ sowie „die Vorarbeiten zur Errichtung der Westfassade begonnen hatten“[55], verstarb Professor Friedrich am 11. Oktober 1866 unerwartet an den Folgen der Cholera.[56] Nach dem Tod des Chefplaners übernahm sein Mitarbeiter Franz Xaver Segenschmid die Bauleitung. Über die geplanten weiteren Baufortschritte gibt ein umfangreicher Bericht Segenschmids an den Kaiser Aufschluss, der sich mit den Arbeiten an der Ostfassade, der Planung eines Ventilationssystems in den Allerhöchsten Appartements, der Dekoration der Westfassade mit Mosaiken sowie der Wand- und Deckenausführung in den kaiserlichen Wohnräumen beschäftigt und mit Maximilians Antwortkommentaren versehen ist.[57] Wenige Zeit später dürfte es aber, wohl ausgelöst durch Maximilians Tod, zu einem Baustopp gekommen sein. Der ausgeführte Zustand der Residenz in Lacroma entspricht annähernd der Baubeschreibung Ende 1866 und ist in Hinblick auf die Gesamtplanung als Fragment zu bezeichnen.
Nach Maximilians Tod erwarb die Insel der Sanitäts-Oberlieutenant Dumivich.[58] In den 1880er Jahren befand sich Lacroma im Besitz von Kronprinz Rudolf, der die Insel in Gedenken an seinen Onkel Max gekauft hatte.

Schloss Artstetten

In Zusammenhang mit Maximilians europäischen Residenzen ist auch Schloss Artstetten in Niederösterreich zu erwähnen, das sich in den 1860er Jahren im Besitz von Maximilians Bruder Carl Ludwig befand. Bereits als Regent in Mexiko tätig, entschloss sich Maximilian 1866, Schloss Artstetten – wahrscheinlich in Hinblick auf seine geplante Rückkehr nach Europa – zu kaufen. Carl Ludwig verankerte im Kaufvertrag eine Klausel, die den Vertrag für nichtig erklärte, wenn die Kaufsumme nicht innerhalb von zwei Monaten beim Verkäufer einginge.[59] Nachdem der Kaiser aufgrund seiner maroden Finanzlage die Rechnung nie beglich, verblieb Schloss Artstetten somit im Eigentum seines Bruders. Nach Maximilians Tod wurden einige mexikanische Objekte aus seinem Besitz nach Artstetten verbracht, unter anderem auch das Gemälde „Kaiser Maximilian empfängt die Kickapoo-Indianer“ (Kat.-Nr. 63), das Jean-Adolphe Beaucé nach einer realen Begebenheit gemalt hatte.

Maximilian als Bauherr und Einrichter

Alle Architektur- und Raumschöpfungen Maximilians sind – ihrer Entstehungszeit entsprechend – formal dem Historismus zuzuordnen. Die Gestaltungsweise der Interieurs ist zwar im Zeitstil verankert, jedoch in ihrer Ausformung deutlich durch die individuellen Wünsche des Auftraggebers geprägt. Die Ausstattung der Wohnräume ist als dekorativ und über-

[54] HHStA, AMM, Kt. 161, Allerunterthänigster Bericht von Radonetz, 2.12.1865.
[55] HHStA, AMM, Kt. 162, Promenoria, 3.11.1866.
[56] HHStA, AMM, Kt. 157, Korrespondenz zum Ableben von Professor Friedrich, 11.10.1866. Für diesen Hinweis danke ich Dr. Christian Oprießnig.
[57] HHStA, AMM, Kt. 162, Promenoria, 3. November 1866.
[58] Kronprinzessin Witwe Erzherzogin Stephanie, Lacroma, Wien 1892, S. 26.
[59] Franz Wilcek, Finanzen der Familie Habsburg-Lothringen unter besonderer Berücksichtigung von Erzherzog Ferdinand Max, phil. Dissertation, Universität Wien 1991, S. 106.

11-25) Entwurfszeichnung, Teller mit dem Monogramm Maximilians und dem Adlerorden, um 1865 (ÖNB-BA)

11-26) Minton's China – Thomas Goode & Co., London, Suppenteller mit dem Monogramm Maximilians und dem Adlerorden, Steingut, um 1865 (MD/EK)

bordend zu bezeichnen, in diesem Zusammenhang sind etwa die großflächigen Wandtäfelungen oder die übermäßige Anhäufung von Antiquitäten zu nennen. Maximilian war sich seines opulenten Geschmackes durchaus bewusst, so bemerkte er bereits 1852 über die Einrichtung der Villa Lazarovich selbstreflektiv: „Meine Wohnung ist nun fast ganz fertig, und wirklich comfortable, ich weiß aber nicht, ob sie jedermann gefallen wird; da die unteren Zimmer wegen der rothen Tapeten dunkel gehalten werden, und die meubles so wie die Rahmen einiger Bilder und die Spiegel altvenezianisch sind. Du kennst meinen Hang zum Altar, der sich auch in Maxing vorherrschend ausspricht.“[60]

Weiters legte Ferdinand Maximilian großen Wert darauf, sich künstlerisch in die Planung einzubringen und als Entwerfer wahrgenommen zu werden. Maximilian kreierte gewisse Standards, die er bei all seinen Bauprojekten einfließen ließ. So finden sich etwa die in den 1850er Jahren in der Villa Lazarovich installierten Raumtypen auch bei seinen späteren Bauten wieder. Prägnantestes Beispiel ist der Typus des „orientalischen Salons“, den er nach dem Vorbild eines in Algier besuchten orientalischen Zimmers mit denselben Stilelementen (Diwans, bunte Teppiche, exotischer Wandschmuck, Fontäne) mehrmals vorsah; wie im Vergleich der orientalischen Zimmer in der Villa Lazarovich mit dem geplanten Salon in Lacroma nachzuvollziehen ist.

Der Erzherzog verstand das Bauen und Einrichten als Ausdruck von Repräsentation und Herrschaft. Zeit seines Lebens im Schatten seines älteren Bruders, dem Kaiser Franz Joseph, stehend, versuchte er seine eigene Stellung zu festigen. Ferdinand Maximilians ausgeprägter Herrschaftsanspruch war bereits in seiner Ju-

[60] Ferdinand Maximilian an Carl Ludwig, 16.9.1852, zit. nach: Praschl-Bichler (zit. Anm. 14), S. 90.

gend spürbar. Seine erste Besitzung, das kleine Schweizerhaus Maxing, erhob er auf eigene Faust zur Grafschaft. Wie ein skurril anmutendes Dokument belegt, ernannte er seinen jüngeren Bruder Carl Ludwig zum gefürsteten Grafen von Maxing.[61] Auch die Installierung von Ahnensälen (Villa Lazarovich, Schloss Miramar) bezeugt den Willen zur Positionierung der eigenen Person.

Darüber hinaus verwendete der Erzherzog enorme Energien in das Entwerfen und Anschaffen von Repräsentationsobjekten. Lange vor seiner Tätigkeit als Generalgouverneur von Lombardo-Venetien berichtete er bereits von seiner „großen Staatsequipage mit den neuen englischen Pferden und den schweren silberbedeckten Sammetlivréen“, wobei er anmerkte: „Ich muß wirklich selbst gestehen, daß sich das ensemble ganz magnifique (...) macht.“[62]

Den Höhepunkt erreichte dieser Repräsentationswillen in Mexiko. Auf der Überfahrt beschäftigte sich Maximilian mit der Zusammenstellung eines Hofzeremoniells. Von seiner mexikanischen Hofhaltung haben sich Entwurfszeichnungen erhalten, die sämtliche Gegenstände des täglichen Repräsentationsbedarfs zeigen, unter anderem seine Herrscherinsignien (Abb. 04-02), den mexikanischen Thron (Abb. 01-03), mit dem kaiserlichen Monogramm versehene Briefumschläge, Servietten, Geschirr (Abb. 11-25, 11-26), Besteck, Stoffe sowie sämtliche Ordensdekorationen und Bedienstetenuniformen (Abb. 06-01 bis 07). Sowohl die Entwürfe als auch das Zeremonialbuch geben eine Vorstellung über die innerhalb kürzester Zeit installierte und sozusagen am Reißbrett geschaffene, nach europäischen Vorbildern konstruierte Struktur des mexikanischen Hofes. (Abb. 11-27)

Vergleichbar ist Maximilians Drang zur Manifestierung seiner Stellung und Person in Form von Residenzbauten mit den Bauprojekten seines bayrischen Verwandten Ludwig II. (1845–1886). Als interessantes Detail am Rande ist zu erwähnen, dass Maximilians Dekorateur Julius Hofmann nach dem Tod des Kaisers an den Hof König Ludwigs II. wechselte, wo er für die Innenausstattung der Schlösser Neuschwanstein und Herrenchiemsee verantwortlich zeichnete.

11-27) Tafelzimmer in Schloss Chapultepec mit dem silbernen Tafelaufsatz der Firma Christofle aus Paris (YMO)

[61] HHStA, AMM, Kt. 97, Ferdinand Maximilian ernennt Carl Ludwig zum Grafen von Maxing, 30.10.1850.
[62] Ferdinand Maximilian an Carl Ludwig, 8.1.1854, zit. nach: Praschl-Bichler (zit. Anm. 14), S. 143.

12. „Der weitläufige Park mit seinen herrlichen Felspartien gewinnt immer mehr an Schönheit" – Maximilian und der Park von Miramar

Rossella Fabiani

„Der weitläufige Park mit seinen herrlichen Felspartien gewinnt immer mehr an Schönheit (...). Ich konnte genaue Anweisungen erteilen (...) und hoffe daher, dass die Arbeiten gut voranschreiten".[1] Mit diesen Worten beschreibt Maximilian den Park von Miramar in einem Brief aus dem Jahr 1857 an seine zukünftige Ehefrau Charlotte, als wollte er darin seine Gründe zusammenfassen, die ihn zu diesem Schritt inspiriert hatten: die geografische Lage und die direkte Beteiligung des Auftraggebers an der Planung.

Als er im Jahr 1855 diesen Felsvorsprung in der Bucht von Grignano, zehn Kilometer von Triest entfernt, erwirbt, hegt Maximilian bereits präzise Pläne für Miramar, denn nun hat er endlich die Möglichkeit, sich eine von einem großen Grünbereich umgebene Residenz zu schaffen.[2]

Miramar (Abb. 12-01) entsteht als privater, auf die Bedürfnisse des Auftraggebers zugeschnittener Aufenthaltsort und ist nicht als Park für Repräsentationszwecke der Macht und Kraft symbolisierenden Herrscherdynastie gedacht. Ein Beweis dafür ist, dass der Park weder einen monumentalen Eingang noch eine Allee besitzt, die die Zufahrt zum Schloss betont. Die gesamte Anlage ist vielmehr als stiller Ort der Zurückgezogenheit konzipiert. Nur wer sich vom Meer her annähert – und damit einen in der damaligen Zeit privilegierten Zugang genießt –, bekommt den großzügigen und erhabenen Anblick des Parterres und des kleinen Hafens zu Gesicht.

Die Landspitze von Miramar ist für die Anlage eines Landschaftsgartens wie geschaffen, denn sie bietet sich nicht für tief greifende Änderungen an, sondern bringt, so wie sie ist, ihre Eignung für einen englischen Garten bestmöglich zum Ausdruck. Die Anpassung an die natürlichen Gegebenheiten, die fast vollständige Verbannung von geraden Linien und sein beinahe ungeordneter, wilder Anblick, unterstrichen von der zerklüfteten Felsküste, machen den Park von Miramar zu einem Landschaftsgarten schlechthin. Er ist ein Garten des Genusses, weit entfernt von jeglicher

---

1 Mia cara adorata Charlotte. Lettere 1856–1859 dell'Arciduca Maximilian d'Asburgo alla moglie Carlotta del Belgio, Trieste 1857, S. 14.

2 Einige Werke, die über den Park verfasst wurden, sind: Erminio Metlikovitz, Miramar. Notizie storiche, Trieste, 1902; AA.VV., Un giardino in riva al mare. Il parco di Miramare ieri e domani: vicende storiche e prospettive culturali, Trieste, 1986; Maximilian da Trieste al Messico, a cura di Laura Ruaro Loseri, Trieste 1986; Ferdinand Anders, Die Gärten Maximilians, Bezirkmuseum Hietzing, Wien 1987; Rossella Fabiani, Il castello di Miramare. Itinerario nel museo storico, Trieste 1989; Christa Riedl-Dorn, Die grüne Welt der Habsburger, Wien 1989; Ferdinand Anders, Erzherzog Ferdinand Max als Schloss und Gartenschöpfer, in Maximilian. Rilettura di un'esistenza, a cura di Laura Ruaro Loseri, Trieste 1992, S. 235 ff. Rossella Fabiani, Sono orami arrivate da Geiss le ultime statue. Le sculture di Maximilian nel parco di Miramare, in Sculture nel parco, Trieste 1997, S. 13 ff.; Rossella Fabiani, Un giardino paesistico sull'Adriatico: Maximilian d'Asburgo e il parco di Miramare in Giardini regali. Fascino e immagini del verde nelle grandi dinastie: dai Medici agli Asburgo, Milano 1998, S. 149 ff.; Rossella Fabiani, Schloss und Park Miramare: Vergangenheit und Gegenwart zwischen Geschichte und Bewahrung in Historische Gärten. Schutz und Pflege als Rechtsfrage, Wien 2000, S. 59 ff.; Rossella Fabiani, Il parco di Miramare fra storia e tutela in Giardini storici del Friuli Venezia Giulia. Conservazione e restauro, Gorizia, 2002, S. 83 ff.; Rossella Fabiani, Gabriele Crozzoli, Il parco ed il castello di Miramare, Treviso, 2004; Rossella Fabiani, Giangiacomo Martines, Il Parco di Miramare a Trieste, Roma 2005, S. 47 ff.; Il Museo Storico del Castello di Miramare, a cura di Rossella Fabiani, Vicenza 2005.

12-01) Schloss und Park in Miramar, 1860er Jahre (MD/EK)

Absicht, ihn für die Öffentlichkeit zu gestalten, auch wenn der Auftraggeber ihn an einigen Tagen der Woche für die Bevölkerung zugänglich macht. Es gibt keine Wasserspiele, kaum geometrischen Formen eines formal gestalteten Parks, sondern es triumphiert eine umsichtige Planung, die sich am felsigen Terrain mit seiner unregelmäßigen Oberfläche orientiert. Im Panorama von Triest wird Miramar zu einem deutlich sichtbaren Symbol einer weder prahlerischen noch zur Schau gestellten Macht, das sich diskret zu einem Erkennungszeichen der Stadt entwickelt.

In der Parkanlage von Miramar treffen Elemente aus dem Süden und Norden aufeinander: Es handelt sich nämlich um den am weitesten nördlich gelegenen mediterranen Park Europas und vielleicht den am weitesten im Süden des Kontinents gelegenen „nordischen" Park, wo der deutsche und englische Einfluss der Naturverbundenheit mit dem unverkennbaren Licht der Adria verschmilzt und Modelle von Parks und Schlössern, die in nördlicheren Gefilden vorwiegend an Seen und Flüssen zu finden sind, nun an das Meer verlagert sind.

Es ist aber nicht nur die Familientradition der Habsburger, die Maximilian dazu bewegt, sich eine Residenz errichten und den Park von Miramar anlegen zu lassen. Seine häufigen Reisen in den Mittelmeerraum – nach Griechenland, in die Türkei, nach Spanien, Sizilien und Portugal – beeinflussen ihn ebenfalls und begründen den Impuls für die Schaffung einer ausgedehnten Grünfläche. Die Besuche der Gartenanlagen in Palermo und Messina im Jahr 1852 und vor allem der Eindruck, den das Schloss Pena in ihm hinterlässt, das Ferdinand von Sachsen-Coburg und Gotha, der Ehemann von Maria II. von Portugal, 1844 errichten ließ, sind prägende Momente auf seinem Bildungsweg.

Zur Bereicherung seines Wissensschatzes über Gärten tragen jedoch nicht nur die Reiseeindrücke bei. Ein Blick in den Katalog seiner Bibliothek in Miramar enthüllt klar und deutlich, welche Bücher die Grundlage seines theoretischen Wissens bilden. Zahlreich vertreten sind Botanikbücher und -atlanten, aber auch Blumenkataloge sind dabei, darunter *Les Liliacées* (1816) oder *Les Roses* (1824) von Redouté oder Verzeichnisse von Orchideen (1860), Kamelien (1845) und dreifarbigen Violen. Unter dem Stichwort Gärtnerei finden sich unter anderem einige für die damalige Zeit bedeutende Werke wie der Klassiker von John Claudius Loudon *„Encyclopedia of cottage, farm and villa"* (1857). Vor allem der adelige Landschaftsgestalter Hermann von Pückler-Muskau könnte eines der Vorbilder gewesen sein, dem Maximilian wegen seiner direkten Einbindung in die Planung der Parkgestaltung in Muskau und Branitz nacheiferte. Dies scheint der Gedanke zu bestätigen, den Maximilian dem Fürsten am 28. Juli 1852 widmet: „Ein großes Verdienst Ihrer Werke ist, dass Sie im richtigen Augenblick geistreich und heiter sein können, eine sehr gute Sache für den Leser.“[3] Miramar ist für Maximilian das Bild seiner Präsenz in Triest, aber auch ein Ort der Meditation, des engen Kontakts mit der Natur, der Zurückgezogenheit vom Alltag und der botanischen Versuche.

Die Bildzeugnisse, die die Situation vor dem Jahr 1855 wiedergeben, als Maximilian beginnt, Grundstücke von Bauern und Fischern aufzukaufen, zeigen ein karges Gelände, das von ein paar Sträuchern und Flaumeichen bewachsen ist.

So beginnt dank des direkten Einsatzes des Erzherzogs bei der Planung von Schloss und Park die Schaffung eines Orts, der zum Sinnbild von Maximilians Persönlichkeit wird. Es entsteht eine in jeder Hinsicht gelenkte und durchdachte Vegetationsfläche. Die Maßnahmen zur Urbarmachung beschränken sich auf die Aufschüttung des Geländes mit Erde aus der Steiermark und aus Kärnten und die Abtragung von großen Felsblöcken, wodurch die ursprüngliche Ordnung aber nicht verfremdet wird.

Die Planung des Schloss- und Parkensembles erfolgt gemäß Maximilians Anweisungen durch Carl Junker (Abb. 12-02), einen österreichischen Ingenieur und Architekten, der die Pläne für das Schloss zeichnet, die auch die Pferdeställe, das Castelletto, das Kaffeehaus und das Schweizerhaus umfassen.

Die zeitgenössischen Motive sind vor allem in nördlicheren Gebieten zu suchen, insbesondere bei einigen Bauten, die kurz zuvor entstanden waren. Für die Pfaueninsel in Berlin

12-02) Carl Junker, Situation der Bau- und Gartenanlagen, endgültiger Entwurf, 1856 (CM)

(1834) plant Peter Lenné einen weitläufigeren Garten, jedoch mit gewundener Wegführung, großen Waldflächen und Ausblicken auf die Wasserfläche der Havel. Ebenfalls in Berlin verläuft am Rand von Klein Glienicke ein eng mit seinen Bauwerken verbundener Park, der sich, auch wegen der erneuerten deutlichen Einbindung der Havel, gut in die Philosophie von Miramar fügt: Er entstand zwischen 1824 und 1840 und entspricht mit seinen typischen, romantisch geprägten Ausblicksbereichen voll und ganz den Leitlinien eines Landschaftsgartens. Der zur gleichen Zeit um das Schloss Babelsberg – ein Werk von Schinkel wie viele der Bauten in den vorhin genannten Gärten – angelegte Park ist daran ausgerichtet, was damals für die besondere Beschaffenheit seines Geländes erdacht und realisiert wurde.

[3] Ferdinand Maximilian, Aus meinem Leben, Reiseskizzen, Aphorismen, Gedichte, Leipzig 1867.

Es handelt sich in diesem Fall ebenfalls um einen Felsvorsprung, auf dem eine Villa in erhöhter Position am Havelufer errichtet ist. Der von Lenné zwischen 1816 und 1836 entworfene Park von Sanssouci in Potsdam hat in seiner Weitläufigkeit trotz zahlreicher Änderungen die Ausgewogenheit zwischen einem romantischen Garten und einer Tendenz zu einer gewissen geometrischen Formalisierung bewahrt.

Die präzisen Anweisungen des Erzherzogs erfolgen im Zeitraum zwischen dem Winter des Jahres 1857 und Jänner 1864 und machen seinen Wunsch deutlich, den Park auch als botanische Versuchsanstalt und Akklimatisierungsstation für Pflanzen zu nützen. Diese Versuche sind es auch, die Maximilian veranlassen, den Park von Miramar mit typisch mediterranen Gewächsen bepflanzen zu lassen. Die regelmäßige Berichterstattung seiner Gärtner ermöglicht ihm, die Entwicklung des Terrains genau zu verfolgen. Der Erzherzog stellt den Gärtner Josef Laube, den er bereits aus Laxenburg kannte, in seine Dienste. Dieser kann sich aber mit seinem Auftraggeber nicht einigen, sodass Maximilian im Jahr 1859 Anton Jelinek nach dessen erfolgreicher Teilnahme an der Novara-Expedition mit der Leitung der Arbeiten betraut. Wenn man von den Unterlagen ausgeht, in deren Besitz man bisher ist, kann man annehmen, dass die Arbeiten zur Gestaltung des Parks wahrscheinlich Ende 1856 begannen und sich bis weit nach dem Zeitpunkt von Maximilians Abreise nach Mexiko dahinzogen. In Jelineks Berichten ist hauptsächlich von hochstämmigen Pflanzen die Rede, aber kaum von Blumen und Beeten. Aufgrund seines Aufenthalts in Mexiko und seiner Kenntnisse über zahlreiche Baumarten bevorzugt Maximilian nämlich einen Landschaftsgarten, für dessen Gestaltung er auch Pflanzen per Schiff versenden lässt.

Ein Beweis dafür ist der am 30. Dezember 1866 in Puebla datierte Situationsplan von Wilhelm Knechtel, den Maximilian nach Miramar schickt und der einige Änderungen im nördlichsten Teil des Parks erkennen lässt. Die Anlage erhält dort einen ausgeprägten Landschaftscharakter mit betonten Waldgebieten, während der formale Aspekt auf das Parterre ohne Meerzugang beschränkt bleibt und die Beete im Hafen und um das Castelletto gestrichen werden.

Wenn Jelinek die Beendigung der Arbeiten im Park am 7. Juni 1862 verkündet, wie auch im Tagebuch des Schlosses bestätigt wird, kann man annehmen, dass Maximilian bei einem Großteil der Gestaltung der Parkanlage in ihrem anfänglichen Ansatz anwesend sein konnte. Sein Aufbruch nach Mexiko am 14. April 1864 stellt somit keinen traumatischen Übergangsmoment dar, denn Jelinek nimmt Maximilians Stelle ein und hält ihn über die Entwicklung der Arbeiten auf dem Laufenden. Miramar (Abb. 12-03) bildet eine neue Landschaft im Golf von Triest, einen grünen Fleck im ehemals unbewachsenen, kahlen Karstgebiet. Der Park stellt einen natürlichen und gleichzeitig künstlichen Bereich dar, in dem die persönliche Dimension vorherrscht, ein Zeichen einer romantischen Lebensauffassung. Im oberen Teil der Anlage bildet der Wald den Garten und fällt langsam zum Meer hin ab, das vielleicht einer der wahren Hauptdarsteller des Parks ist. Es stellt eine absolut neue Präsenz im Panorama der Gärten der großen europäischen Dynastien des 19. Jahrhunderts dar, die für Maximilian den Ausdruck des Unendlichen und des Sichverlierens in der idealen Schönheit bedeutet. Dies sind schließlich genau die Werte, die einen Landschaftsgarten

12-03) Schloss und Park in Miramar, 2. H. 19. Jh. (MD/EK)

prägen, in dem der Kontakt mit der Natur voll und ganz gegeben ist: Vielfältigkeit, Unregelmäßigkeit und Bewegung sind Prinzipien, die auch auf Miramar zutreffen.

Ein letzter relevanter Aspekt bei der Parkplanung ist die Aufmerksamkeit, die Maximilian der Ausschmückung des Gartens widmet. Das ikonografische Programm ist sehr präzise und beinhaltet die Aufstellung einer Reihe von Statuen im Parterre, die an die klassischen Standbilder in den königlichen Gärten erinnern. Im Februar 1859 erwirbt er eine aus Bronze gefertigte Kopie der von Canova geschaffenen Statue von Napoleon I. und lässt sie am Ende des zum Schwanensee führenden Laubengangs aufstellen. Für die Dekoration der Brunnen und des Parterres beabsichtigt er aber, einige „bereits fertige" Stücke bei der Firma Moritz Geiß in Berlin zu bestellen, die neben Friedrich Kahle Werke dieser Art liefert, die in den damaligen deutschen Parks anzutreffen sind. So finden auf den Säulen im Parterre unter anderem Merkur und die Venus von Medici Platz, während neben dem Kaffeehaus Statuen des Meleagros und der Venus von Capua platziert werden. Diese Werke sind aus Zinkguss gefertigt, einem in der damaligen Zeit innovativen Material. Seit 1830 liefert die Firma Geiß nämlich Statuen, Kapitelle, Architekturornamente, Vasen und Kratere aus diesem Material, das Leichtigkeit, Formbarkeit und Detailtreue zum nachgebildeten Modell gewährleistet. Vor allem aber zeichnet es sich durch seine Beständigkeit gegenüber Wind, Regen und salzhaltiger Luft aus, lauter Witterungseinflüsse, die im Park oft gleichzeitig herrschen. Diese Skulpturen waren meistens mit einer rötlichen Kupferpatina überzogen, die ihre Kostbarkeit unterstreichen sollte. Ein offensichtliches Zeugnis davon stellt die Gruppe mit der „Amazone auf dem Pferd" dar, eine Kopie der von Kiß geschaffenen Statue, die Maximilian analog zu jener von Friedrich Schinkel, die am oberen Ende der Treppe des Alten Museums in Berlin aufgestellt ist, ebenfalls auf einer Treppe auf dem Schlossplatz platzieren lässt, um sie gebührend zur Geltung zu bringen.

13. „Strauß-Eier als orientalisches Präservativ gegen das Malocchio“

Axel Steinmann

Netzartig eingefasste und hängend angebrachte, teils mit kunstvoll verflochtenen Schnüren und Quasten, Malerei, Schriftdekor oder Gravur geschmückte, teils unverziert belassene Straußeneier in Sakralbauten (Moscheen, Heiligengräbern und Mausoleen) waren – oft in Verbindung mit vasenförmigen Hängeampeln – zumindest seit dem Hochmittelalter und mit variierender symbolischer Bedeutung (etwa als Mahnung an die Gläubigen, ihre Seelen vor allem Schaden zu bewahren) sowohl in den islamisch geprägten oder beeinflussten Regionen Nordafrikas und Westasiens als auch in den christlichen Kirchen von Ägypten über Palästina bis nach Südost- und Westeuropa verbreitet.[1] Im 19. Jahrhundert sahen europäische Forscher und Reisende in den Basaren Straußeneier an der Frontseite von Straßenläden, in und über Tordurchgängen, aber auch in Wohnhäusern aufgehängt, denen in der abendländischen Literatur zumeist eine apotropäische Wirkung zugeschrieben wurde: „Bei den Türken schützen die Straußeneier vor der Faszination und man findet sie zu diesem Zweck in den Wohnungen und Moscheen; die Muselmänner Nordafrikas teilen diesen Glauben.“[2] Zu jener Zeit gelangten derartige Straußeneier vermehrt nach Europa, die der damaligen Orientmode folgend als Dekorelemente für die „im maurischen Stile“ beziehungsweise *a la turca* ausgestatteten Wohnräume der gesellschaftlichen Elite gedacht waren und in den meisten Fällen als augenfällige Souvenirs auf den Basaren in Kleinasien, im Vorderen Orient und in Nordafrika erworben wurden.[3]

13-01) Straußeneier aus dem Besitz Ferdinand Maximilians, 2. Hälfte 19. Jahrhundert (KHM-MVK)

Im Verzeichnis, der im Jahr 1883 aus dem Museum in Miramar für die anthropologisch-ethnographische Abteilung des k. k. naturhistorischen Hofmuseums übernommenen Gegenstände finden sich im Abschnitt „Ethnographische Gegenstände. Aegypten und Nubien“ unter Inv.-Nr. 16.981-82 „Zwei Strausseneier, jedes an einem Ende durchbohrt mit eingeritzten Zeichnungen, die mit verschiedenen Farben ausgefüllt sind, verziert“ sowie im Abschnitt „Orientalische Gegenstände, namentlich aus der Türkei (in Europa u. Asien) aus Persien und Arabien“ unter Inv.-Nr. 17.089 ein „Straussenei, wie solche in türkischen Zimmern hängen in Schnur aus blauer Seide und

[1] Siehe dazu: Sebastian Bock, Ova Strutionis. Die Straußeneiobjekte in den Schatz-, Silber- und Kunstkammern Europas, Freiburg im Breisgau-Heidelberg 2005, S. 56–72.

[2] Siegfried Seligmann, Der böse Blick und Verwandtes, Ein Beitrag zur Geschichte des Aberglaubens aller Zeiten und Völker, 2. Bd., Berlin 1910, S. 133; Zu den Hornamuletten in Italien, den cornicelli, und zum Abwenden des bösen Blicks mit Tierhörnern in Kleinasien und Griechenland: Siehe ebenda, S. 135–138.

[3] Bock (zit. Anm. 1), S. 40–42.

Silberfäden gefasst, mit ebensolcher Quaste"[4] sowie unter Inv.-Nr. 17.090 ein „Straussenei, wie das vorige in rothe Wollschnur gefasst und mit rother Quaste". Es lässt sich nicht eindeutig klären, wann und wo Ferdinand Maximilian diese vier Eier erworben oder von wem er diese zum Geschenk erhalten hat.[5] (Abb. 13-01) Im Folgenden soll der Frage nachgegangen werden, welche symbolische Bedeutung er der dinghaften Ausstrahlung der Straußeneier beigemessen haben könnte.

Im September und Oktober 1850 unternahm der 18-jährige Ferdinand Maximilian gemeinsam mit seinem jüngeren Bruder Carl Ludwig auf dem Kriegsdampfer „Vulcan" seine erste Reise in den Orient. Die Fahrt führte die beiden Erzherzöge und deren Gefolge entlang der istrischen und dalmatinischen Küste über Athen nach Smyrna (Izmir), wo sie vom dortigen Gouverneur, Halil Pascha, beherbergt wurden. Der erste Weg führte Ferdinand Maximilian und seine Begleiter geradewegs in eine Moschee, denn der „Ausdruck des Geistigen, die Verkörperung höherer Ideen ist das Erste, welches der Reisende im fremden Orte suchen muß; in diesem Sinne bildeten daher das ernste [sic!] Minaret und die Moschee unser erstes Ziel auf Asiens Wunderboden. Geblendet, und vom Uebermaße des Entzückens verwirrt, schritten wir durch die Straßen und Bazare zu einem, an deren Ausgange gelegenen, erhöhten Platze, auf welchem in malerischen Formen die Moschee Kiltgezagi steht. (...) Erwartungsvoll betraten wir den der Erbauung gewidmeten Raum (...). Bemerkenswerth ist die große Anzahl von Lampen, Straußeneiern und Hirschgeweihen, welche in der Moschee hängen, und ihr hiedurch den echt orientalischen bunten Reiz gewähren; man fragt natürlich, was Straußeneier und Hirschgeweihe in einem Gotteshause zu thun haben? Auch wir hatten diese Frage, und lernten hiebei ein Stück mohammedanischen Aberglaubens kennen; die Rechtgläubigen hängen diese Gegenstände in ihre Moscheen auf um das schadenbringende Lob der Ungläubigen unschädlich zu machen; tritt nämlich ein Christ in die Moschee und lobt die Schönheit des Baues oder die Pracht der Ausstattung, so muß sein herumschweifender bewundernder Blick unwillkürlich auf die Jettatura fallen, und das Unglück, welches seinem Lobe folgen müsste, ist verhütet. Dieser Glaube, so bizarr er ist, schadet nicht dem Effecte, den die Gegenstände auf den Beschauer machen."[6]

Im Februar 1852 schlägt der mittlerweile zum Marineoffizier ernannte Ferdinand Maximilian seine ständige Residenz in Triest auf, wo er die auf dem Südhang des Hügels von San Vito gelegene und von einem weitläufigen Park umgebene Villa Lazarovich – sein erstes Wohnhaus in dieser Hafenstadt – mietet und nach seinem Geschmack adaptiert und nach und nach mit seinen exotischen Erinnerungsstücken ausschmückt. Zwei Aquarelle von Germano Prosdocimi führen die Inneneinrichtung seines im ersten Stock der Villa gelegenen, im „maurisch-orientalischen Stil" ausgestatteten Zimmers mit den hufeisenförmig gebogenen Türen und einer „Fontaine" in der

[4] Museum für Völkerkunde, Inventarband 1883, Post 15.

[5] Erst 1855 führte Ferdinand Maximilian eine viermonatige Nahostreise ins Heilige Land und nach Ägypten.

[6] Maximilian I. / Ferdinand Maximilian, Erzherzog von Österreich, Mein erster Ausflug. Wanderungen in Griechenland. Leipzig 1868, S. 147–153. Der Begriff „Jettatura" bezeichnet im Neapolitanischen die Fähigkeit mit dem bösen Blick behafteter Menschen, den mit ihnen Verkehrenden durch einen „geworfenen Blick", ital. „gettare gli sguardi", Unglück zu bringen. Vgl. Jacob Grimm, Deutsche Mythologie, dritte Ausgabe, 1. Band, Göttingen 1854, S. 1053. Fascino, eigentlich „Reiz, Zauber", neapol. fascino dei malvagi occhi, und malocchio, „böses Auge", sind weitere gängige italienische Begriffe für den bösen Blick. Im Türkischen ist hierfür das Wort nazar verbreitet.

Mitte vor Augen.[7] Über den Springbrunnen erhebt sich an der Decke eine von Fenstern durchbrochene Halbkuppel mit Oberlicht, deren Tambour mit rundumlaufenden, von blaugrundigen Kartuschen eingefassten arabischen Texten verziert ist. Von der Decke und von den Wandlampen hängen netzartig eingefasste und mit Quasten behängte Straußeneier als prominente Dekorelemente herab. Die rotfarbigen Wände schmücken gerahmte arabische Kalligraphien, deren obere Rahmenleiste von spiegelbildlich angeordneten Rinderhörnern bekrönt wird. Auf der oberen Zarge einer maurischen Türe ist zwischen zwei Straußeneiern in becherförmigen Ständern das Gehörn eines Steinbocks montiert. Die Ausstattung von Ferdinand Maximilians maurischem Zimmer erinnert an die Beschreibung einer Suite, die er während seiner zweiten Seereise im Juli 1852 nahe Algier im Landhaus des französischen Generalgouverneurs, General Jacques Louis Randon, gesehen hatte: In „einer leichten Säulenhalle mit grünem durchsichtigem Gitterwerk, vor welcher eine Fontaine springt, (...) mündet ein liebliches reich verziertes Closet, das nach orientalischer Sitte eine Stufe erhöht, schwellende Diwans mit schönen Teppichen enthält, während von der mit Arabesken verzierten Kuppel, durch welche das Licht sich in farbigen Gläsern bricht, feinbemalte Strauß-Eier als orientalisches Präservativ gegen das Malocchio herunterhängen. Dieses an Farben, Schnitzwerk und Getäfel reiche Closet (...) ist das Prachtgemach des Hauses, der Thron des Besitzers, das Schaustück seiner Reichthümer. Hier genießt der Maure, von der Meerbrise gefächelt, von den plätschernden Springbrunnen umrauscht, von Jasmin und Rosen umduftet, sein Täßchen schwarzen Kaffee mit dem dampfenden Nargilé."[8]

Straußeneier wie Tierhörner richten sich noch heute gegen den im Mittelmeerraum verbreiteten Glauben an die Wirksamkeit des bösen Blicks.[9] Dem liegt die Vorstellung zugrunde, dass die übernatürliche Macht gewissermaßen indirekt durch den bösen Blick wirkt, ohne dass den Menschen, der zufällig das böse Auge besitzt, eine Schuld trifft. Die Wirkungen des bösen Auges werden von seinem Träger zunächst unbewusst hervorgerufen. Zum anderen verschmelzen die Vorstellungen von der übernatürlichen Macht und vom unmittelbar wirkenden Organ doch so weitgehend ineinander, dass bösartigen Menschen ohne weiteres zugetraut wird, durch das böse Auge Schaden anzurichten. Die Ursache des bösen Blicks ist der Neid.[10] Neid und böser Blick sind untrennbar miteinander verbunden. Gefährlich ist die böse Wirkung dann, wenn der Neider sich verstellt und, wie von Ferdinand Maximilian beschrieben, seine Missgunst in freundschaftliche oder vertrauliche Bewunderung kleidet. Im täglichen Miteinander ist man daher bemüht, sich wertender Äußerungen zu enthalten. Neid, Missgunst oder üble Nachrede könnten die Folge sein und aus einem Lob Schaden entstehen lassen.

7 Für die von Germano Prodoscimi gemalten Aquarelle, die die Innenausstattung des orientalischen Zimmers in der Villa Lazarovich zeigen, siehe: Laura Ruaro Loseri (Hrsg.), Massimiliano. Von Triest nach Mexico, Triest 1986, S. 119, Abb. 14 u. 15.

8 Ferdinand Maximilian, Aus meinem Leben, Reiseskizzen, Aphorismen, Gedichte, 4. Band, Leipzig 1867, Reiseskizzen VIII (Galloafrica. 1852), S. 15–16.

9 Mit der Jettatura und dem Malocchio in der neapolitanischen Gesellschaft zur Zeit Ferdinand Maximilians befasst sich eingehend Theodor Wundt, Italienische Zustände. Vierter Theil. Rom und Neapel. Zweite Abtheilung, Berlin 1860, S. 186–198; Zur Rolle des bösen Blicks in der italienischen Gegenwartskultur siehe Massimo Centini, Malocchio e jettatura. Conoscerli e sconfiggerli, Roma 2002.

10 Zum neidvollen Blick im islamischen Kontext siehe Koran, Sure 113, „Die Dämmerung", Vers 1–5: „Sprich: Zuflucht such' ich bei dem Herrn der Dämmerung, / Vorm Bösen dessen, was er schuf, / Vorm Bösen der Verfinsterung, / Vorm Bösen nestelknüpfender Weiber, / Und vor dem bösen Neid der Neider." Hartmut Bobzin (Hrsg.), Der Koran in der Übersetzung von Friedrich Rückert, Würzburg 2001, S. 481.

Zur Zeit Ferdinand Maximilians scheint sich die Angst vor dem bösen Blick aber keineswegs nur auf die Mittelmeerregion zu beschränken. Vermutlich fürchtete er, wie viele seiner aufgeklärten Zeitgenossen in Wien oder Paris, insgeheim selbst die Macht des menschlichen Auges und stattete, um das Wirken übelwollender Blicke zu neutralisieren, deshalb sein maurisches Kabinett in der Villa Lazarovich im Übermaß mit Geweihen, Hörnern und Straußeneiern (Abb. 13-02) aus.[11] Auch wenn diese Gegenstände lediglich den Zweck erfüllen sollten, die Blicke der Gäste auf sich zu lenken, um bewundert zu werden, so versäumte er es im Jahr 1851 anlässlich eines Besuches in Neapel nicht, sich für sein „kleines Weihemuseum"[12] mit ausgestreckten Fingern und gespaltenen Korallenzweigen gegen die Jettatura und das Malocchio einzudecken: „Wer wird in Neapel nicht nach den zierlich gearbeiteten Korallen fragen? Auch wir hatten diesen Gegenstand im Auge (...). [Die] Hauptfunde machten wir in der (...) Straße Santa Catarina und auf dem Platze vor der Villa reale. Sie bestanden aus allerhand Nippes von Korallen, unter ihnen die berühmten Jettatura-Händchen."[13]

13-02) Straußenei aus dem Corridor in der Villa Lazarovich, 2. Hälfte 19. Jahrhundert (MD/EK)

[11] Siehe dazu den Roman von Théophile Gautier, Jettatura, Bergson's Eisenbahnbücher No. 52, Leipzig 1862, insb. S. 44–49. In Paris und Wien galt etwa der Komponist Jacques Offenbach (1819-1880) als gefährlicher Jettatore, dessen Namen noch lange nach seinem Tode niemand auszusprechen wagte, „ohne dabei den Zeige- und kleinen Finger auszustrecken". Der Schriftsteller Théophile Gautier (1811–1872) soll sich derart vor seiner unheimlichen Macht gefürchtet haben, dass er sich niemals entschließen konnte, den Nachnamen Offenbachs zu schreiben, wenn er über eines seiner Werke berichten musste. Seligmann (zit. Anm. 2), S. 118.

[12] Brief an seinen Bruder Carl Ludwig vom 3.6.1852. Gabriele Praschl-Bichler, „Ich bin bloß Corvetten-Capitän". Private Briefe Kaiser Maximilians und seiner Familie, Wien: 2006, S. 78.

[13] Ferdinand Maximilian (zit. Anm. 8), 1. Bd. Reiseskizzen I, I. (Italien. 1851), S. 106; Nach Eduard von Lossow, Reisehandbuch für Italien, Berlin 1853, S. 182, gehörten zu jener Zeit, als sich Ferdinand Maximilian in Neapel aufhielt, aus „roher Lavamasse" geformte Schmuckstücke und „Nipptisch-Zierrathe" sowie aus Koralle gefertigte Händchen gegen den bösen Blick zu den zwei wichtigsten „Zweigen der Kunstindustrie" Neapels.

14. Die kaiserlichen Residenzen in Mexiko

Ferdinand Anders

Den Aufregungen rund um die Kronannahme von Mexiko am 10. April 1864 folgte ein Zustand der völligen Erschöpfung des jungen Kaisers Maximilian. Sicher hat auch das Bewusstwerden mitgewirkt, von seiner ureigensten Schöpfung Schloss und Garten Miramar vielleicht für immer Abschied nehmen zu müssen. Erst am 14. April konnte die Reise auf der „Novara" angetreten werden. Kritisch vermerkt wurde der Umstand, dass sich der Monarch auf der Überfahrt in sein neues Vaterland mehr um die Schaffung von Instruktionen für die Kabinettskanzlei wie eines Hofzeremoniells gekümmert hat und weniger um die finanzielle Lage seines Kaiserreiches. Später sollte Maximilian weniger auf die Einhaltung der getroffenen Regeln achten, vielmehr lebte er selbst höchst einfach; allein das Bestehen von Vorschriften schien zu genügen. In der Organisierung der Einrichtungen des Palacio Imperial, der Adaptierung des Nationalpalastes, fanden die Bestimmungen ihre Anwendung. Die für das Kaiserpaar bestimmten Räume waren nach europäischem Maßstab überaus unbequem und geschmacklos eingerichtet. Weil man die vorgefundenen Vorrichtungen keineswegs als zweckentsprechend empfunden hatte, wurden deshalb unmittelbar nach der Ankunft in Mexiko Veränderungen und Verbesserungen in Angriff genommen. So wurden am nächsten Tag bereits Umbauarbeiten in Auftrag gegeben; das Innere des Palastes erfuhr faktisch eine Neustrukturierung.

Das unweit der Stadt Mexiko auf einer Anhöhe einst für einen spanischen Vizekönig erbaute Schloss Chapultepec (Abb. 14-01) begeisterte ob seiner Lage den Kaiser und nicht minder

14-01) Schloss Chapultepec in Mexico City, 1864 (FA)

die Kaiserin. Beide waren, wie die Gräfin Paula Kollonitz nach Wien schrieb, „über alles entzückt". Maximilian hatte rasch den Entschluss gefasst, hier seine Residenz einzurichten. Der Alcázar sollte zwar nach seinen Plänen gänzlich umgebaut werden, doch musste ein Pavillon zu Wohnzwecken schnell fertig gestellt und eingerichtet werden, was nach einer Woche Bauzeit mit Verzicht auf alle Bequemlichkeit tatsächlich der Fall war. Der Schatzmeister Jakob von Kuhacsevich wusste nach Miramar zu berichten „…und in Chapultepec wird gebaut, dass es einem graut. Die bekannte Passion des Kaisers." Die Lage des Schlosses inmitten eines Zypressenhaines und die von der Höhe aus zu gewinnende Aussicht beflügelten den Kaiser zu einem Vergleich: Wie er sein Märchenschloss an der Adria M i r a m a r – „Sieh das Meer" – benannt hatte, wurde ihm Chapultepec alsbald zum M i r a v a l l e – „Sieh das Tal". Umbauten und die Einrichtung großenteils aus Europa bestellten Mobiliars verschlangen gewaltige Summen.

Vom Architekten Ramón Rodriguez Arrangoiti ließ Kaiser Maximilian Entwurf und Ausführung der Umgestaltung wie Restaurierungsarbeiten vornehmen. In tuskischer oder toskanischer Ordnung wurden luftige Galerien geschaffen, deren Krönung dann die auf den Korridoren vom Maler Santiago Rebull (1829–1902) im pompejanischen Stil als

Schmuck gemalten graziösen Tanzgestalten von Bacchantinnen bildeten. Eine wahrhaft herrschaftliche Residenz, die in ihrem historischen und künstlerischen Wert erhalten bleiben konnte, formte sich das Kaiserpaar als Ebenbild zum Lustschloss an der Adria. Luxuriös ausgestattet wurde die neue Residenz mit kunstvollen Vasen aus Malachit und Alabaster, Statuen aus Marmor und Bronze und Möbeln, vorherrschend im Stil Ludwig XV., angereichert mit chinesischen Elementen. Zwei Stockwerke hoch, wie über den jahrhundertalten Ahuehuetes oder Wasserzypressen schwebend, umfassen Spiralen gleich Terrassen und Rampen die luftigen Gärten und Galerien. Ein Retiro besonderer Art war geschaffen worden mit herrlichen Ausblicken zur Hauptstadt und ihrer Umgebung, gekrönt in der Ferne von den beiden Vulkanriesen Popocatepetl und Iztaccihuatl. Der Name Santiago Rebull wie andere Künstler fehlt in den Zahlenaufstellungen. Rebull hat nicht nur die Bacchantinnen geschaffen, auch die großen Porträts des Kaiserpaares, wie sie heute noch im Musiksalon hängen, stammen von ihm. Wahrscheinlich wurden Rechnungen und Honorare aus der Privatschatulle beglichen oder einfach vorgestreckt. Einige Male erscheint der Name des Architekten Julius Hofmann im Prüfungswerk Paynos nebenbei angeführt.

Überhaupt nicht vor kommt der Architekt Carl Kaiser (1837–1895).[1] Von diesem stammt ein Memorandum von Januar 1866, in dem auf die fehlende Ordnung in der Organisation der Bauaufträge und Bauaufsicht verwiesen wird und er sich zur Durchführung entsprechender Reformschritte anbietet. Von Kaiser wissen wir weiter, dass er mit einem Auftrag Maximilians nach Wien geschickt wurde, um von dort ausgearbeitete Projekte und Pläne an die Abgangsstelle nach Miramar zu Händen des Präfekten Radonetz zu senden. Lediglich Anzahlungen wurden ihm geleistet; die Ereignisse des Jahres 1867 erübrigten weitere Tätigkeiten für Mexiko. Irrtümlich als weiterer aus Österreich stammender Hofarchitekt wird in mexikanischen Publikationen noch der Name Carlos Schaffer angeführt.[2]

Mit 24. Jänner 1866 datiert ist ein Brief Kaisers an Maximilian, in dem dieser voll Enthusiasmus von seiner Entdeckung des Palastes des Hernán Cortés in Cuernavaca berichtet und den Vorschlag unterbreitet, dort die kaiserliche Residenz in Cuernavaca anstelle des bisher als temporärer Regierungssitz verwendeten Gehöftes in den Borda-Gärten einzurichten.[3] Eine Planskizze Kaisers lässt deutlich die Beengtheit der dort herrschenden baulichen Gegebenheiten erkennen. Diese könnten nur ein Provisorium darstellen und besäßen kaum die einem Kaiser geziemenden Dimensionen. Maximilian hatte seinen in Europa als Oberkommandierender der k. k. Marine gepflogenen Brauch, vierzehntägig alternierend seinen Amtssitz zwischen Miramar und Lacroma zu wechseln, wieder aufgenommen und pendel-

1 Der Architekt Carl Kaiser (1837-1895), ab 1869 Carl Gangolf Kayser, Mitarbeiter von Friedrich Schmidt wie Theophil Hansen (Innenausstattung Palais Todesco, Wien), wurde 1864 als Hofarchitekt nach Mexiko berufen. Von ihm stammen vornehmlich Projekte zum Umbau von Schloss Chapultepec wie des Kaiserlichen Palastes (heute Nationalpalast), die ganz im Sinne des Historismus umgestaltet worden wären. Nach seiner Rückkehr nach Europa wirkte er als Spezialist für den historisierenden Wiederaufbau mittelalterlicher Burgen wie Kreuzenstein, Liechtenstein und Mährisch Sternberg, ebenso leitete er Umbauten des Palais Auersperg in Wien. – Siehe auch den Beitrag von Gerd Pichler.

2 Da der Schatzmeister Kuhacsevich zur Begleitung der Kaiserin Charlotte bei ihrer unglücklichen Reise nach Europa gehörte, hatte nunmehr der ehemalige Schiffskapitän Karl Schaffer, der auch als Oberst der Leibgarde seine Dienste versah, diese Vertrauensstelle inne und konnte in dieser Stellung auch den Vertrag mit Carl Kaiser gegenzeichnen. Wegen des Aufscheinens des Namens Schaffer als Gegenzeichner auf angenommenen Plänen hat man ihn in mexikanischen Publikationen fälschlich zu den aus Europa stammenden Architekten gezählt.

3 Mapoteca Manuel Orozco y Berra, Observatorio Central (Avenida Observatorio N.192, Tacubaya, México D. F.), 1515-A-25 und 1515-B-25.

te mit seinem engeren Hofstaat zwischen Chapultepec und Cuernavaca. Kaisers Vorschlag ging dahin, durch entsprechende Adaptierungen die historische Residenz des Eroberers Mexikos, Hernán Cortés, aus dem Jahre 1530 als wahrhaft imperialen Regierungssitz einzurichten. Wir wissen wenig über die Reaktion des Herrschers zu diesem Vorschlag, der in die Zeit fiel, in der die Staatskasse zunehmend zahlungsunfähig geworden war. Auch Kaiser Maximilian selbst musste sich mit reduzierten Zahlungen abfinden. In Wiener Privatbesitz fand sich eine Reihe von Handzeichnungen Carl Kaisers, darunter zwei Fassadenansichten des Cortés-Palastes mit herauspräparierten Arkadengängen. Sie können als Vorstudien aufgefasst werden, wie er später nach seiner Heimkehr in denkmalpflegerischer Sicht vorgefundene Bausubstanz konservierend in seine Projekte einzubeziehen verstand.

Bei einem Ausritt soll Maximilian in dem Dorf Acapacingo erfahren haben, dass ein Gehöft mit Garten zum Verkauf stünde. In diesem Areal befand sich ein an einem Zierbecken gelegenes Landhäuschen, das dem Kaiser auf der Stelle gefiel, und er erwarb kurzerhand das Anwesen. Im Epos *La Gerusalemme liberata* von Torquato Tasso wird das Liebespaar Olindo und Sophronia vom Scheiterhaufen gerettet, eine Szene, die Eugéne Delacroix 1856 auf einem viel beachteten Ölbild zur Darstellung brachte. Entweder hatte Maximilian seine Kenntnis aus der Literatur oder die Gestalt des geretteten Helden war ihm nach dem Kunstwerk geläufig. Jedenfalls bedachte er sein kleines Refugium mit dem Namen „Olindo“ und erteilte seinem bewährten Architekten Julius Hofmann den Auftrag, für dessen Ausstattung Sorge zu tragen.

Die entsprechenden Wünsche des Bauherrn notierte dieser auf einem Plan, der auch die

14-02) Julius Hofmann, Grundriss des Hauses Olindo in Acapacingo, Mexiko, Aquarell auf Papier, um 1865 (OM)

aufgemessenen Maße des Häuschens wiedergibt. Mit flinker Hand wurden die Projektstudien – der Grundriss (Abb. 14-02) und eine Frontalansicht – aquarelliert und scheinen als Unterlagen vor der Auftragserteilung gedient zu haben. Beide Blätter haben sich erhalten und befinden sich heute in einem Konvolut von Arbeiten vornehmlich von Carl Kaiser in der Kartensammlung des alten Observatoriums.[4] Als unbestechliche Dokumente kommt ihnen eine überragende Bedeutung zu, weil sie geeignet sind, eine landesübliche Legende zu zerstören. Den dem Haus gegebenen Namen „Olindo“ hat der Volksmund zu „Olvido“ umgemünzt, was „das Vergessen“ heißt. Kaiser Maximilian soll das Häuschen als Liebesnest benützt haben und es soll von ihm als Galan für seine bevorzugte Geliebte 1866 errichtet worden sein, mit der er hier fernab von allen Herrscherpflichten und vor allem der Gemahlin vergessen suchte. Als „Casa de la India bonita“, als „Haus der schönen Indianerin“ steht das Gartenhaus wie unverrückbar in der lokalen Folklore verankert, sogar ein

[4] Ebenda.

14-03) Haus Olindo nach der Renovierung, 1980er Jahre (FA)

Restaurant dieses Namens besteht. Selbst von Wissenschaftlern in Mexiko wird die Story von den Amouren ungebrochen weitergetragen.[5] In einem Raum in den Borda-Gärten hängt ein Monumentalbild, das Maximilian auf einem Schimmel reitend zeigt, und hinter einem Baum steht die Schöne mit Rosen in den Händen. Beide mustern einander mit lüsternen Blicken. Böse Zungen behaupteten, dass der Kaiser in Olvido liebestrunken vergessen hatte, an seine Gemahlin zu denken, und nichts für sie vorrichten ließ. Aus der Hand von Julius Hofmann in der Wiener Albertina finden sich aber eine Reihe von Architekturzeichnungen, welche nicht nur die vorgesehene Möblierung der Räume in Wandabwicklungen wiedergeben, sondern auch einen Grundrissplan enthalten. Deutlich kann abgelesen werden, dass es dort neben „Wohnung Sn. Majestät" auf der spiegelgleichen linken Haushälfte auch „Wohnung Ih[rer]. Majestät" heißt – von einem absichtlichen Vergessen der Kaiserin Charlotte besteht also keine Spur. Das Arbeitsblatt in der Mapoteca in Mexiko wie die Hofmann-Mappe in Wien[6] beweisen wohl eindeutig, dass von dem im allgemeinen Wissen verharschten Liebesnest rechtens Abschied genommen werden muss.

Mitte der 1960er Jahre stand im ehemals Maximilianischen Besitz das Landhäuschen noch als Ruine da.[7] Dann wurde es renoviert (Abb. 14-03) und in Haus und Garten seitens

[5] Arqlga. [Archäologin] Wanda Tommasi, *Casa de Maximiliano en Acapantzingo*. Instituto Nacional de Antropología e Historia. SEP Cultura (in einem frei verteilten Faltblatt ohne Ort und Erscheinungsjahr).

[6] Graphische Sammlung Albertina, Wien, Mappe 79. Siehe auch: Ferdinand Anders, *Von Schönbrunn und Miramar nach Mexiko*, Graz, 2009, wie Ferdinand Anders, *Erzherzog Ferdinand Max als Schloss- und Gartenschöpfer*, in: Massimiliano. Riletura di un'esistenza. Atti del Convenio, Trieste, Marzo 1987. Trieste, 1992, 235–251. Einen Beleg für die auch offizielle Verbreitung der Legende von der „Casa de la India bonita" und die angeblichen Liebschaften des Kaisers bietet Tommasi (zit. Anm. 5).

[7] Anders (zit. Anm. 6), Farbbild S. XV.

des Instituto Nacional de Antropología e Historia ein Museum für Heilpflanzen eingerichtet. Dabei wurde sogar eine Reihe alter Wandmalereien festgestellt und präpariert. Diese Funde widersprechen der Aussage, dass der Legende nach die Errichtung der „Casa“ erst durch Maximilian erfolgt sei.

Die von einem Wiener Antiquariat angebotenen Originalzeichnungen von Carl Kaiser konnten photographisch dokumentiert werden. In diesen Blättern ist seine Vorliebe für neobarocke Formen als Umrahmung von Fenstern, Balkonen und Baldachinen ersichtlich. An der zum Schloss Chapultepec hinan führenden Fahrstraße war ein richtiges Cottage zu entwickeln gedacht worden. Kaiser hatte 1865 als erstes dieser Häuser an der Kehre einen nicht realisierten „Pavillon Iturbide“ (Abb. 14-04) für den Adoptivsohn von Maximilian und Charlotte in neobarockem Stil entworfen, wohl für die Stelle gedacht, an der sich heute die Galería de História oder Museo de Caracól befindet.[8] Hätte das Zweite Mexikanische Kaiserreich längeren Bestand gehabt, wäre man bei einer sichereren Finanzlage aller Wahrscheinlichkeit nach den Projektentwürfen Kaisers näher getreten, wie sie in Mexiko im Observatorio erhalten geblieben sind. Die Fassaden des Kaiserlichen Palastes (heute Palacio Nacional) hätten mit Engeln gekrönte historistische Ecktürme erhalten. Die Prunkstiege im Mittelbau wäre vom Hauptplatz aus gesehen von einer gewaltigen glasgedeckten Kuppel überhöht worden, die Innensicht gekappt und abgeschlossen von einer ornamentierten Glas-Eisenfläche. Alles wäre in der damals in Europa modern werdenden Eisenkonstruktion ausgeführt. Umgeben wäre die Außensicht von einem Kranz halbkreisförmig angeordneter, fialenartiger Türmchen, verkleinert im gleichen Stil wie die Ecktürme gehalten. Mexiko hätte europäisch-historistisches Flair erhalten.[9]

Hofmann hatte noch im Oktober 1866 ein Projekt zur Neumöblierung des Schlosses Chapultepec erstellt, wie sich Maximilian in der Zeit ab Herbst 1866 intensiv mit Projekten zu seiner eventuellen Rückkehr nach Europa beschäftigte. Vor allem wurde der Umbau des Schlosses auf Lacroma als Ruhesitz des erst 35-jährigen Exkaisers in langen Gesprächen ins Auge gefasst.[10]

14-04) Carl Kaiser, Entwurfszeichnung des Pavillons Iturbide, 1865 (FA)

[8] Das kinderlose Kaiserpaar hatte einen Enkel von Agustín de Itúrbide y Arámburu als Agustín Itúrbide adoptiert. Agustín I. war von 1822 bis 1823 erster Kaiser von Mexiko und ist 1824 erschossen worden.

[9] Mapoteca Manuel Orozco y Berra (zit. Anm. 3), Signaturen 1565 – 1-7 – 20.

[10] Graphische Sammlung Albertina, Wien, Mappe 79. Umschlag 3-6, 5101. Vgl. die Wiedergabe bei Anders (zit. Anm. 6), S. 228 f.

15. Persönliche Zeugnisse zum Wirken Carl Kaisers als Hofarchitekt in Mexiko

Gerd Pichler

Als Architekt August von Essenwein im Auftrag Kaiser Maximilians einen Hofarchitekten für das junge Kaiserreich in Mexiko suchte, fiel seine Wahl im Februar 1865 auf den Wiener Architekten Carl Kaiser. In einem sehr persönlichen und offenen Brief warnte er den damals 26-Jährigen vor zu hohen Erwartungen:
Carl Kaiser müsse „das Mittelalter sowie überhaupt alle Grundsätze in der Architektur bei Seite setzen. Ihre Aufgabe ist es Dinge zu machen, deren Sie und ich, jede andere Leute sich schämen würden. Das Kaiserreich ist Schwindel und nicht etwa so konsolidiert, dass es sich in Monumentalbauten verewigen will. Was sie zu machen haben, wird einem augenblicklichen Zwecke dienen, nicht nach Grundsätzen errichtet werden."[1] Falls das Kaiserreich aber Dauer hat, könne sich der junge Architekt „eine schöne selbständige Stellung schaffen" und, auch wenn die anfänglichen pekuniären Bedingungen nicht glänzend seien, „sicher viel Geld verdienen."[2] Kaiser sagte zu und schiffte sich mit dem letzten Truppentransport von Triest nach Mexiko ein. Eine 1865 als Präsentationsblatt ausgeführte Frontalansicht des Pavillon Iturbide (Abb. 14-04) und ein im Oktober 1865 gefertigter Entwurf für das „Haus des kaiserl. Max. Hofgärtners auf der Hormiga zu Chapultepec" (Abb. 15-01) dokumentieren die engagierte Erfüllung seiner Aufgabe als Hofarchitekt.

Den besten und persönlichsten Einblick in Carl Kaisers Arbeitswelt in Mexiko gibt ein Konvolut von Korrespondenzen und Rechnungen im Haus-, Hof- und Staatsarchiv in Wien.[3] Seine Pionierleistungen als Entdecker historischer Bauten und sein ungestümer Enthusiasmus in der Beurteilung lohnender Bauprojekte für Kaiser Maximilian sind in originären Schilderungen erhalten geblieben. In einem Schreiben vom 26. Jänner 1866 ist eine aufschlussreiche Schilderung vom Wesen und dem begeisterten Tatendrang des jungen Architekten in Cuernavaca von der Hand eines Reisebegleiters, wohl eines kaiserlichen Hofbeamten, erhalten: „Der Architekt Kaiser hat beim Anblick der Casa Cortez vor Freude gewiehert, wir sind durchs ganze Haus noch am Tage der Ankunft ganz durchgestiegen, und haben in der rückwärtigen Front gegen die Felsen vier prachtvolle zugemauerte Bögen entdeckt worüber Kaiser ganz roth geworden ist, denn jene Facade ist vollkommen regelmäßig mit 8 Bögen, auch hat die Seite gegen den Corral zwei zugemauerte Säulen deren Capitol sichtbar sind. Kaiser hat die ganze Nacht keine Ruhe gehabt und hat bei Tages Anbruch schon Zukunfts-Restaurations-Zeichnungen in Menge gemacht und mit der Aufnahme des Hauses begonnen."[4] Carl Kaiser berichtete Kaiser Maximilian selbst noch am selben Tag in einem begeisterten Brief über den Zustand der Burg Cortez: „Daß dies feßte Haus ein Lieblingsaufenthalt des Eroberers von Mexico war, spricht sich klar in der Anlage desselben aus, denn obgleich es ganz einer feßten Burg jener Zeit entspricht, so ist doch der freien Aussicht zu Liebe manches eigenthümlich geändert. Z. B. wurde die Anlage eines Zwingers nöthig, um

[1] Brief vom 3. Februar 1865. Zitiert nach H. Scharsching, Das weite Land der Rose, Weitra 2009, S. 32 f.
[2] Ebenda.
[3] Haus-, Hof- und Staatsarchiv, Archiv Kaiser Maximilian von Mexiko, Karton 16, Konv. 7. Erstmals ediert Michael Drewes, Carl Gangolf Kayser (1837–1895) und seine Tätigkeit als Hofarchitekt Maximilians von Mexiko, in: Mitteilungen des Instituts für Österreichische Geschichtsforschung 101:1993(2–4), S. 383–403.
[4] Haus-, Hof- und Staatsarchiv, Archiv Kaiser Maximilian von Mexiko, Karton 16, Konv. 7, fol. 797.

15-01) Carl Kaiser, Haus des kaiserlichen Hofgärtners auf der Hormiga zu Chapultepec, Mexiko, 15. Oktober 1865 (PB/EK)

die rückwärtige Wand, welche 2 Colonaden übereinander darstellt, zu beherrschen. Die alte Kirche, ein Theil des zu derselben gehörigen Klosters, die Ruine eines aus derselben Zeit stammenden Hauses zeugen dafür wie sehr er diesen Ort liebte und wie viel daran verwendete. Was die Wiederherstellung dieses interessanten Gebäudes betrifft so fürchte ich, (soll es standesgemäß) geschehen, dürfte dies bedeutende Zeit und Geld in Anspruch nehmen, soll es aber bloß dermalen bewohnbar gemacht werden (was meiner unvorgreiflichen Meinung vollkommen genügen würde) so darf kaum eine mittelmäßige Summe von 10 bis 15.000 $ und dies nur weil hier weder Arbeitskräfte noch geschickte Geschäftsleute zu finden sind, in Verwendung kommen. Was die Wahl der beiden Plätze betrifft, zwischen Casa Borda und dem Schlosse so erlaub ich mir Euer Majestät unterthänig zu bemerken, daß eben für Euer Majestät nur letzteres mir passend erscheint und dann ersteres Haus völlig erneut werden müßte und immer noch ärmlich aussehen würde neben der plumpen Nachbarkirche, auch ist die Aussicht unbedeutend zu nennen gegen die des Palastes. Ich bin entzückt über diesen merkwürdigen historischen Fund – besonders aber weil es eine architektonische Merkwürdigkeit ist – die kaum ein zweites mal in Mexico wiederzufinden sein wird. – Wenn nicht der den Eroberer Cortez begleitende Baumeister noch lange in seinem neuen Lande zugebracht hat, denn es muß ein Fremder gewesen sein, weil es genau den Stempel damaliger Europäischer Kunstepoche trägt, die auf Americanischem Continent zum mindesten auffallen muß."[5]

Kaisers Briefe schildern drastisch die schwierigen Umstände, mit welchen das junge Kaiserreich in Mexiko konfrontiert war, und zeigt, wie ein in Europa geschulter Architekt an die Bauaufgaben heranging. „Nach meiner Ankunft in Mexico war mein erstes Bestreben, die Eigenthümlichkeiten der hiesigen Bauweise sowohl ihres Styls nach, als deren practischer Führung kennen zu lernen; zu welchen Zwecke ich als fremder Gast im Palast von Mexico und Cha-

[5] Haus-, Hof- und Staatsarchiv, Archiv Kaiser Maximilian von Mexiko, Karton 16, Konv. 7, fol. 792.

15-02) Carl Kaiser, Abschluß Dekoration für die letzte Höhe des Gartens zu Miramar, Angabe S.M. des Kaisers, 29. März 1866 (PB/EK)

pultepec und auf privat Bauten mich umsah"[6], schilderte Carl Kaiser in einem Brief an Kaiser Maximilian vom 15. Mai 1866. Er schlug umfassende Reformen in der Baulogistik und die Einsetzung einer offiziellen, zentralen Bauführung vor, da die Bauarbeiten an den Großprojekten unzusammenhängend geführt wurden und ohne Absprache einander in der Ausführung behinderten. Er empfahl ein vereinheitlichendes Bauprogramm bei der Adaptierung historischer Bauten. Demnach sollte eine Baukanzlei eingerichtet werden, die Ordnung in die chaotischen Verhältnisse bringen sollte. Carl Kaiser berichtet davon, dass die Bauaufnahmen des Palastes von Mexico neunmal angefertigt worden seien „und doch nirgens vorräthig"[7] sind. Er schlug vor, in der Baukanzlei die Baupläne neben Raumverzeichnissen sowie Möbel- und Geräteinventaren unterzubringen; nach Baubeginn sollte die Baukanzlei auch die Bauleitung innehaben.[8] Am Ende seiner organisatorischen Reformvorschläge zählt Kaiser ausstehende Bauprojekte auf, bei denen er hoffte, mit der vorgeschlagenen zentralen Bauführung betraut zu werden. Die Liste beinhaltet für die Paläste Mexico und Chapultepec die Fassadengestaltung sowie die Innenausstattung der Vorhallen, Gänge und Stiegenhäuser. Weiters die Vollendung der Wohnräume des Kaisers und die Gestaltung der Bibliothek, ferner zugehörige Gast-, Beamten- und Dienerwohnungen. Als Neubauten werden ein Turm mit Terrasse, ein Theater sowie Hofstallungen in Mexico angeführt. In Chapultepec soll unter anderem ein „Pavillon an der Clorietta", ein Wachthaus, eine Kapelle, ein Mittelaufbau samt Stiege und ein zoologischer Garten errichtet werden.[9] In Cuernavaca schlägt Kaiser eine „Gesamtübersicht der Raumeintheilung und Facaden"[10] sowie eine

[6] Ebenda, fol. 800.
[7] Ebenda, fol. 805v.
[8] Ebenda, fol. 801v.
[9] Ebenda, fol. 804.
[10] Ebenda, fol. 804v.

genaue Feststellung aller Inneneinrichtungen, Gärten und Hofanlagen vor.
Anfang 1867 verließ Carl Kaiser Mexiko und reiste über New Orleans zurück nach Österreich. Zuvor wurde am 23. Dezember 1866 in Puebla ein Werkvertrag zwischen dem Architekten und der Hofkanzlei abgeschlossen, in dem sich Kaiser verpflichtete, bis Ende Jänner 1867 Skizzen zu acht Bauprojekten für Miramar bei Triest Kaiser Maximilian zur Begutachtung vorzulegen und zwei Monate nach seiner Ankunft in Europa fertig ausgearbeitete Pläne bei der Schlosspräfektur von Miramar abzuliefern. Es handelte sich dabei um Entwürfe für eine Kirche, für ein Wohnhaus für Professor Bilimek und für ein Museum. Zu der Errichtung des Museums in Miramar, das wesentliche Lebensabschnitte des Monarchen veranschaulichen sollte, hatte Kaiser Maximilian bereits im Mai 1866 seine Vorstellungen diktiert. Es war vorgesehen, dass mit der Dekorierung und Einrichtung des Baues neben Carl Kaiser auch die Maler Bernhard Fiedler und Joseph Selleny sowie der Präfekt von Miramar und mehrere Fachgelehrte betraut werden sollten.[11]

Außerdem enthielt der im Dezember abgeschlossene Werkvertrag Entwürfe für ein Seebad, für einen architektonischen Gartenprospekt und für eine Grotte im Garten von Miramar sowie eine Stiegenterrasse und „Postamente mit mexikanischen Adlern“[12] ebenda. Eine Bleistiftskizze für das Seebad, entstanden am 12. Februar 1867 in New Orleans, und eine Federzeichnung des projektierten Säulenprospektes im Garten von Miramar vom 29. März 1866 sind erhalten (Abb. 15-02). Auf beiden Entwürfen notierte Kaiser, dass er sie nach persönlichen Angaben von Kaiser Maximilian entworfen habe, womit der Nachweis erbracht ist, dass der Monarch als Bauherr persönliche Vorstellungen für die Gestaltung seiner Bauten einbrachte.

Die geplanten Bauprojekte in Mexiko und Miramar wurden durch das jähe Ende des Mexikanischen Kaiserreichs vereitelt, das seinen tragischen Schlusspunkt in der Hinrichtung Kaiser Maximilians am 19. Juni 1867 in Querétaro fand. Im März 1868 versuchte Architekt Kaiser vergeblich das vereinbarte Honorar für seine Entwürfe für Miramar aus dem Nachlass des Kaisers ausbezahlt zu bekommen.[13]

Selbst wenn Carl Kaisers Laufbahn als Hofarchitekt nur kurze Dauer beschieden war, so wirkte er in den folgenden drei Jahrzehnten als viel beschäftigter Architekt des Hochadels in der Donaumonarchie und zeichnete für beachtliche Neuschöpfungen und Restaurierungen im Sinne des Historismus verantwortlich, deren detaillierte Bearbeitung noch eine Aufgabe der kunsthistorischen Forschung bilden wird.

[11] Handschriftensammlung der Österreichischen Nationalbibliothek, Autogr. Ser. nov. 3050. Abschrift bei Tanja Mascha, Erzherzog Ferdinand Maximilian als Bauherr, Dipl.-Arbeit Salzburg 1996, S. 29–41.
[12] Ebenda, Fol. 790.
[13] Artstetten, Erzherzog Franz Ferdinand Museum, Bestand Maximilian von Mexiko, Forderungen. Für den freundlichen Hinweis danke ich Herrn Dr. Wladimir Aichelburg, Wien.

16. Sammeln und Einrichten

Eva B. Ottillinger

Maximilians Sammelleidenschaft

Maximilian von Mexiko war seit seiner Jugend ein passionierter Sammler und pflegte vielfältige Interessen. Heute befinden sich im Naturhistorischen Museum, in der ägyptisch-orientalischen Sammlung des Kunsthistorischen Museums und in mehreren Abteilungen des Museums für Völkerkunde umfangreiche Bestände, die auf ihn zurückgehen. Einzelne Objektgruppen erwarb er auf Reisen im Mittelmeerraum und 1859/60 in Brasilien, anderes stammte von der 1857 durch ihn initiierten Weltumseglung der Fregatte „Novara". Auch die Pflanzenvielfalt im Park von Miramar ist seiner Sammelleidenschaft geschuldet.

Beim Erwerb der Objekte hatte er die Unterstützung durch professionelle Berater wie den Orientalisten Simon Leo Reinisch oder den Naturforscher Zisterzienserpater Johann Dominik Bilimek. Er begab sich aber auch selbst auf die Jagd nach lokalen Besonderheiten. Die Vielfalt und Fülle von Maximilians Sammlungen ist beeindruckend. In den folgenden Beiträgen der Kuratorinnen und Kuratoren werden die einzelnen Sammlungsbereiche genauer vorgestellt.

Ferdinand Max zeigte auf Reisen früh Aufmerksamkeit für die Zusammenstellung und Anordnung von Privatsammlungen. In seinen „Reiseskizzen" schrieb er beispielsweise 1851 über die Villa Regina Isabella in Neapel, die sich im Besitz der Königin Mutter befand: „In den unteren Räumen des Hauses befindet sich eine Art universeller Sammlung, ein kleines Museum, wo von Allem Etwas, aber im Ganzen nichts Besonderes ist."[1] Und über die Kunstsammlung des Marquis Montenegro, die er im Mai 1852 auf Palma besichtigt hatte, notierte er: „Die Sammlung ist eine derjenigen, wie man sie im vorigen Jahrhundert geliebt hat, nämlich von Allem Etwas und Manchem recht Schönes. Eine recht hübsche Bildersammlung, schöne Hautes-lices und Mosaiks bilden das Sehenswerthe."[2]

Wie die Quellenforschungen von Christian Oprießnig ergeben haben, lag Maximilians großer Sammelleidenschaft schon bald die Idee eines Museums in Miramar zugrunde, das Objekte der Naturgeschichte, der Antike und Ethnologie mit Zeugnissen seiner persönlichen Geschichte verbinden sollte. Die von Maximilian geplante Zusammenstellung der Sammlungsbereiche entsprach thematisch den kaiserlichen Sammlungen, die er als Kind in der Wiener Hofburg kennen gelernt hatte. Franz Xaver Ritter von Sickingens Hofburg-Beschreibung von 1832 vermittelt ein detailliertes Bild der kaiserlichen Sammlungen im Geburtsjahr von Erzherzog Ferdinand Max. Die „vereinigten k. k. Naturalien-Cabinette" umfassten damals das „k. k. Mineralien-Cabinet", das aus vier Sälen bestand und neben Stein-proben auch die Pietra-dura-Arbeiten aus Florenz enthielt,[3] weiter das „k. k. Cabinet der Antiken und Münzen", wo sich griechische, römische und ägyptische Altertümer befanden, das „k. k. physikalisch-astronomische Cabinet", das im Turm des Schweizerhofes un-

[1] Ferdinand Maximilian, Aus meinem Leben, Reiseskizzen, Aphorismen, Gedichte, Leipzig 1867: Reiseskizzen 1, Erster Band: S. 70 (1851). Die Zitate aus den „Reiseskizzen" wurden von Dr. Marlene Ott-Wodni im Rahmen ihrer Arbeit am Forschungsprojekt des FWF über „Die private Wohnkultur der kaiserlichen Familie im 19. Jahrhundert" unter der Leitung von Dr. Ilsebill Barta recherchiert. Für die Hinweise sei herzlich gedankt.

[2] Reiseskizzen (Zit. Anm. 1) III–VII, Dritter Band, S. 78 (Palma, 29. Mai 1852).

[3] Franz Xaver Ritter von Sickingen, Darstellung der Haupt- und Residenzstadt Wien, Dritte Abtheilung, Wien 1832, S. 49/50.

tergebracht war,[4] das „erst von seiner Majestät Kaiser Franz I. neu angelegte k. k. zoologisch-botanische Cabinet" und schließlich das „k. k. brasilianische Cabinet" in der Johannesgasse Nr. 972,[5] wo die Exponate der von Johann Natterer ab 1817 im Auftrag von Kaiser Franz II./I. unternommenen Brasilien-Expedition zu sehen waren, die sowohl Tier- und Pflanzenpräparate als auch ethnographische Objekte umfassten.[6] Neben den Naturalienkabinetten beherbergte die Wiener Hofburg auch die kaiserliche Schatzkammer, wo sich die Insignien des Reiches, Erinnerungsstücke an Ahnen und historische Ereignisse sowie Kunstkammerstücke befanden.[7]

Maximilians Sammeltätigkeit und seine Konzeption eines Museums in Miramar zielten offenbar darauf ab, die Sammlungsgebiete der kaiserlichen Naturalienkabinette und der Schatzkammer nachzuahmen. Doch während die kaiserlichen Sammlungen, die nun im Verantwortungsbereich seines älteren Bruders, Kaiser Franz Joseph I., standen, über viele Generationen zusammengetragen worden waren, unternahm er den ambitionierten Versuch, sich dies alles in wenigen Jahren anzueignen. Maximilians Museumskonzept ist ein unvollendetes Projekt geblieben.

Das antiquarische Interieur

Maximilian war, wie Marlene Ott-Wodni in ihrem Beitrag zeigt, ein engagierter Bauherr. Ein weiterer Fokus seiner Sammelleidenschaft war auf die eigene Wohnwelt gerichtet. Auch hier konnte der Erzherzog auf Traditionen zurückgreifen.

„Indianische" Zimmer oder „chinesische" Pavillons waren in Schlössern und Gärten des europäischen Adels im 18. Jahrhundert weit verbreitet. Der Rückgriff auf die europäische Geschichte fand in Form von „römischen Ruinen" oder „gotischen Burgen" zunächst in den Parks statt. Bekannte Beispiele sind der „Temple of Liberty" in Stowe oder „King Alfred's Tower" in Stourhead. Diese Staffagebauten des englischen Landschaftsgartens wurden schließlich zur Anregungsquelle für Wohnbauten im neogotischen Stil, die ab der Mitte des 18. Jahrhunderts zunächst in England von passionierten Sammlern errichtet wurden.

Ein wichtiger Initialbau war „Strawberry Hill".[8] Horace Walpole, der jüngste Sohn des langjährigen britischen Premierministers Sir Robert Walpole, hatte 1747 in Twickenham bei London das Häuschen eines herrschaftlichen Kutschers mit Garten erworben und begann „to go gothic". Der Um- und Ausbau von „Strawberry Hill" erfolgte Raum für Raum und sollte über drei Jahrzehnte dauern. Horace Walpole betrachtete seine Bautätigkeit als private Passion und plante den Bau daher selbst im künstlerischen Dialog mit seinem adeligen Freund John Chute, dem Grafiker Richard Bentley und seinem Schulfreund aus Eaton, dem Dichter Thomas Grey. Erst in späteren Jahren wandte sich Walpole an Architekt Robert Adam. Die einzelnen Räume von Strawberry Hill wurden ohne Bedachtnahme auf Symmetrien oder einen regelmäßigen Grundriss additiv aneinandergereiht. Für ihn stand das Entstehen bestimmter Raumschöpfungen im Vordergrund. Bei der Ausstattung und Einrichtung entwickelte das Team eine beziehungsvolle

---

[4] Ebenda, S. 50.
[5] Ebenda, S. 50/51.
[6] Ebenda, S. 51.
[7] Ebenda, S. 19–21.
[8] Norbert Miller, Strawberry Hill, Horace Walpole und die Ästhetik der schönen Unregelmäßigkeit, München 1980; Michael Snodin (Hg.), Horace Walpole's Strawberry Hill, New Haven-London 2009.

Kombination aus phantasievollen Kreationen der aktuellen Rokoko-Gotik, für die Richard Bentley verantwortlich zeichnete, und originalen gotischen Architekturdetails, die Walpole und Chute auf Reisen ausfindig machten und in Gips abgießen ließen. Dazu kamen als weiteres wichtiges Element Walpoles vielfältige Sammlerinteressen, die von Büchern über Gemälden bis hin zu alten Möbeln und Antiken reichten. Damit war ein neuer Wohnraumtyp entstanden, das „antiquarische Interieur“.[9] Ein monumentales Beispiel dieser neuen Bauidee war „Founthill Abbey“, das William Beckford 1796 bis 1813 nach Plänen von Architekt James Wyatt errichten ließ, um seine umfangreichen Sammlungen zu beherbergen, die der reiche Erbe während der Französischen Revolution zusammengetragen hatte.[10]

Am europäischen Kontinent wurde der Baugedanke von deutschen Fürsten aufgegriffen. Fürst Leopold Friedrich von Anhalt-Dessau fasste 1764 nach einer England-Reise den Beschluss, in Wörlitz einen englischen Landschaftsgarten mit zahlreichen Staffagebauten anlegen zu lassen.[11] Im Zentrum der Anlage entstand zwar ein klassizistischer Schlossbau, als privater Rückzugsort des Fürsten wurde jedoch ab 1773 das „Gothische Haus“ errichtet, bei dessen Ausstattung Spolien, darunter zahlreiche alte Glasfenster, Verwendung fanden. Auch Wilhelm IX., Landgraf von Hessen, ließ die barocken Gartenanlagen auf der Wilhelmshöhe bei Kassel in einen englischen Landschaftsgarten umwandeln. An einer Ecke des Hanggartens wurde 1793 bis 1801 nach Plänen von Heinrich Christoph Jussow die „Löwenburg“ errichtet, die Wohnräume für den Bauherrn und Gäste enthielt und mit zahlreichen Antiquitäten eingerichtet war.[12]
In die Gebäudereihe gehört auch die 1797 bis 1801 von Kaiser Franz II./I. im Schlosspark von Laxenburg in der Form einer „gothischen Burgveste“ errichtete Franzensburg. Zur Ausstattung und Einrichtung ließ der Kaiser von Burghauptmann Michael Riedl Holzdecken, Wandverkleidung und andere Spolien aus Burgen und aufgelassenen Klöstern heranschaffen. Das Programm der Innenraumgestaltung des neogotischen Baus nahm Bezug auf Kaiser Maximilian I., den „letzten Ritter“, sowie auf die Familie von Kaiser Franz II./I.. Die Franzensburg stand im Zentrum des „Rittergaus“. Sie diente höfischen Festen und war Besuchern als „Museum deutscher Denkmale“ bei Führungen zugänglich.[13] Die Franzensburg war jedoch eine reine Parkburg und diente nie zu Wohnzwecken.

Wohnen mit Fremdem und Altem

Erzherzog Ferdinand Max und seine Brüder sind in der Wiener Hofburg zunächst in einem biedermeierlichen Umfeld aufgewachsen und erlebten nach dem Tod von Kaiser Franz II./I. 1835 das Aufkommen des Neorokoko mit. Die Appartements ihrer Eltern und ihres Onkels, Kaiser Ferdinand I., wurden in dieser Formenwelt des „Zweiten Rokoko“ sukzessive umge-

[9] Clive Wainwright, The Romantic Interior, British Collectors at Home, 1750–1850, New Haven-London 1989.

[10] Derek E. Ostergard (Hg.), William Beckford 1760–1844, An Eye for the Magnificent, New Haven-London 2001; Norbert Miller, Founthill Abbey, Die dunkle Welt des William Beckford, München 2012.

[11] Frank-Andreas Bechthold/Thomas Weiss (Hg.), Weltbild Wörlitz, Entwurf einer Kulturlandschaft, Ausstellungskatalog des Deutschen Architekturmuseums, Frankfurt a. M. 1996.

[12] Hans-Christoph Dittscheid, Kassel-Wilhelmshöhe und die Krise des Schloßbaus am Ende des Ancien Régime, Worms 1987, S. 159–247.

[13] Eva B. Ottillinger, Des Ritters Wohnzimmer oder ein „Museum altdeutscher Denkmäler“, Die Innenräume der Franzensburg, in: Die Franzensburg in Laxenburg, Laxenburg 1998, S. 48–59.

staltet.[14] Während Franz Joseph diesem neuen kaiserlichen Repräsentationsstil zeitlebens treu bleiben sollte, gestaltete Ferdinand Max sein Wohnambiente bereits in jungen Jahren nach eigenen Vorstellungen und wählte dazu andere Stilvorbilder als seine Eltern.

Neben dem Schlosspark von Schönbrunn errichtete er die Villa Maxing im Stile eines Schweizerhauses, während die Villa Lazarovich in Triest über orientalische Zimmer verfügte. Im „türkischen" oder im „orientalischen" Stil dekorierte Zimmer gab es bereits im Klassizismus. So verfügte auch das 1810/12 in der Wiener Hofburg eingerichtete Appartement von Kaiserin Maria Ludovica neben modernen Empireräumen auch über ein „ägyptisches Kabinett", ein „türkisches" und ein „chinesisches Zimmer".[15] Nachdem Franz Karl und Sophie 1824 in die Räume der 1816 verstorbenen dritten Gemahlin von Kaiser Franz gezogen waren, wurden diese Interieurs auf Betreiben von Erzherzogin Sophie jedoch schrittweise verändert.[16] Am längsten erhalten blieb das „türkische Zimmer", das verspiegelt war und 1839/40 zum neuen „Bilderzimmer" umgestaltet wurde.[17] Ferdinand Max hat die exotischen Interieurs von Kaiserin Maria Ludovica in der Wohnung seiner Eltern also nicht mehr vollständig kennenlernen können. Die Anregungen und die Dekorationselemente für seine orientalischen Zimmer bezog der Erzherzog vielmehr bei seinen Reisen im Mittelmeerraum. Er beschrieb in seinen „Reiseskizzen" 1852, welche große Faszination orientalische Bazare auf ihn ausübten: „In der unmittelbaren Nähe der noch nicht vollendeten und durch einen großen Riß bedrohten Kathedral-Moschee liegt der Bazar d'Orleans, eine jener orientalischen gedeckten Budenstraßen, deren das schöne Smyrna eine ganze Stadt besitzt; der hiesige hat in einzelnen Laden eine reiche interessante Auswahl an orientalischen Gegenständen (...) mit einem Worte all' die hundert und hundert Gegenstände, die entweder die echt luxuriöse Prachtliebe der Städte befriedigen, oder ihre geheimnisvolle poetische Entstehung der räthselhaften Wüste oder dem unbekannten Innern des heißen Continents verdanken."[18]

So überrascht es nicht, dass Erzherzog Ferdinand Max zahlreiche orientalische Dekorationsstücke erwarb. Es war ihm als Sammler ein Anliegen, echte und alte Stücke zu erwerben. Er merkte dazu in seinen „Reiseskizzen" an: „Copien aber sind die schön aufgeputzten

16-01) Moscheeampeln, Glas, Email, Goldmalerei, 19. Jh. (MD/EK)

[14] Eva B. Ottillinger/Lieselotte Hanzl, Kaiserliche Interieurs, Die Wohnkultur des Wiener Hofes im 19. Jahrhundert und die Wiener Kunstgewerbereform, Publikationsreihe der Museen des Mobiliendepots, Band 3, Wien-Köln-Weimar 1997, S. 59–74 und 94–102.

[15] Ebenda, S. 75–82.

[16] Ebenda, S. 86–93.

[17] Ebenda, S. 95 f. und Farbtafel 10.

[18] Reiseskizzen (zit. Anm. 1), VIII, IX, Vierter Band, S. 9–10 (18. Juli 1852).

16-02) Tische aus dem orientalischen Zimmer in der Villa Lazarovich und im Castelletto in Miramar, Holz, Perlmutt, 2. H. 19. Jh. (MD/FS)

16-03) Wilhelm Gause, das „Türkische Zimmer" von Kronprinz Rudolf in der Wiener Hofburg, 1885 (WM)

Leichen der Originale, denen die Seele fehlt."[19] Allerdings kaufte er auf Reisen neben hochwertigen Objekten oft auch zeitgenössische Fälschungen oder Produkte der lokalen Souvenirindustrie. Anschauliche Beispiele dafür sind drei Glasgefäße aus der Silberkammer (Abb. 16-01), die zu zwei originalen Moscheeampeln mit Emaildekor und Vergoldung aus der Medrese des Mameluken-Sultans al-Nasir Hasan b. Muhammad in Kairo gehören. Diese beiden syrischen Glasarbeiten aus der Zeit um 1360 befinden sich heute im Museum für Völkerkunde.[20]

Reiseandenken aus dem Orient waren auch Tischchen mit Perlmutteinlagen, von denen noch drei Stück erhalten geblieben sind (Abb. 16-02). Beistellmöbel dieses Typs fanden auch im „Türkischen Zimmer" Verwendung, das Kronprinz Rudolf nach einer Orientreise, die ihn 1881 nach Ägypten und Palästina geführt hatte, in seinem Hofburg-Appartement eingerichtet hat (Abb. 16-03).[21] Während die orientalischen Räume von Maximilian und Rudolf individuelle, auf persönlichen Reiseerfahrungen beruhende Schöpfungen waren, ist das breite Publikum der Residenzstadt bei der Wiener Weltausstellung 1873, wo ein „Orientalisches Viertel" zu sehen war, mit dem Kunstgewerbe und der Wohnkultur des Orients in Berührung gekommen. In der Folge fanden „orientalische" Rauchzimmer oder Herrenzimmer Eingang in die Wohnungen des wohlhabenden Bürgertums.[22]

---

19 Reiseskizzen (zit. Anm. 1), I, Erster Band, S. 171.

20 A. Janata, Nordafrika, Vorder- und Zentralasien, in: Das Museum für Völkerkunde Wien, Residenz Verlag, Salzburg, S. 79. Freundlicher Hinweis von Dr. Axel Steinmann.

21 Eva B. Ottillinger, Rudolf in der Wiener Hofburg, in: Ilsebill Barta (Hg.), Kronprinz Rudolf, Lebensspuren, Publikationsreihe der Museen des Mobiliendepots, Band 26, Wien 2008, S. 40–53.

22 Eva B. Ottillinger, Kronprinz Rudolfs „Türkisches Zimmer" und die Orientmode in Wien, in: Erika Mayr-Oehring/ Elke Doppler, Orientalische Reise, Malerei und Exotik im späten 19. Jahrhundert, Ausstellungskatalog, Wien Museum, 2003, S. 94–109.

16-04) Rudolf von Alt, das „Bilderzimmer" von Erzherzogin Sophie in der Wiener Hofburg, 1856 (MD)

Neben orientalischen Objekten hatte Maximilian bei der Einrichtung auch eine Vorliebe für Ostasiatika und Chinoiserien. Er ließ daher in Miramar einen chinesischen und einen japanischen Salon einrichten. Dieses Interesse Maximilians ging nicht auf persönliche Reiseerfahrungen zurück. Er konnte jedoch Anregungsquellen in Wien finden. Bereits Maria Theresia hatte japanische und chinesische Lackmöbel sehr geschätzt und in Schloss Schönbrunn zwei Lackkabinette einrichten lassen. Auch Maximilians Mutter, Erzherzogin Sophie, und sein jüngerer Bruder, Erzherzog Ludwig Viktor, hatten ostasiatische Lackmöbel in ihren Salons stehen (Abb. 16-04). Bei seinen Ankäufen dürfte Maximilian öfter getäuscht worden sein, denn bei einem Aufsatzschrank fand sich unter der chinesisch anmutenden Lackfassung eine Bemalung mit Ruinenlandschaften des 18. Jahrhunderts (Abb. 16-05). Das italienische Möbel des 18. Jahrhunderts dürfte Mitte des 19. Jahrhunderts in „chinesischer" Art übermalt worden sein, um dem Geschmack der Zeit oder des Käufers zu entsprechen.

Bereits als 20-Jähriger war sich Erzherzog Ferdinand Max seiner ausgeprägten Sammelleidenschaft bewusst. Er analysierte mit großer Selbsterkenntnis seine Vorliebe für Exotisches folgendermaßen: „Wir belächeln die Wilden, die sich an unsern Glasperlen oder Spiegeln erfreuen, schmücken aber doch voll Begierde nach dem Fremden unsere Salons mit chinesi-

16-05) Tabernakelsekretär aus Schloss Miramar, Weichholz, gefasst, 1. H. 18. Jh. (MD/EK) Die ursprüngliche Fassung des Möbels zeigte eine Ruinenlandschaft, im 19. Jahrhundert wurde der Sekretär mit chinesischen Motiven übermalt.

schen Mannequins und unsere Studirzimmer mit wildem Wüstenstand; es ist der große, oft unbewusste Zug des Austausches im wißbegierigen Menschengeschlechte, der uns dazu treibt. Ich brachte manche angenehme Stunde unter diesen Gegenständen zu und führte deren eine große Anzahl auf mein Schiff, um meine Villa in Triest damit zu zieren."[23]

Neben Orientalischem und Ostasiatischem standen in den Interieurs von Miramar auch zahlreiche Möbel der Renaissance und des Barock, die sich vom Neorokoko-Mobiliar in der Wiener Hofburg (Abb. 16-04) und in Schloss Schönbrunn deutlich unterschieden. Auch bei dieser Wahl agierte Maximilian nicht völlig ohne familiäres Vorbild. Die von Kaiser Franz II./I. im Park von Laxenburg errichtete Franzensburg ist – wie Miramar – ein im Äußeren neogotisches Gebäude, das im Inneren mit Renaissanceelementen ausgestattet und mit zusammengesammelten Möbeln des 16. und 17. Jahrhunderts eingerichtet war.

Maximilian hatte sich mit seinen Bauten und den von ihm gestalteten Interieurs eine persönliche Wohnwelt geschaffen, die seine Interessen widerspiegelte, die aktuelle politische Realität jedoch völlig ausgeblendet ließ. Walter Benjamin hat diese Art des Einrichtens als typisch für den – entsprechend wohlhabenden – Privatmann des 19. Jahrhunderts folgendermaßen charakterisiert: „Für den Privatmann tritt erstmals der Lebensraum in Gegensatz zu der Arbeitsstätte. Der erste konstituiert sich im Interieur. (...) Es stellt für den Privatmann das Universum dar. In ihm versammelt er die Ferne und die Vergangenheit. (...) Der Sammler ist der wahre Insasse des Interieurs. Er macht die Verklärung der Dinge zu seiner Sache. (...) Der Sammler träumt sich nicht nur in eine ferne oder vergangene Welt, sondern zugleich in eine bessere, (...) Das Interieur ist nicht nur das Universum, sondern auch das Etui des Privatmanns."[24] Maximilian war ein Vertreter der hier beschriebenen Art des Wohnens, die auf den Traditionen des „antiquarischen Interieurs" fußt. Maximilians mit Fremdem und Altem möblierte Interieurs waren die Bühne für seine Ambitionen und das „Etui" seiner Träume.

[23] Reiseskizzen (zit. Anm. 1), VIII, IX, Vierter Band, S. 9–10 (18. Juli 1852).

[24] Walter Benjamin, Paris, Hauptstadt des 20. Jahrhunderts, in: Ders., Illuminationen, Ausgewählte Schriften, Frankfurt 1977, S. 177/178.

17-01) Josef Giuliuzzi, Entwurfszeichnung für einen Museumsbau in Miramar, um 1860 (ÖNB-KS)

17. Museale Bestrebungen im Maximilianischen Kaiserreich

Christian Oprießnig

Bereits früh beschloss der an Kunst und Wissenschaft interessierte Erzherzog Ferdinand Max und spätere Kaiser Maximilian, Platz für seine vielfältigen Sammlungen zu schaffen, die sich im Laufe zahlreicher Reisen angehäuft hatten. Die erste größere Bildungs- und Vergnügungsreise hatte der Erzherzog als Achtzehnjähriger gemeinsam mit Erzherzog Carl Ludwig unternommen – im Herbst 1850 reisten die Brüder nach Griechenland und in das Osmanische Reich. In Folge unternahm der junge Habsburger weitere Fahrten im Mittelmeer, lernte den Vorderen Orient kennen und kam auch nach Jerusalem und zu den ägyptischen Pyramiden. Ungewöhnlich für seine Zeit erbat sich der Erzherzog in Ägypten anstelle der üblichen Gastgeschenke vom Vizekönig Mohammed Saïd Gegenstände, welche der wissenschaftlichen Forschung neues Material boten. Im Winter 1859/60 reiste Ferdinand Max auf dem Kriegsdampfer „Elisabeth“ und begleitet von seinem Leibarzt August Jilek, dem Maler Josef Selleny, dem Gärtner Franz Maly und dem Botaniker und Arzt Heinrich Wawra von Fernsee zu Studienzwecken über Madeira und die Kanarischen Inseln nach Brasilien. An den Reisenotizen lässt sich dessen Begeisterung für Fauna, Flora, Historie und Ethnologie des Landes ablesen. Die mehrmonatige Unternehmung brachte reiche Ausbeute; unter anderem wurden verschiedene in Europa seltene bis unbekannte Pflanzen in die Gärten von Schönbrunn, Miramar und Lacroma gebracht.

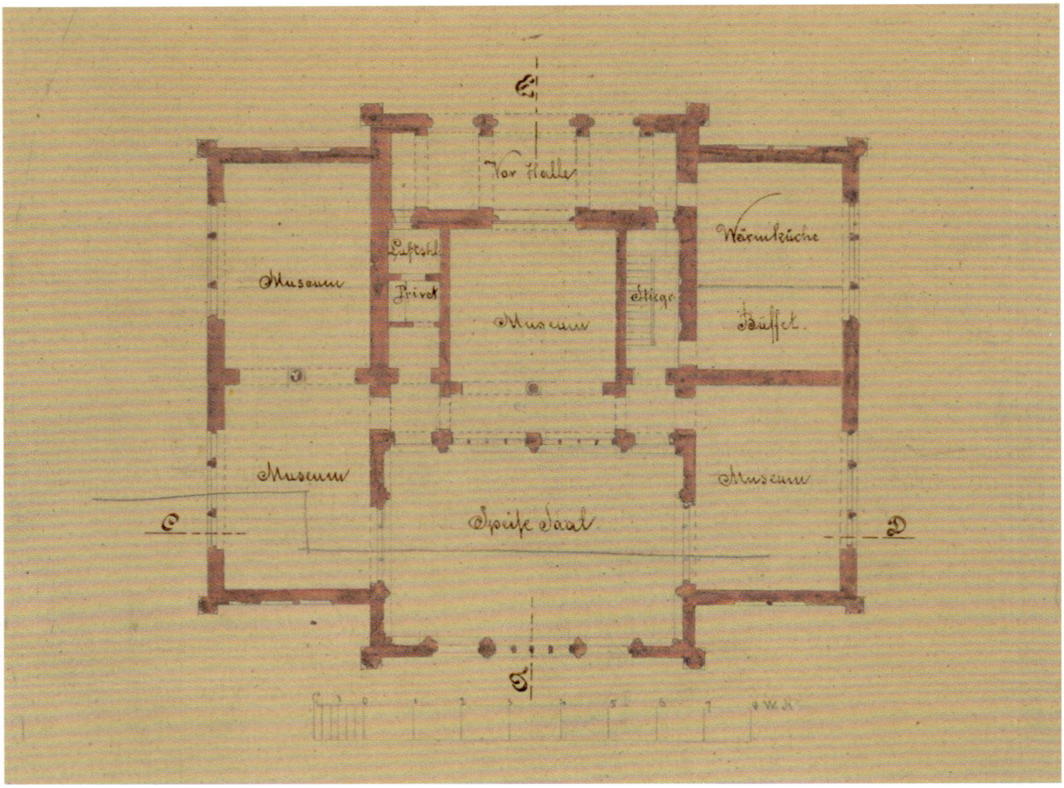

17-02) Thomas Friedrich zugeschrieben, Grundriss eines Museumsbaus in Miramar, um 1860 (ÖNB-KS)

Die Ursprünge der privatimen Museumsplänen liegen in einem „fürstlichen Kollektivismus“ begründet und gehen auf eine aus der Privatschatulle bestrittene und vom steirischen Orientalisten Simon Leo Reinisch von Dezember 1865 bis Mai 1866 durchgeführte Akquisitionsreise nach Ägypten zurück. Einen nicht unwesentlichen Beitrag lieferten auch erzherzogliche Spintisierereien: Die anlässlich des Aufenthalts auf den Kanarischen Inseln mitgebrachten Guanchen-Skelette sollten fixer Bestandteil eines „ethnographischen Museums“[1] werden. In der längst ausgestorbenen Urbevölkerung vermutete der dilettierende Erzherzog das verloren geglaubte Bindeglied zwischen aztekisch-toltekischer und altägyptischer „Urrasse“; seine archäologischen Analogieschlüsse wollte er mithilfe des Ägyptologen Reinisch durch vergleichende Studien wissenschaftlich belegen.

Das Museum in Miramar

In seiner persönlichen Selbstdarstellung als Bauherr plante der junge Erzherzog auf Schloss Miramar ein geeignetes Museum entstehen zu lassen, dessen Bau 1867 begonnen

1 Haus-, Hof- und Staatsarchiv (= HHStA), Archiv Max von Mexiko (= AMM), Karton (= K) 180, Nr. 93: Präfekt Jakob von Kuhachevich an die Präfektur von Miramar (Mexico, 25.7.1865) f. 473r – 474v. Vgl. auch HHStA, AMM, K 151, Nr. 93: Protokollabschrift von Präfekt Eduard Radonetz (Miramar, 25.7.1865) s. f. sowie eine diesbezügliche Nachricht an Reinisch in HHStA, AMM, K 152, Nr. 449: (Miramar, 17.5.1865) s. f.

und spätestens 1869 vollendet werden sollte. Für die innere und äußere Ausgestaltung hatte er seit dem Jahre 1859 Jahre mehrere Architekten beauftragt, welche nach den maßgeblichen Vorstellungen der Ägyptologen Simon Leo Reinisch und Reinhard Lepsius sowie des Naturforschers Giuseppe Zivic arbeiteten: Bernhard Fiedler, Josef Giuliuzzi (Abb. 17-01), Thomas Friedrich (Abb. 17-02) und Carl Kaiser[2], welcher dem Habsburger wenige Jahre später als Hofbaumeister nach Mexiko folgte. Eine nicht unwesentliche Rolle bei der musealen Landschaftsgestaltung nahm Schlossgärtner Anton Jelinek ein; als allgemeiner Ansprechpartner und für Detailfragen zuständig fungierten der kaiserliche Leibarzt Dr. August Jilek und Schlosspräfekt Eduard Radonetz.

Der Charakter des Museums in Miramar sollte Ferdinand Maxens Wünschen entsprechend den eines „Privatmuseums" tragen, das die „Beziehungen der Person des Schöpfers und Besitzers zu Kunst, Wissenschaften, zu gemachten Reisen und Lebensepochen"[3] darstellt, sein Wirken als Oberkommandierender der österreichischen Kriegsmarine beleuchtet und in mehrere Ausstellungsräume gegliedert ist. Die auf verschiedenen Reisen erworbenen ethnographischen und archäologischen Kollektionen sollten geographisch getrennt in im orientalischen, ägyptischen und mexikanischen Stil gehaltenen Sälen präsentiert, die mexikanische Sammlung nach den Angaben des Architekten Carl Kaiser und des Orientalisten Simon Leo Reinisch, die altägyptische nach Anweisungen von Reinisch und Reinhard Lepsius nach wissenschaftlicher Systematik aufgestellt werden. Der Festsaal, im mexikanischen Stil errichtet, sollte als „Aufstellungsraum" für die mexikanischen Altertümer genutzt werden. Ein Museumshof nach Art des römischen Impluviums würde die altgriechischen und altrömischen Artefakte umfassen. Schließlich müsste eine größere Räumlichkeit ausschließlich den Naturwissenschaften vorbehalten sein und die zoologischen, botanischen und mineralogischen Sammlungen repräsentieren (insgesamt 554 Stück, darunter über 310 Vogel- und Tierpräparate sowie Holz- und Pflanzenproben). Neben den Reisewerken über die Novara-Expedition sollten auch der Nachlass der Botaniker Wawra und Schott[4] Platz finden wie auch von bedeutenden Orten und Personen Lithographien und Photographien anzufertigen wären, um die Sammlung von Autographen und Münzen aller besuchten Länder gesondert unterzubringen. Eine Art „Kuriositätenkabinett" hätte die persönlichen historischen Artefakte zu enthalten, welche auf die habsburgische Familie Bezug nehmen. Auch die ethnographische Sammlung mit 225 Gegenständen inklusive der 446 Stücke umfassenden Waffensammlung müsste untergebracht werden. Sämtliche Museumsgegenstände sollten nach modernen konservatorischen Richtlinien untergebracht

2 Anmerkung des Verfassers: Carl Kaiser änderte im Jahre 1869 seinen Namen auf Carl Gangolf Kayser.

3 Andeutungen für das Museum in Miramar (dessen Gründung Kaiser Maximilian beabsichtigte). NB. Vorstehendes Schriftstü[c]k ist ein Diktat Sr. M. des Kaisers Maximilian von Mexiko [an den Sekretär der kaiserlich-mexikanischen Intendanz und Zivilliste, Nikolaus] Poliakovitz (Chapultepec, im Mai 1866). In: ÖNB, Handschriftensammlung, Ser. nov. 3050. Vgl. dazu auch das zwölfseitige spätere erweiterte Museumsexposée von Stefan Herzfeld an Präfekt Eduard Radonetz (Chapultepec, 24.8.1866) f. 668r – 678r in HHStA, AMM, K 175.

4 Wawra publizierte die Forschungsergebnisse in dem schönen Tafelwerk „Botanische Ergebnisse der Reise Seiner Majestät des Kaisers von Mexico Maximilian I. nach Brasilien (1859–60). Auf Allerhöchst dessen Anordnung beschrieben und herausgegeben von Dr. Heinrich Wawra (Wien 1866). Vgl. dazu die umfangreiche Korrespondenz zum Erwerb der Nachlässe von Wawra und Schott in HHStA, AMM, K 22, 34, 35, 39, 46, 47, 48, 151, 156, 157, 159, 161, 167, 175, 180, 182 und 186.

werden, um keinen Schaden zu nehmen[5] und durch Fenster und Oberlichten hell beleuchtet werden; ein Wasserheizungssystem für das gesamte Museum vervollständigte die Planungen.

Mit Simon Leo Reinisch unterhielt der Erzherzog seit dem Jahre 1862 Kontakt; dieser entzifferte und katalogisierte die „ägyptischen Altertümer von Miramar", wofür sich der Orientalist von der Wiener Universität beurlauben ließ. Seinem Wunsch, die Altertümer nicht nur inventarmäßig zu erfassen, sondern auch in Buchform mit Originalzeichnungen publizieren zu dürfen, wurde entsprochen.[6] Der Ägyptologe wurde noch während der Abschlussarbeiten von allerhöchster Stelle mit der Einrichtung eines eigenen Museums für die ägyptische Sammlung beauftragt und schlug unter anderem vor, „die Wände des Museums mit Darstellungen aus der ägyptischen Vorzeit auszuschmücken"[7] und die Auswahl der Dekorationen selbst übernehmen zu dürfen, wie er später auch um entsprechende Anstellung als Museumsleiter ansuchte.
Auch die umfangreichen zoologisch-ethnologischen Sammlungen sollten eingegliedert werden. Der Naturforscher Giuseppe Zivic erarbeitete gemeinsam mit Reinisch und August Jilek diesbezügliche Pläne für Standort und Raumbedarf und erstellte auch einen Sammlungskatalog. In geheimer Mission besuchte Reinisch den Doyen der deutschen Ägyptologie, Reinhard Lepsius, und überließ dem Monarchen später dessen vielbeachtete Denkschrift. Demnach dürfte das Museum „keine Rumpelkammer alter Gegenstände"[8] sein, sondern müsste ein möglichst getreues Abbild vergangener Zeit darstellen. Die notwendigen Inventarisierungsarbeiten ließ der Monarch infolgedessen unter Reinischs Leitung von ausgesuchten wissenschaftlichen Mitarbeitern ausführen: Für die Katalogisierung der griechischen und römischen Altertümer wählte der Ägyptologe den Triestiner Professor Von Steinbüchel.[9] Der Kustos der k. k. Hofbibliothek in Wien, Eligius Freiherr Münch-Bellinghausen, bearbeitete den Buchbestand in Miramar und erstellte gemeinsam mit Karl von Scherzer in der k. k. Hofbibliothek ein Verzeichnis mexikanischer Werke.

Ferdinand Max besaß eine gute Kenntnis über das zeitgenössische Bauwesen und ließ sich von klaren architektonischen Vorstellungen leiten. Unzählige Planskizzen zur Ausgestal-

[5] HHStA, AMM, K 180, Nr. 93: Präfekt Jakob von Kuhachevich an die Präfektur von Miramar (Mexico, 25.7.1865) f. 473r.
[6] HHStA, AMM, K 150: Simon Leo Reinisch an Erzherzog Ferdinand Max (Wien, 11.12.1862) s. f. Der Inventarkatalog für die ägyptischen Sammlungen war im Oktober 1865 abgeschlossen. Siehe dazu HHStA, AMM, K 151 (Präfektursakten 1864), Nr. 93: Protokollabschrift von Präfekt Eduard Radonetz (Miramar, 4./5.10.1865) s. f. Die aus der Privatschatulle finanzierte Drucklegung des aufwendigen Werkes „Die Aegyptischen Denkmäler in Miramar" mit 43 lithographischen Tafeln und 29 Holzschnitten sollte sich – nicht zuletzt durch die ständig überschrittenen Kosten von mehr als 2.528 Gulden 91 Kreuzer – bis zum März 1865 hinziehen; 300 Exemplare wurden gedruckt, wovon 285 Stück und die Druckstöcke Reinisch überlassen wurden. Vgl. dazu HHStA, AMM K [unbezeichnet] 1, 46, 150, 151, 152, 161, 180 und 186.
[7] HHStA, AMM, K 150: Simon Leo Reinisch an Erzherzog Ferdinand Max (Wien, 11.12.1862), Original, s. f.
[8] HHStA, AMM, K 23: Präfekt Eduard Radonetz über den Charakter des Museums in Miramar (Miramar, 20.10.1865) f. 670r. und HHStA, AMM, K 46, Kv „L", Nr. 6: Reinhard Lepsius an Kaiser Maximilian (Alexandrien, 12.3.1866), Original, s. f.
[9] Anmerkung: Die Antikenabteilung hatte vor Jahren durch eine Schenkung von Kaiser Franz Joseph Altertümer aus der bourbonischen Sammlung in Neapel und Pompej erhalten. Vgl. dazu HHStA, AMM, K 180, Nr. 78: Präfekt Jakob von Kuhachevich an die Präfektur in Miramar (Mexico, 8.7.1865) f. 431r und „Inventar ausgewählter Alterthümer aus der königl.-bourbonischen Sammlung in Neapel, die Seine k.k. Hoheit dem Erzherzog Ferdinand Maximilian zum Geschenk angeboten hatte" sowie bei „Ausgrabungen in Pompej gefundene Stücke". In: HHStA, AMM, K 161, Nr. 253: Allerunterthänigster Bericht Schloss Miramar, bearbeitet von Eduard Radonetz (Miramar, 24.11.1865) s. f.

tung des Museums gelangten nach Mexiko, mehrfach änderte der Kaiser Vorschläge oder lehnte sie ab, bevor diese erneut seinem Beraterstab vorlegt wurden. Unter anderem missfielen dem schöpferisch mitwirkenden Monarchen die Fassadenvorschläge von Giuliuzzi, weil diese sich nicht harmonisch in das architektonische „Ein-Stil-Gesamtkonzept" einfügten.[10] Museumsbau und Schloss müssten „ein ununterbrochenes Ganzes bilden, jede Störung wäre eine Sünde gegen den imposanten Totaleindruck".[11] Nach zahllosen verworfenen Plänen schloss der Monarch mit dem nach Mexiko gereisten Architekten Carl Kaiser im Dezember 1866 ein Übereinkommen: Kaiser sollte sich verpflichten, spätestens zwei Monate nach seiner Rückkehr zwei endgültige Pläne an die Präfektur in Miramar abzuliefern, die Skizzen aber bis Ende Jänner 1867 Maximilian zur Begutachtung vorzulegen. Finanzprobleme und die Überstürzung der politischen und militärischen Ereignisse im Zweiten Mexikanischen Kaiserreich verhinderten am Ende alle weiteren Bestrebungen zur Gründung des ambitionierten Privatmuseums. Simon Leo Reinisch und Dominik Bilimek kehrten im Sommer 1867 mit kaiserlichen Anstellungsdekreten als Museumskustoden nach Europa zurück; Bilimek blieb bis zu seinem Tod Kustos am k. k. Museum in Miramar mit jährlichem Gehalt von 1.500 Gulden. Die Sammlungsbestände befanden sich noch im Sommer 1867 durch regelmäßiges Abstauben in zufriedenstellendem Zustand, wie Revisionsberichte zeigen; ein allgemeines Inventar wurde bis Mitte Dezember 1867 fertiggestellt. Eine aus 818 Stück bestehende Kollektion mexikanischer Altertümer gelangte im Frühjahr 1878 gegen eine Leibrente von 600 Gulden in das k. k. naturhistorische Museum und die k. k. Hofbibliothek in Wien. Diese Bestände bilden den Grundstock zu den altmexikanischen Sammlungen des heutigen Museums für Völkerkunde in Wien, während Bilder und Manuskripte in den Bestand der Nationalbibliothek übergingen.

Das Nationalmuseum in Mexiko-Stadt

Das Nationalmuseum in Mexiko-Stadt war keine Neuschöpfung von Kaiser Maximilian, es existierte bereits seit 1824 in den Räumlichkeiten der ehemaligen erzbischöflichen Universität. Für die ständig anwachsenden Bestände beschloss Maximilian zu Jahresende 1865 die Übersiedlung aller Museumsobjekte und der Bibliothek in den Nationalpalast. Die Sammlungen wurden auf die Abteilungen Naturgeschichte, Archäologie und Geschichte sowie (National-)Bibliothek aufgeteilt und erhielten Kustoden. Das „Museo Nacional" erhielt verstärkt die Rolle einer öffentlich zugänglichen Einrichtung[12] und wurde durch Kollektionen kurioser mexikanischer und ägyptischer Objekte stetig erweitert. Die auf indianische Geschichte bezogene imperiale Kulturpolitik konzentrierte sich auch darauf, das vorhandene theoretische und materielle Kulturgut zu erfassen und zu erhalten; erworbene Altertümer sollten als Dauerleihgaben für das mexikanische Volk dort verbleiben. Zum Schutz der zahllosen archäologischen Monumente wurden Grabungen veranlasst,

[10] HHStA, AMM, K 180, Nr. 93: Präfekt Jakob von Kuhachevich an die Präfektur von Miramar (Mexico, 25.7.1865) f. 473r–474v. Vgl. auch HHStA, AMM, K 151, Nr. 93: Protokollabschrift von Präfekt Eduard Radonetz (Miramar, 25.7.1865) s.f. sowie eine diesbezügliche Nachricht an Reinisch in K 152, Nr. 449: (Miramar, 17.5.1865) s. f.

[11] HHStA, AMM, K 180, Nr. 187: Präfekt Jakob von Kuhachevich an Präfekt Eduard Radonetz (Chapultepec, 2.11.1865), Original, f. 664r.

[12] Das Museo Nacional wurde am 6. Juli 1866 inauguriert und sollte dienstags, donnerstags und sonntags von 13 bis 15 Uhr geöffnet sein. Vgl. dazu HHStA, AMM, K 173: El Diario del Imperio, Nr. 455 vom 7. Juli 1866, f. 292r.

an welchen der Monarch mit Begeisterung mitwirkte; eine kaiserliche Grabungsexpedition nach Yukatan unter Leitung des österreichischen Generalstabsoffiziers Vergainer kam mangels ausreichender finanzieller Mittel aber nicht zustande. Die intensiven, aber nur teilweise erfolgreichen diplomatischen Bemühungen zum Erwerb des Berichts des Cortés an Kaiser Karl V. über die Eroberung von Mexiko sowie der Bilderhandschrift Codex Vindobonensis Mexicanus 1 aus der Wiener Hofbibliothek und weiterer „Insignien Moctezumas" aus der Ambraser Sammlung für das mexikanische Nationalmuseum zeigen die verbissene Sammelleidenschaft. Der Argumentationslinie, dass die Archäologica für die mexikanische Nationalgeschichte Juwelen erster Klasse darstellten, während sie in Wien nur von zweitrangiger Bedeutung wären, konnte das Obersthofmeisteramt etwa im Falle der einzigartigen Bilderhandschrift nicht folgen und lehnte ab; Kaiser Franz Joseph überließ seinem Bruder hingegen den Bericht des Cortés. Der Gesandte am belgischen Hof erreichte bei König Leopold I. zwar die Überlassung des Schilds des Moctezuma für das mexikanische Nationalmuseum, scheiterte aber beim Erwerb von Bogen und [Feder] Mantel des Moctezuma aus dem Brüsseler Museum.[13]

Der zuvor zum Konservator der archäologischen Sammlungen mit einem Jahresgehalt von 2.000 Pesos ernannte Simon Leo Reinisch sollte im Auftrag der mexikanischen Regierung eine kleine, ausgewählte ägyptische Sammlung aus Miramar zusammenstellen und nach Mexiko begleiten. Auch die von ihm für eigene Zwecke während der Ägypten-Mission zusammengestellte Privatsammlung ließ der Kaiser ankaufen wie auch Guanchen-Skelette in der Sammlung nicht fehlen durften. Um Kosten einzusparen, sollten auch Gipsabgüsse wichtiger ägyptischer Denkmäler in europäischen Museen angefertigt werden. In seiner Bestimmung als „vergleichendes Museum" sollten Ähnlichkeiten zwischen der aztekischen, toltekischen und ägyptischen Rasse erforscht werden, um daraus die Ursprünge der Zivilisation abzuleiten. In Mexiko widmete sich Reinisch dem neuen Arbeitsfeld der „Mexikanistik", studierte und kopierte in der Nationalbibliothek Indianersprachen und erwarb Grammatiken und Wörterbücher, um etwa Sprachstrukturen des Nahuatl und Otomí zu erfassen.

Der Zisterzienserpater und Naturforscher Johann Dominik Bilimek wurde zum Kustos für Botanik und Entomologie bestimmt mit einem Jahresgehalt von 1.800 Pesos; Bilimek reiste zusammen mit 55 Kisten seiner Privatsammlung nach Mexiko. Bereits kurze Zeit nach seiner Ankunft musste der neue Konservator angesichts der drückenden Finanznot erkennen, dass beinahe jegliche Infrastruktur fehlte („Ich bin allein im Kaiserstaate Mexico nicht in der Lage, allen Anforderungen der Zeit bezüglich der Sammlungen zu entsprechen."[14]) und dass er zudem selbst Auslagen für Reise und Unterkunft aus eigener Tasche bestreiten musste. Kaiser Maximilian übernahm daraufhin die laufenden Kosten sowie die persönlichen Aus-

[13] Vgl. dazu Christian Oprießnig, Política cultural en el Segundo Imperio (Miscelánea en el Segundo Imperio mexicano, 1864–1867). In: Encuentro de liberalismos, ed. Patricia Galeana (Mexico 2004) 323–339. Anmerkung des Verfassers: Heute ist der Schild ein Prunkstück im 1. Saal des Historischen Nationalmuseums (Museo Nacional de Historia, México, D. F.) im Schloss von Chapultepec. Die handschriftliche Dokumentensammlung aus den Jahren 1519 bis 1527, welche die „Cartas de Relación" des Hernán Cortés an Kaiser Karl V. enthält, kam auf Umwegen erst 1911 wieder nach Wien zurück und stellt heute eines der wichtigsten Dokumente der Hispanischen Sammlung der Österreichischen Nationalbibliothek dar.

[14] HHStA, AMM, K 46, Dominik Bilimek an Kaiser Maximilian (México, 1.5.1866) f. 68r.

lagen und Exkursionen des Kustos aus seiner Privatschatulle. Für die umfangreichen Arbeiten wie Aufstellung, Reinigung und Inventarisierung wurden Bilimek auf ausdrücklichen Wunsch zwei Assistenten aus dem kaiserlich-mexikanischen Freiwilligenkorps zur Seite gestellt. Die mineralogischen Sammlungen wurden in das Nationalmuseum eingegliedert, wie auch eine vollständige Marmorsammlung und anderer Schnittsteine angelegt werden sollte zusammen mit einer ähnlichen Sammlung regionaler Hölzer. Für die stetig anwachsende und bis dahin ungeordnete Nationalbibliothek wurden wertvolle Nachlässe wie die der mexikanischen Schriftgelehrten José Guadalupe Romero und José María Andrade angekauft. Ein geeigneter Bibliothekar sollte systematisch Bücherverzeichnisse und eine Handbibliothek für den Kaiser anlegen. Besonders die Frühdrücke zu den Themen Landesgeschichte sowie Grammatiken, Wörterbücher und Katechismen in Indianersprachen standen im Mittelpunkt des Interesses und wollten vor Ankunft des Ägyptologen Reinisch zusammengestellt sein, damit dieser linguistische Studien betreiben konnte; von jedem Werk wünschte der Kaiser ein Belegexemplar. Für die naturhistorische Abteilung ließ der Kaiser in Wien Herbarium und Bibliothek des berühmten österreichischen Botanikers Heinrich Wilhelm Schott erwerben.[15] Das aufwendige Tafelwerk von Heinrich Wawra von Fernsee „Botanische Ergebnisse der Reise seiner Majestät des Kaisers von Mexico Maximilian I. nach Brasilien (1859–60)" ließ Maximilian auf eigene Kosten drucklegen.

Trotz aller Anstrengungen war angesichts der finanziellen und militärischen Misere in Mexiko ein geordneter wissenschaftlicher Betrieb des Nationalmuseums nicht gewährleistet. Laufend wurden für das Museum bestimmte Lieferungen zugunsten von Militärtransporten annulliert und bereits im Herbst 1865 musste sich der Kaiser eingestehen, dass durch den eklatanten Geldmangel an einen Weiterbetrieb des Nationalmuseums nicht zu denken wäre. Bis Ende des Jahres 1866 gelang es aber trotzdem, die finanziellen Mittel zur Bestreitung der monatlichen Ausgaben bereitzustellen. Am 5. Jänner 1867 wurde der mexikanische Geograph und Unterstaatssekretär Manuel Orozco y Berra zum Direktor des Nationalmuseums bestimmt – ein Posten, für den eigentlich Simon Leo Reinisch vorgesehen war[16] – bevor die Institution am 26. Jänner endgültig schließen musste. Mehr als 59 Kisten der naturhistorischen Sammlung von Dominik Bilimek, bestehend aus Mikroskopen, Schmetterlingsfängern, Büchern, Pflanzen, Eidechsen, Krokodilen, Vögeln und Insekten, langten im Februar 1867 in Miramar ein. Auch die ägyptische Sammlung an Altertümern mit Mumien samt Sarkophagen, Totenstatuetten, Urnen, Scarabäen, Münzen und Papyri aus dem Nationalmuseum kehrte nach Europa zurück und wurde in Miramar kommissionell übergeben.[17]

[15] Nach dem Zusammenbruch des Kaiserreichs sollte das Schott'sche Erbe wieder in den Besitz von Schloss Miramar gelangen. Vgl. dazu HHStA, AMM, K 34, 48, 159, 161, 162 und 180.

[16] Ferdinand Anders, Simon Leo Reinisch und Mexiko. Wissenschaftliche Bestrebungen im Dienste Kaiser Maximilians. In: Im Schatten des Kaiserreiches. Österreichisch-mexikanische Miszellen (1864–1870), ed. Ferdinand Anders (= Wiener Völkerkundliche Mitteilungen N. F. 35, Wien 1993) 57.

[17] HHStA, AMM, K 161, Nr. 296: „Verzeichnis der im allerhöchsten Auftrage Seiner Maj. für das Nationalmuseum im Jahre 1866 in Ägypten angehäuften Alterthumsgegenstände", verfasst von Simon Leo Reinisch (Miramar, 1.8.1866 [das alte Expedit-Datum für Mexiko wurde belassen, das tatsächliche Datum der Übernahme in Miramar durch die Spedition C. Fabiani ist der 17.6.1867]) s. f. Eine kommissionelle Übergabe von einem „3. Sarcofag, Alterthümer u. Varia" fand in Wien statt. In: HHStA, AMM, K 161: „Übergabelisten Lacroma/Miramar" (Wien, 21.5.1868) s. f.

18. Die Autografensammlung Maximilians von Mexiko

Katrin Jilek

Autografensammlungen waren im 19. Jahrhundert „en vogue". Persönlichkeiten wie Fürst Metternich oder Johann Wolfgang von Goethe legten eigene Sammlungen an. Es verwundert daher nicht, dass auch Ferdinand Maximilian Autografen sammelte. Erstaunlich ist, dass er seine Sammlung bereits in sehr jungen Jahren begründete.

„Indem ich in Erfahrung gebracht habe daß der Herr Erzherzog Ferdinand eine Sammlung von Autographen beginnt und eine Schrift von meiner Hand zu besitzen wünscht, widme ich diese Zeilen S. k. H. als ein Zeichen meiner Verehrung.
Wien, den 23. März 1843 Metternich"[1]

Diese Zeilen Fürst Metternichs (Abb. 18-01), die sich in Maximilians Sammlung befinden, zeugen von seiner frühen Sammlungstätigkeit – er war zu diesem Zeitpunkt zehn Jahre alt – und geben gleichzeitig Aufschluss über die Entstehung der Sammlung.

Anhand der vorhandenen Bibliothekskataloge[2], die für die Bibliothek von Miramar 1863 abgeschlossen wurden, lässt sich die Sammlung rekonstruieren.
Sie umfasste laut Katalog 372 Nummern, die in „9 Futteralen"[3] bzw. „Pappkassetten"[4] verwahrt und mit fortlaufenden Buchstaben von A bis I versehen wurden. Die einzelnen Autografen waren in kleine, golden eingefasste Umschläge eingelegt. Auf den Umschlägen wurde der Name der Person vermerkt und oftmals auch biografische Erläuterungen auf Französisch hinzugefügt. Zudem wurden der Buchstabe der Kassette und die Nummer angegeben, die auf die Reihenfolge innerhalb der Kassette verwies.

Die Herkunft der einzelnen Autografen der Sammlung Maximilian lässt sich nicht immer rekonstruieren, doch lassen einige Indizien Schlüsse auf ihre Entstehungsgeschichte und Weiterentwicklung zu. Der oben erwähnte Autograf zeigt, dass Maximilian früh den Wunsch hegte, eine Autografensammlung zu besitzen, und diesen Umstand kundtat. Eine Reihe weiterer Autografen verweisen auf Anfragen Maximilians, oder von Personen aus seinem näheren Umkreis, mit der Bitte um Übersendung relevanter Stücke. König Ludwig von Bayern wurde von seiner Schwester – Maximilians Mutter – über den Wunsch des Erzherzogs informiert und äußerte 1846 ihm gegenüber seine Freude darüber, „daß Sie meine Handschrift wünschen" und fragt weiter: „Wünschen Sie Handschriften hiesiger Künstler und Gelehrter (…)"?[5] Die gewünschten Namen, um die Ludwig hier bittet, hat Maximilian ihm wohl genannt, denn es finden sich einige Autografen von bayerischen Künstlern und Gelehrten in der Sammlung wieder.[6] Von der Zuhilfenahme seiner weit verzweigten Verwandtschaft zeugen die vielen weiteren Autografen aus den verschiedenen Herrscherhäusern Europas.

[1] Autogr. 144/77-1. Alle hier genannten Signaturen zitieren, wenn nicht gesondert angemerkt, Objekte aus der Sammlung von Handschriften und alten Drucken der Österreichischen Nationalbibliothek (=ÖNB).
[2] Cod. Ser. n. 9305, Cod. Ser. n. 9306 und Cod. Ser. n. 9308.
[3] Cod. Ser. n. 9306, fol. 86r.
[4] Cod. Ser. n. 9307, fol. 242r.
[5] Autogr. 144/31-1.
[6] So z. B. Autogr. 144/125-1 von Wilhelm von Kaulbach und Autogr. 144/139-1 von Ludwig von Schwanthaler.

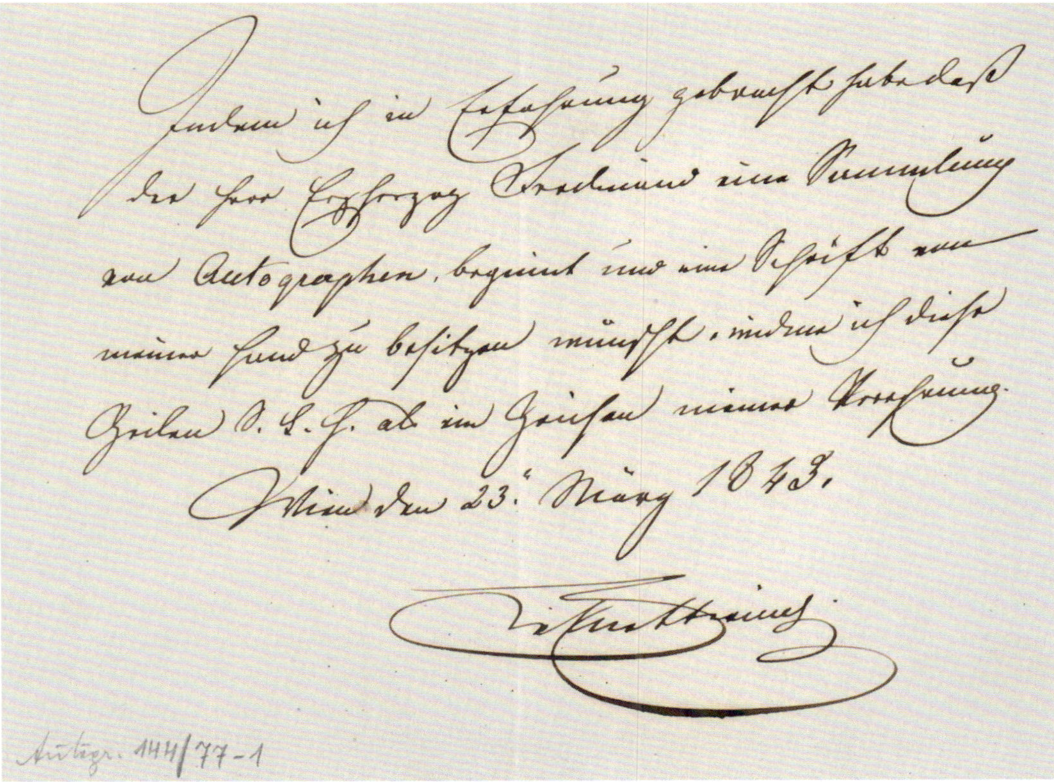
Nachdem ich in Erfahrung gebracht habe daß
der Herr Erzherzog Ferdinand eine Sammlung
von Autographen, beginnt und eine Schrift von
meiner Hand zu besitzen wünscht, widme ich diese
Zeilen S. K. H. als ein Zeichen meiner Verehrung.
Wien den 23. März 1843.
Metternich

Autogr. 144/77-1

18-01) Aus der Autografensammlung von Ferdinand Maximilian: Fürst Metternich, Wien, 23. März 1843 (ÖNB-HS)

Ein sehr interessantes und wertvolles Stück in seiner Sammlung ist die Unterschriftensammlung der ersten 17 Präsidenten Amerikas (Abb. 18-02).[7] Dieses Stück verrät uns durch einen auf der ersten Seite links aufgeklebten Ausschnitt aus einem Auktionskatalog, dass er wohl auch diesen Weg genutzt hat, um besonders herausragende Exemplare zu erwerben.

Die oben genannten Indizien sind allerdings nur kleine Versatzstücke, die auf mögliche Wege hinweisen, aber Gewissheit über Maximilians Vorgehensweise beim Sammeln können sie uns (noch) nicht geben.

18-02) Aus der Autografensammlung von Ferdinand Maximilian: Album der ersten 17 amerikanischen Präsidenten (ÖNB-HS)

[7] Autogr. 144/79-1.

Neben seiner selbst initiierten Sammlung befand sich noch eine zweite in Maximilians Besitz, die er vermutlich zu einem unbekannten Zeitpunkt als bereits geschlossene Sammlung in Besitz genommen hat. Im Katalog wird diese Sammlung als „Hommages à Sa Majesté Le Roi de Saxe par son très humble et très respectueux Serviteur Le Bon Desnoyers“[8] genannt. Baron Auguste Gaspard Louis Boucher Desnoyers (1779–1857) war ein bedeutender französischer Graphiker und Kupferstecher. Bei dieser Sammlung handelt es sich um 152 Autografen. Meist sind es Briefe, die persönlich an Desnoyers gerichtet waren und von zeitgenössischen Persönlichkeiten aus den Bereichen der Kunst und Wissenschaft in Frankreich stammen. Die Sammlung war in sich alphabetisch geordnet und wurde ohne Umschläge aufbewahrt. Die Signaturen der Sammlung Desnoyers unterscheiden sich stark von den Signaturen seiner eigenen Sammlung, da hier die 152 Autografen lediglich durchnummeriert wurden und die Nummer direkt auf das Original mit Tinte aufgebracht und – möglicherweise erst später – rot unterstrichen wurde. Denkbar ist, dass bereits ihr Vorbesitzer die Sammlung in dieser Form sortiert und nummeriert hat und diese nach der Übernahme von Maximilian als geschlossenes Konvolut in die eigene Sammlung eingereiht wurde. Dafür spricht, dass das vierseitige Verzeichnis über diese Sammlung in Anschluss an den handschriftlichen Katalog zu den Autografen der Bibliothek von Miramar eingebunden wurde.[9]

Glücklicherweise geben die Bibliothekskataloge auch Auskunft über den Aufbewahrungsort beider Sammlungen. Die neun Pappkassetten, wie auch die Sammlung Desnoyers, wurden in der Kassa der Schlossverwaltung verwahrt. Beide sollten Teil des geplanten Museums in Miramar werden, dies geht aus den „Andeutungen für das Museum in Miramar“[10] hervor, die Maximilian 1866 in Mexiko niederschreiben ließ: „In ein anderes kleines Gemach kommt: die autografische Sammlung und zwar die theils schon in der Bibliothek bestehende und andererseits möglichst viele Autografen aus den Archiven.“[11] Doch ein Jahr später war Maximilian auf tragische Weise gestorben und damit auch der Plan für die Erweiterung der Sammlung und ihrer Zurschaustellung im Museum.

1914 befand sich die Sammlung noch auf Schloss Miramar, denn der Bibliothekar der Hofbibliothek berichtet an seinen Vorgesetzten von der „Consignierung der hiesigen Autografensammlung“[12] auf Schloss Miramar. Anlässlich der Evakuierung des Schlosses Miramar, die wahrscheinlich spätestens 1915 nach der Kriegserklärung Italiens erfolgte, wurde auch die Bibliothek nach Wien in das Hofmobiliendepot überführt. 1921 wurde die Nationalbibliothek gebeten, die Bücher, Skizzen, Bilder und Kupferstiche zu verwahren, da der Aufbewahrungsort im Hofmobiliendepot aufgrund der dort herrschenden Feuchte als ungeeignet angesehen wurde.[13] Die möglicherweise darin enthaltene Autografensammlung wird hier nicht explizit erwähnt. Jedoch wird bereits an dieser Stelle darauf eingegangen, dass auch sämtliche aus Miramar entfernten Gegenstände von den Rückgabeforderungen der Italie-

[8] Cod. Ser. n. 9307, fol. 264r-274r.
[9] Cod. Ser. n. 9308, fol. 64r-67r.
[10] Cod. Ser. n. 3050.
[11] Zum Museumsprojekt siehe auch: Eliana Perotti, Das Schloss Miramar in Triest (1856–1870), Erzherzog Maximilian von Habsburg als Bauherr und Auftraggeber, Wien 2002.
[12] ÖNB-Archiv, HB 151/1914.
[13] ÖNB-Archiv, NB 162/1921.

ner betroffen sind. 1926/27 mussten Teile der Autografensammlung aus Miramar an Italien zurückgegeben werden. Deshalb ist die Autografensammlung heute auf zwei Standorte verteilt: Eine Hälfte der Sammlung besitzt die Österreichische Nationalbibliothek, ein zweiter Teil wird in der Biblioteca Nazionale Marciana in Venedig verwahrt.[14]

In den Akten des Archivs der Österreichischen Nationalbibliothek finden sich zahlreiche Listen, die darüber Auskunft geben, welche Autografen an Italien gingen und welche in Österreich verblieben.[15] Auch in dem handgeschriebenen Katalog zur Autografensammlung wurde diese Standortveränderung akribisch nachgetragen.[16]

Heute umfasst die Teilsammlung, die in der Österreichischen Nationalbibliothek verwahrt wird, ca. 250 Stück. Bis auf wenige Notenstücke berühmter Komponisten wie Mozart und Schubert, die in die Musiksammlung verbracht wurden, befindet sich der Großteil der Autografen in der Handschriftensammlung.
Unter ihnen finden sich neben den oben bereits erwähnten Objekten Autografen von Berühmtheiten wie Goethe, Schiller, Tieck, Uhland oder auch ein Autograf von Kant mit Anmerkungen Alexander von Humboldts, um nur einige wenige zu nennen. Außergewöhnlich sind zwei weitere Exponate, die

18-03) Aus der Autografensammlung von Ferdinand Maximilian: Pascha Mustapha Mehmed Rechid (ÖNB-HS)

Maximilians Interesse am Fremdartigen und Außergewöhnlichen zeigen: Ein Autograf von Abd-al-Madschid[17], Sultan des Osmanischen Reichs, und der Autograf von Pascha Mustapha Mehmed Rechid (Abb. 18-03),[18] eines osmanischen Staatsmannes.

Im Onlinekatalog für Handschriften, Nachlässe und Autografen (HANNA) können die einzelnen Autografen als Digitalisate, die zum Anlass dieser Ausstellung angefertigt wurden, eingesehen werden.[19]

[14] Lucio Ruaro, La raccolta di autografi, in: Laura Ruaro Loseri (Hrsg.), Massimiliano, Rilettura di un'esistenza, Atti del convegno, Trieste, 4–6 marzo 1987, Monfalcone 1992, S. 115–119.
[15] ÖNB-Archiv, NB 1167/1927 und NB 1437/1928.
[16] Cod. Ser. n. 9308.
[17] Autogr. 144/61-1.
[18] Autogr. 144/78-1.
[19] http://www.onb.ac.at/kataloge/index.htm (13.09.2012); HANNA-Katalog, Sucheinstieg: Miramare-Sammlung.

19. Max der Naturaliensammler – Schnecken, Spinnen und Tausendfüßler im Naturhistorischen Museum in Wien erinnern an Maximilian von Mexiko

Anita Eschner und Verena Stagl

Das Bestreben, Organismen zu sammeln, zu kennen, zu benennen, zu ordnen, aufzustellen und vor allem auch herzuzeigen, dokumentierte sich bereits im 18. Jahrhundert in der Anlage von Kabinetten. Die aus dem Geist der Aufklärung entstandene Naturaliensammlung des Wiener Hofes war, zum Unterschied von den an Fürstenhäusern oft sehr beliebten Kuriositätenkabinetten, wissenschaftlich fundiert und orientiert. Das k. k. Naturalienkabinett in Wien entwickelte sich in der ersten Hälfte des 19. Jahrhunderts zu einem weltweit anerkannten Zentrum naturwissenschaftlicher Tätigkeit. Durch die Aufsammlungen zahlreicher Forscher, Sammler und Reisender, durch Expeditionen in die ganze Welt, durch Ankäufe großer Sammlungen und durch Tausch sowie Schenkungen vermehrten sich die Bestände stetig.[1] Das daraus hervorgegangene Naturhistorische Museum gehört heute zu den bedeutendsten und reichhaltigsten derartigen Museen weltweit. Das Bewahren und Verwalten der Sammlungen aus allen Teilen der Welt zur Forschungsdokumentation ist eine ganz wesentliche Aufgabe, dienen sie doch als Grundlage taxonomischer und biosystematischer Forschungen.

Das Kaiserhaus unterstützte den Fortschritt naturwissenschaftlicher Forschungen und die Erweiterung der Sammlungen tatkräftig. War es doch bereits Kaiser Franz Stephan (1708–1765), der Ehemann von Maria Theresia, der vor über 250 Jahren dem Naturforscher und Florentiner Kaufherrn Johann Ritter von Baillou die damals größte Naturaliensammlung abkaufte und nach Wien transferieren ließ.[2] Kaiser Franz I. von Österreich (1768–1835) setzte sich für das damalige Naturalienkabinett in jeder Hinsicht nachhaltig ein und Kaiser Franz Joseph (1830–1916) ließ das Naturhistorische Museum an der Wiener Ringstraße errichten und widmete es *„Dem Reiche der Natur und seiner Erforschung"*.

Sein Bruder Erzherzog Ferdinand Maximilian (1832–1867), der spätere Kaiser von Mexiko, initiierte eines der ehrgeizigsten Projekte der österreichischen Marine: Die österreichische Fregatte Novara lichtete am 30. April 1857 in Triest ihre Anker und stach zu einer Weltumsegelung, die mehr als zwei Jahre dauern sollte, in See. Neben nautischen, handelspolitischen und diplomatischen Aufgaben waren zahlreiche wissenschaftliche Aufträge von mitreisenden Wissenschaftlern, in der Hauptsache Naturwissenschaftlern, zu erfüllen. Mehr als 26.000 zoologische Objekte wurden mitgebracht (Abb. 19-01),[3] die in einem eigenen „Novara-Museum" in Wien präsentiert und von Spezialisten untersucht wurden. Die Ergebnisse konnten zum Großteil im zoologischen Teil des von der Akademie der Wissenschaften herausgegebenen „Novara"-Reisewerkes publiziert werden. Erzherzog

[1] Verena Stagl, Vom Reisen und vom Sammeln, in: Das Meer im Zimmer. Von Tintenschnecken und Muscheltieren. Herausgeber: Landesmuseum Joanneum und Elisabeth Schlebrügge, Graz 2007, S. 107–114.

[2] Anita Eschner, Vom Sammeln zur wissenschaftlichen Sammlung, in: Das Meer im Zimmer (zit. Anm. 1), S. 39–43.

[3] Verena Stagl, Die Weltumsegelung der Fregatte Novara (1857–1859) im Spiegel zoologischer Sammlungen, Mitteilungen d. Anthropolog. Ges. in Wien 2006/2007, Bd. 136/37, S. 1–14

19-01) Auswahl an wirbellosen Tieren (Tausendfüßler, Riesengeißelskorpion, Blasenschnecke, Hummer, Humboldtschnecke) aus der naturhistorischen Sammlung Ferdinand Maximilians (NHM/AS)

Ferdinand Maximilian musste von seinem ursprünglichen Plan, an der Weltumsegelung teilzunehmen, krankheitshalber Abstand nehmen. Im Winter 1859/60 brach er schließlich zu einer Fahrt nach Brasilien auf, die als botanische Forschungs- und Sammelreise geplant war. Mit seinen Begleitern unternahm er Ausflüge in die Umgebung von Bahia, in den brasilianischen Urwald stromaufwärts des Rio Cachoeira und erkundete die nähere Umgebung von Rio de Janeiro.[4] Reiche Ausbeute wurde gemacht, darunter auch zahlreiche neue Pflanzenarten entdeckt.

In der Ausstellung ist ein Gläschen mit einem kleinen Tausendfüßler zu sehen, das auf einer Etikette den Erzherzog als Sammler dieses Tieres in Brasilien ausweist. Eine rote Marke weist daraufhin, dass es sich bei diesem Objekt, einem kleinen Bandfüßer, um einen so genannten Holotypus handelt. Es ist dies das authentische Referenzexemplar einer neuen Art. Sie wurde 1869 von den Schweizer Zoologen Alois Humbert und Henri de Saussure anhand dieses Tieres entdeckt und unter dem Namen *Polydesmus (Oxyurus) gracilipes* beschrieben.[5] Im März 1866 war die gesamte Tausendfüßler-Sammlung des k. k. zoologischen Hofkabinettes, insgesamt 362 Serien, vom Kustos Adjunkten Alois Rogenhofer zu diesen Spezialisten nach Genf gesandt worden. Die ordnungsgemäße Retournierung nach Wien erfolgte 1869 und 1870.

Es war Maximilian nach seiner Krönung zum Kaiser von Mexiko ein großes Anliegen, ein Nationalmuseum zu errichten. Er bestellte 1865 seinen Vertrauten, den Zisterzienserpater Dominik Bilimek (1813–1884), Professor für Naturgeschichte an der Theresianischen Militärakademie, zum Kustos der naturwissenschaftlichen Sammlungen des Museums. Bilimek unternahm mehrere Exkursionen – manchmal sogar in Begleitung des an der Natur sehr interessierten Kaisers –, er sammelte in der Nähe des kaiserlichen Schlosses Chapultepec, in Orizaba und Tacubaya, in der Umgebung der Residenz in Cuernavaca, 85 km südlich von Mexico City. Seine Reisen führten ihn bis nach Santa Fé und Guadeloupe.[6]

Bilimek selbst beschrieb Spinnentiere der Cacahuamilpa-Höhlen (nördlich des Guerrero States, südlich von Cuernavaca).[7] Nach dem gewaltsamen Tod des Kaisers gelang es dem Pater, auf abenteuerlichen Wegen mit einem Teil seiner Sammlungen Europa zu erreichen, wo er das Museum in Miramar leitete, eine Aufgabe, mit der ihn noch Maximilian betraut hatte. In den folgenden Jahren trennte sich Bilimek immer wieder von Teilen seiner Sammlung und übergab sie verschiedenen europäischen Museen. 1883 wurden im Naturhistorischen Museum in Wien wirbellose Tiere, die Dominik Bilimek gesammelt hatte, akquiriert, einige von diesen sind in der Ausstellung zu sehen.

4 Christa Riedl-Dorn, Die Brasilienreise von Erzherzog Ferdinand Max, in: Die Entdeckung der Welt. Die Welt der Entdeckungen. Österreichische Forscher, Sammler, Abenteurer. Ausstellungskatalog des KHM Wien 2001, S. 139–141.

5 Alois Humbert, Henri Louis Frederic de Saussure, Description de divers Myriapodes du Musée de Vienne. Verhandlungen der Zoologisch-botanischen Gesellschaft in Wien, 1869, 19, S. 669–692.

6 Elisabeth Zeilinger, Die zweite Hälfte des 19. Jahrhunderts: Österreichische Forschungen in Amerika, in: Die Neue Welt, Österreich und die Erforschung Amerikas, Österreichische Nationalbibliothek, Wien 1992, S.121–152.

7 Victor Fet & Michael E. Soleglad: Synonymy of Parabroteas montezuma Penther, 1913 and designation of neotype for Vaejovis mexicanus C. L. Koch, 1836 (Scorpiones: Vaejovidae), 2007 Boletín Sociedad Entomológica Aragonesa, Nr. 41: 251–263.

Das Präparat eines Riesengeißelskorpions *(Mastigoproctus giganteus)* zeigt ein besonders schönes Tier, das in Orizaba von Bilimek gefangen wurde. Geißelskorpione sind, trotz einer gewissen äußerlichen Ähnlichkeit, nicht näher mit den echten Skorpionen verwandt – sie stehen den Webspinnen näher. Es fehlt ihnen der Giftstachel, sie tragen lediglich am Hinterende einen vielgliedrigen Schwanzfaden. Gegen Feinde verteidigen sie sich durch einen „Spray" mit hohem Gehalt an Essigsäure, aus zwei Drüsen an der Basis dieses Anhangs.

Geißelspinnen *(Tarantula fuscimana)* sind Spinnentiere, die in den Tropen und Subtropen leben und nachtaktiv sind. Auffallend sind die zu mächtigen Fangarmen umgestalteten Pedipalpen im Kopfbereich der Tiere. Die ersten Beinpaare sind sehr lang und dienen ausschließlich als Tastorgane, mit deren Hilfe sie die Umgebung befühlen können. Diese Spinnentiere haben einen flachen Körperbau, ihnen fehlen jegliche Wehr- oder Giftdrüsen.

Bilimek fing diese äußerst giftigen Skorpione *(Centruroides infamatus)* vermutlich bei Tuzantlán in der Provinz Puebla. Deren Stich kann für den Menschen äußerst unangenehme Folgen haben, ja sogar zum Tod führen. Die Tiere leben vorzugweise auf trockenen Böden in Savannen und Halbwüsten unter Steinen und Holzstücken. Da sie sehr gute Kletterer sind, finden sie sich auch auf höheren Bäumen.

Hummer sind Zehnfußkrebse, die in kälteren Meeresgebieten ihr Vorkommen haben, auf jeden Fall nicht in Mexiko. Dieses ausgestellte Exemplar ist noch dazu der europäische Hummer *(Homarus gammarus)*. Könnte sich Bilimek dieses Tier rechtzeitig aus der kaiserlichen Küche beschafft haben, bevor es als hochgeschätzte Delikatesse verspeist worden wäre?

Diese tropischen Tausendfüßler *(Anadenobolus chichimecus)*, es sind sogenannte Schnurfüßer, hat Bilimek bei Orizaba gefangen. Die Tiere haben einen kreisrunden Querschnitt, bei den adulten sind mehr als 40 Körperringe vorhanden. Langsam bewegen sie sich am Boden im tropischen Regenwald fort, können sich aber auch in die Erde eingraben. Die Tiere sind reine Pflanzenfresser.

Diese seltenen Landschnecken wurden von Bilimek in Mexiko gesammelt und sind nur dort zu finden. Die Molluskensammlung des NHMW besitzt insgesamt nur vier Humboldtschnecken *(Humboldtiana humboldtiana)*. Die beiden in Alkohol konservierten Exemplare sind daher besonders wertvoll. Über die Lebensweise dieser Art ist bis heute wenig bekannt. Die Tiere leben hauptsächlich in Nadelwäldern der Gebirge (bis 4.000 m Höhe!) und sind sogar jenseits der Baumgrenze zu finden.

Dominik Bilimek sammelte die Blasenschnecken *(Physa sp.)* in Guadeloupe. Diese lungenatmenden Süßwasserschnecken sind unauffällig, allerdings weist ihre Schale eine Besonderheit auf – sie ist immer linksgewunden. Was bei den für gewöhnlich rechtsgewundenen Weinbergschnecken als so genannter „Schneckenkönig" eine große Seltenheit ist, stellt bei Blasenschnecken somit ein typisches Erkennungsmerkmal dar. Die Art ist in der Karibik heimisch, zur genauen Lebensweise und Verbreitung ist bis heute wenig bekannt.

20. „In der unbeschreiblichen Tropenwelt" – Maximilian in Brasilien

Christa Riedl-Dorn

Bereits als Kind gehörten die Gewächshäuser in Schönbrunn mit ihren tropischen Pflanzen zu Max' Lieblingsorten. Früh war sein Interesse an Exotik und Fernweh zu erkennen. Vielseitig begabt hatte Max Verständnis für Wissenschaft und Kunst, als deren Förderer er hervortrat. Seine Stellung zur Naturwissenschaft ist die eines interessierten Laien, der versucht, sich über allgemeine Grundbegriffe ein Bild zu machen, ohne aber tiefer einzudringen. Er legte Sammlungen an, förderte naturwissenschaftliche Unternehmungen und Reisende. Selbst bei den Missionen der Kriegsmarine ermöglichte er durch geschickte Personalpolitik naturwissenschaftliche Forschungsvorhaben. 1856 wurde er zum Ehrenmitglied der Akademie der Wissenschaften ernannt.

Als Oberkommandierender der k. k. Kriegsmarine führte er die gründliche Ausbildung in den Naturwissenschaften als Teil der Erziehung der Seekadetten ein und ordnete an, dass die Mannschaften von Schulschiffen naturhistorische Objekte sammeln und naturwissenschaftliche Beobachtungen, wie z. B. Meteorologie, Tiefseelotungen etc., notieren sollten. Sein lang gehegter Wunsch, an der Weltumsegelung der Fregatte „Novara" (1857–59) teilzunehmen, wurde durch die politische Situation in Italien verhindert. Die nun geplante Reise sollte zumindest eine kleine Entschädigung für das Versäumte werden. Einerseits sollte sein Cousin Dom Pedro II. von Brasilien, Sohn der unglücklichen Leopoldina, besucht werden und anderseits wollte Max tropische Pflanzen für seine Gärten in Miramar, Lacroma und für die Gewächshäuser in Schönbrunn sammeln und Kollektionen von Herbarien und Tieren für Museen mitbringen. (Abb. 20-01)

Der „Reisepalast", wie Maximilian das Dampfschiff „Elisabeth" bezeichnete, brach von Pola am 14. November 1859 auf. In Madeira wurde wegen der Witterungsverhältnisse die Weiterfahrt für fast zwei Wochen unterbrochen. Max war in dieser Zeit derartig ungeduldig, dass er überlegte, inkognito auf einem anderen Schiff weiterzureisen. Der ersehnte Dampfer erwies sich jedoch als Paketboot und so musste er warten. Über die Kanarischen Inseln und die Kapverden erreichten sie am 11. Jänner 1860 Bahia (Salvador). Begleitet wurde Max von durchwegs reiseerprobten Personen: vom Adjutanten der „Elisabeth" Wilhelm von Tegetthoff, seinem Freund, dem Personal-Adjutanten Carl Graf von Bombelles, seinem Leibarzt, dem Marinestabsarzt August von Jilek, dem Schiffsarzt und Botaniker Heinrich Wawra von Fernsee, dem Maler Josef Selleny und dem Gärtner Franz Maly. Der Maler Selleny hatte sich auf der Novara-Expedition 1857–59 und der Botaniker und Arzt Wawra an Bord des Begleitschiffes der Novara, der Corvette „Carolina", so glänzend bewährt, dass sie bei dieser Unternehmung das Erzherzogs nicht fehlen durften. Der 1819 in Leitomischl in Böhmen geborene August Ritter von Jilek war seit 1852 Chefarzt der Marineakademie in Triest, gleichzeitig Leiter der Ozeanographie und Verfasser eines viel beachteten Lehrbuches. Von Max hoch geschätzt, warnte er ihn vor seinem „Mexikoabenteuer". Aus Böhmen stammte auch der 1823 geborene Schönbrunner Gärtner Franz Maly; er sollte später zum Hofgarteninspektor avancieren. Von Bahia aus führten sie mehrere sehr ertragreiche Sammelexkursionen aus, etwa zur Insel Itaparica, ein Stück den Rio Paraguasù und den Rio Vermehlo hinauf. Sie setzten ihre Reise über Pernambuco (Re-

20-01) Maximilian in Expeditionskleidung in Brasilien, 1859 (ÖNB-BA)

20-02) Anthurium malyi Ferdinandus Maximilianus ex Schott, Gouache Wenzel Liepoldt (NHM)

20-03) Zomicarpa steigeriana Ferdinandus Maximilianus ex Schott, Gouache Wenzel Liepoldt (NHM)

cife) zur Stadt S. Jorge dos Ilheos (Ilhéus) fort. Mit einem Kanu fuhren sie den Rio Cachoeira stromaufwärts zu der Kaffeeplantage des Deutschen Baron Steiger von Münsingen. Eine Woche verbrachten sie im Urwald. Hier entdeckte Max für die Wissenschaft zwei neue Arten von Aronstabgewächsen, die er nach dem Gärtner der Expedition, Maly, „*Anthurium Malyi* F[erdinandus] M[Maximilianus] (Abb. 20-02) und dem Gutsbesitzer Steiger, bei dem sie einige Nächte verbrachten, „*Zomicarpa steigeriana* F[erdinandus] M[aximilianus]" (Abb. 20-03) benannte. Aus der Tatsache, dass der Erzherzog in der Lage war, zu erkennen, dass es sich bei einer Pflanze aus einer in den Tropen Brasiliens äußerst formenreichen Gruppe um eine Neuentdeckung handeln könnte, beweist, dass Max durchaus zu wissenschaftlicher Arbeit befähigt war.[1]

Maximilian rühmte in seiner Reisebeschreibung den Eifer des von ihm wegen seines Wuchses als „kleiner Botaniker" bezeichneten Gärtners Franz Maly: „Die Wonne des kleinen Botanikers in dieser Musterkarte der Tropenwelt war unbeschreiblich, ihm ging's in seiner Wissenschaft, wie uns Allen im Genusse des Anschauens; er stürzte in alle Richtungen, er riß und schnitt jede Pflanze, und verschwand zuweilen so vollkommen im Dickicht, daß die hohen Kräuter über den kleinen Manne wie Wellen zusammenschlugen, dann tauchte er

[1] Christa Riedl-Dorn, Die Brasilienreise von Erzherzog Ferdinand Max, in: Wilfried Seipel, Die Entdeckung der Welt. Die Welt der Entdeckungen, Wien 2001, S. 140.

wieder jubelnd aus der grünen Fluth mit irgend einer neuen Errungenschaft hervor; bedenkt man, daß seit er lebt und dachte, dieser kleine Mann alle diese Pflanzen nur in einzelnen Exemplaren in verkümmerter Gestalt angebetet und wie Juwelen gehütet hatte, und daß er sich nun einmal mitten in vollen Übermaße, im verschwenderischen Luxus der Natur berauschen, und in dem was ihm als das Heiligste galt, schwelgen durfte, so wird man begreifen, daß er trotz des tropischen Sommers [...], beladen wie ein Schnitter, einherging. Lianen, die grünen Fächer der Musaceen und Seitamineen zog er in Büschen wie ein Schleppkleid mit sich, während die Taschen Samen und Früchte für eine ganze Zukunftswelt bargen; sogar der verknitterte Pintsch, der schon so manchen Sturm an seinem ehrbaren Haupte hatte vorüberziehen sehen, mußte als Receptaculum für tropische Sämerein dienen."[2]
Größte Bewunderung rief bei Max die Kühnheit, die Tegetthoff im Urwald an den Tag legte, hervor: Wegen seiner Kurzsichtigkeit hielt Tegetthoff den Gegenstand, der sich als giftige Schlange entpuppen sollte, für einen Alligator. Triumphierend hob er die Schlange mit dem Ruder aus dem Wasser und schleuderte sie ins Boot. Durch die Sonnenstrahlen wurde das betäubte Tier erwärmt und „hob zischend den Kopf gegen Tegetthoff, zwischen dessen Füßen es im Boote lag. Wenige Spannen und der Giftzahn hätte den kühnen Schiffer getroffen; [...] Tegetthoff aber, mit seltenem Muthe begabt, verlor nicht einen Augenblick die auf exotischen Ausflügen nothwendige Geistesgegenwart; er zielte fest mit seinem Ruder, um das Haupt des Feindes zu zerquetschen."[3]

Nach der Rückkehr aus den Urwäldern von Ilheos trafen sie am 27. Jänner 1860 in Rio de Janeiro ein. Da das brasilianische Kaiserpaar abwesend war, reisten sie zu dessen Sommerresidenz in Petropolis – wieder vergeblich. Erst in Itapemirim traf Max mit Dom Pedro II., den er nicht besonders schätzte, zusammen. Vor der Heimreise von Pernambuco (Recife) am 16. Februar 1860 liefen sie noch kleinere Häfen an den Küsten von Espiritu Santo und Bahia an. Über Madeira erreichten sie am 28. März mit Gravosa die Endstation ihrer Fahrt. Das Ziel Maximilians war es gewesen, der Zivilisation zu entfliehen und sich sozusagen in paradiesische Urzustände der Erde zurückzuversetzen. Begeistert durchstreifte er die Urwälder Brasiliens, trotzdem entgingen ihm nicht die herrschenden Zustände in der Bevölkerung. Heftig kritisierte er die Sklaverei. An seinen Bruder Kaiser Franz Joseph sandte er regelmäßig Berichte und prangerte auch die mangelnde Präsenz österreichischer Handelsschiffe an den Küsten Brasiliens an. Seine Erlebnisse in Brasilien veröffentlichte er in „Reiseskizzen"[4] 1860/61. Nach seinem tragischen Tod erschien sein siebenbändiges Werk „Aus meinem Leben",[5] worin der fünfte bis siebente Band seine Reise behandeln. Diese Ausgabe war von Freiherrn Eligius von Münch-Bellinghausen, besser bekannt unter seinem Dichternamen Friedrich Halm, noch im Auftrag Maximilians überarbeitet worden. Äußerungen, die nicht in das Bild eines liberalen Herrschers passten, wurden ebenso gestrichen wie „anstößige Bemerkungen" – z. B. mit einer Schwarzen am Strand von St. Vincent zu Silvester Quadrille getanzt zu haben oder Pauschalurteile über ein Volk.

[2] Ferdinand Maximilian, Aus meinem Leben, 7 Bände, Leipzig 1867; Reise-Skizzen, Bd. 6, S. 86–87 abgedruckt bei: Christa Riedl-Dorn, Blumen eines Kaisers – Maximilian von Mexiko und seine Brasilienexpedition 1859–1860. In: Amerika – Zur Entdeckung ... (= Kataloge des OÖ Landesmuseums N.F. 61) Linz 1992, S. 65–66.

[3] Abgedruckt bei Riedl-Dorn, (zit. Anm. 2), S. 85–86.

[4] Ferdinand Maximilian, (zit. Anm. 2), Bd. 5 und 6.

[5] Ferdinand Maximilian, (zit. Anm. 2).

Die meteorologischen Beobachtungen der Seekadetten wurden 1861 veröffentlicht.[6]

Die naturwissenschaftliche Ausbeute der Reise bestand aus einem umfangreichen Herbar, zahlreichen lebenden Pflanzen und Samen für die Gärten in Miramar und Schönbrunn, lebenden Vögeln und Bälgen, vor allem von Kolibris, sowie Gliederfüßern für das geplante Museum in Miramar und das Wiener Museum. Unter den Pflanzen befanden sich viele neuentdeckte Arten, wovon einige dem späteren Kaiser von Mexiko gewidmet wurden, wie etwa die Orchidee *Oncidium imperatoris-maximiliani* oder die Bignonia-Art *Bignonia imperatoris-maximiliani.* Auf Wunsch des Kaisers übernahm Wawra die Bearbeitung der botanischen Ausbeute, die im Auftrag Maximilians in einem Prachtband[7] publiziert wurde. Dafür fertigte Joseph Seboth von einer Auswahl der gesammelten Pflanzen Zeichnungen und Aquarelle an. Ein besonderes Schicksal hatten die Aronstabgewächse, die in einem eigenen Band von H. W. Schott beschrieben werden sollten, da Wawra durch Kriegsereignisse verhindert war. Schott starb über dieser Arbeit, ebenso der Kustos Theodor Kotschy und dessen Nachfolger, gleichfalls Kustos, Siegfried Reissek. Den Auftraggeber ereilte das Schicksal in Querétaro (1867). Erst 1879 sollte dieses Werk[8] erscheinen.

[6] Meteorologisches Tagebuch Sr. Majestät Dampfer Elisabeth. Vom 1. Dezember 1859 – März 1860, Wien 1861.

[7] Heinrich Wawra, Botanische Ergebnisse der Reise seiner Majestät des Kaisers Maximilian I. nach Brasilien (1859–60), Wien 1866.

[8] Josef Peyritsch, Aroideae Maximilianae. Die auf der Reise Sr. Majestät des Kaisers Maximilian I gesammelten Arongewächse nach handschriftlichen Aufzeichnungen von H. Schott, Wien 1879.

21. Maximilians Aegyptiaca – die sogenannte Sammlung Miramar

Regina Hölzl

Ausgangspunkt für das zunehmende Interesse an der altägyptischen Kultur im Laufe des 19. Jahrhunderts in Europa war die Entzifferung der Hieroglyphen durch François Champollion im Jahre 1822. Der darauffolgende Ägypten-Boom lockte viele Reisende nach Ägypten, welche die altägyptische Kultur kennenlernen und Aegyptiaca erwerben wollten; Letztere waren insbesondere für Museen und private Sammlungen europäischer Herrscherhäuser bestimmt. Auf diese Weise entstanden u. a. die großen Ägyptischen Sammlungen in Berlin, London, Paris, Leiden, Turin und natürlich auch in Wien.[1] „Eine würdige Stelle in dieser Reihe nimmt die ägyptische Sammlung in Miramar ein welche von einem für die Wissenschaft begeisterten Mitgliede unseres durchlauchtigsten Kaiserhauses, Seiner Majestät, dem Kaiser Maximilian I. von Mexico, [...] erworben wurde." So schreibt Simon Leo Reinisch, Professor für Ägyptologie an der Universität Wien, in seiner Vorrede zu seiner 1865 erschienenen Publikation „Die Aegyptischen Denkmaeler in Miramar".[2] Ihren Namen erhielt die Sammlung ägyptischer Altertümer von Erzherzog Ferdinand Max (Maximilian von Mexiko) durch ihren Aufbewahrungsort in Schloss Miramar, seiner Residenz bei Triest. Heute sind die Aegyptiaca Maximilians – die sogenannte Sammlung Miramar – sowohl inventarmäßig als auch physisch Bestandteil der Ägyptisch-Orientalischen Sammlung des Kunsthistorischen Museums in Wien.

Erwerbungsgeschichte der Ägyptischen Sammlung in Miramar

Zeitlich können die Erwerbungen der Aegyptiaca in drei Phasen gegliedert werden. Die erste Phase (A) fand zwischen 1850 und 1855 statt und umfasste Ankäufe, die Maximilian vermutlich selbst tätigte, vielleicht angeregt und unterstützt durch den deutschen Maler Bernhard Fiedler, ein Vertrauter und Freund Maximilians.[3] Um 1850 erwarb Maximilian diverse Aegyptiaca vom Generalkonsul in Alexandria, Anton von Laurin, welcher 1849 von Ägypten nach Bukarest versetzt wurde und daher seine Sammlung von Altertümern auflöste.[4]

Im Jahre 1855 stattete Maximilian in seiner Eigenschaft als Oberkommandierender der Kriegsmarine dem ägyptischen Vizekönig Said Pascha einen Besuch ab. Ein Resultat dieser offiziellen Mission nach Ägypten war die Erwerbung einer großen Anzahl von Aegyptiaca (Phase B), wobei es bereits während oder kurz nach dem Besuch in Ägypten unterschiedliche Auffassungen und Wahrnehmungen hinsichtlich dieser Erwerbung gab. Zum einen hieß es, dass Maximilian die Denkmäler im ägyptischen Museum über Gebühr bewundert hatte und sich der Gastgeber daher entsprechend den orientalischen Gepflogenheiten dazu verpflichtet fühlte, Maximilian die betreffenden Objekte zu schenken[5]. Anders lautet hingegen

---

[1] H. Satzinger, Das Kunsthistorische Museum in Wien. Die Ägyptisch-Orientalische Sammlung, Sonderheft Zauberns Bildbände zur Archäologie, Mainz 1994.

[2] S. Reinisch, Die Ägyptischen Denkmäler in Miramar. Wien, 1865, S. VIII–IX.

[3] H. Satzinger (zit. Anm. 1), S. 72.

[4] G. Hamernik., Anton Ritter von Laurin. Diplomat, Sammler und Ausgräber, unveröff.. Dissertation Wien 1985, S. 198–202.

[5] H. Satzinger (zit. Anm. 1), S. 74–77.

die Version von Reinisch (die wahrscheinlich die Sichtweise Maximilians wiedergibt), wonach Maximilian das übliche Gastgeschenk (bestehend aus edlen Pferden, Waffen und dergleichen) abgelehnt und sich stattdessen vom Vizekönig die Erlaubnis erbeten hatte, Aegyptiaca aus dem ägyptischen Museum in Kairo auszuwählen.[6]

Die Erwerbungen von 1865/66 (Phase C), die Reinisch im Auftrage Maximilians in Ägypten durchführte, hatten einen konkreten politisch-kulturellen Grund: Maximilian hatte auf Vorschlag Napoleons III. die Kaiserkrone von Mexiko angenommen und große Pläne auch hinsichtlich der kulturellen Einrichtungen seiner neuen Heimat entwickelt. Dazu zählte auch die Errichtung eines Nationalmuseums in Mexiko, in dem u. a. auch ägyptische Objekte ausgestellt werden sollten. Die Ankäufe von Reinisch in Ägypten, die Maximilian aus seiner Privatschatulle bezahlt haben dürfte (und daher als sein Privateigentum angesehen wurden), waren speziell für dieses Museum in Mexiko gedacht. Aufgrund der dramatischen politischen Ereignisse im Jahr 1867 kam es jedoch nicht mehr dazu.
Das Schiff mit den ägyptischen Objekten (Erwerbungen Phase C), die für das Museum in Mexiko bestimmt waren, lag bereits im Hafen von Veracruz/Mexiko vor Anker, als die Nachricht von der Hinrichtung Maximilians eintraf. Allerdings war die Ladung noch nicht gelöscht und so kehrte das Schiff sofort um und die Aegyptiaca wurden ins Schloss Miramar zurückgebracht.

In der Folge waren die Kustoden der kaiserlichen Sammlungen in Wien bestrebt, die ägyptische Sammlung von Miramar den kaiserlichen Sammlungen in Wien einzuverleiben. Bereits 1872 wurde erstmals eine diesbezügliche Anfrage an den Oberstkämmerer gestellt.[7] Weitere konkrete Schritte wurden 1878 unternommen, als im Frühling desselben Jahres der Kustos der Ägyptischen Sammlung in Wien, Ernst Ritter von Bergmann, nach Miramar geschickt wurde, um die ägyptische Sammlung dort zu sichten. Er unterteilte die Sammlung Miramar in zwei Gruppen: Gruppe I umfasste die Erwerbungen von Reinisch, welche für das Museum in Mexiko vorgesehen waren (1209 Nummern). Zur Gruppe II zählte er die frühen Ankäufe von Laurin sowie das Gastgeschenk von Said Pascha (721 Nummern).[8]

Aufgrund der etwas komplizierten Eigentumsverhältnisse der Sammlung Miramar – die Objekte waren teilweise Privatbesitz Maximilians und seiner Erben und teilweise hofärarisches Gut – waren gewisse bürokratische Schritte notwendig, damit die gesamte Sammlung Miramar als Fideikomiss den kaiserlichen Sammlungen einverleibt werden konnte.[9]

Noch im Jahre 1878 war es schließlich so weit und die Objekte der Ägyptischen Sammlung Miramar konnten inventarmäßig in die kaiserlichen Sammlungen in Wien übernommen werden. Die physische Überführung der Objekte von Miramar nach Wien fand allerdings erst 1883 statt.

[6] S. Reinisch (zit. Anm. 2), S. IX; sowie H. Satzinger, Die Eigentumsverhältnisse innerhalb der Ägyptischen Sammlung von Miramar, in: Massimiliano, Rilетturea di un'Esistenza, Atti del Convegno, Trieste 4–6 marzo 1987, (1992) 194–201.
[7] Akt Münz- und Antikenkabinett vom 4. Juli 1872 (MAK 1872.2362).
[8] Akt Münz- und Antikenkabinett vom 16. Mai 1878 (MAK 1878.2927).
[9] H. Satzinger (zit. Anm. 6), S. 194–201, insbes. S. 197.

Übersicht über die Erwerbungen der Sammlung Miramar:

Phase A	Zw. 1850 und 1855	Private Ankäufe, Erwerbung der Sammlung Laurin	Gruppe II
Phase B	1855	Gastgeschenk des ägyptischen Vizekönigs Said Pascha anlässlich eines offiziellen Besuches von Maximilian in Ägypten	Gruppe II
Phase C	1865/66	Ankäufe durch Prof. Reinisch in Ägypten für ein Museum in Mexiko	Gruppe I

Ausgewählte Objekte der Sammlung Miramar

Im Jahr 1878 umfasste die kaiserliche Ägypten-Sammlung in Wien ca. 4000 Objekte. Die Sammlung Miramar mit ihren 1930 Objekten stellte nicht nur eine enorme zahlenmäßige Erweiterung des Wiener Sammlungsbestandes dar, sondern sie konnte sich auch in qualitativer Hinsicht mit der kaiserlichen Sammlung in Wien messen, denn viele Objekte der Sammlung Miramar können heute als Haupt- bzw. Meisterwerke der Ägyptisch-Orientalischen Sammlung angesehen werden.[10] Dazu zählen bedeutende Skulpturen wie z. B. der Kopf eines Sphinx von Sesostris III. (ÄS 5813, Miramar Gruppe II, Nr. 665; Mittleres Reich, um 1850 v. Chr.)[11], die Statue des Gottes Imichentwer (ÄS 5770, Miramar Gruppe II, Nr. 621; Neues Reich, um 1350 v. Chr.)[12] oder der weibliche Torso (ÄS 5809, Miramar Gruppe II, Nr. 5661; Ptolemäerzeit, um 260 v. Chr.) (Abb. 21-01). Das bedeutendste Objekt der Sammlung Miramar ist sicherlich die Nilpferdstatuette aus Fayence (ÄS 4211, Miramar Gruppe I, Nr. 272) (Abb. 21-02). Solche Nilpferdfiguren finden sich in vielen Museen der Welt, das Nilpferd der Sammlung Miramar zählt jedoch zu den schönsten Beispielen überhaupt. In Ägypten galt das Nilpferd als Symbol für die Regeneration; im frühen Mittleren Reich (ca. 2000 v. Chr.) diente es daher als Grabbeigabe.

21-01) Weiblicher Torso, ägyptisch, Ptolemäerzeit, Diorit, ca. 270–250 v. Chr. (KHM)

[10] R. Hölzl, Meisterwerke der Ägyptisch-Orientalischen Sammlung, Kurzführer durch das Kunsthistorische Museum, Band 6, Wien 2007, für Objekte aus der Sammlung Miramar siehe S. 56–57, 66–67, 76–77, 80–81, 92–93, 104–105, 110–111, 130–131, 142–143, 158–159, 166–167.

[11] Ebenda, S. 66–67.

[12] Ebenda, S. 110–111.

21-02) Nilpferd, ägyptisch, mittleres Reich, Fayence, glasiert und bemalt, 11./12. Dynastie, um 2000 v. Chr. (KHM)

Zur Sammlung Miramar zählten aber auch diverse Särge, Menschen- und Tiermumien, Kanopen-Gefäße, zahlreiche Uschebtis, Statuetten aus Bronze, Amulette und Skarabäen, Kultobjekte und Schmuckstücke, aber auch einige Fälschungen bzw. moderne Fabrikate. Diese Fälschungen, die Ernst Ritter von Bergmann im Zuge der wissenschaftlichen Bearbeitung der Sammlung Miramar identifizierte, finden sich gleichermaßen bei den frühen Erwerbungen (Gruppe II) als auch bei jenen Erwerbungen, die Reinisch für Maximilian in Ägypten ankaufte (Gruppe I). Hier soll besonders die Stele ÄS 5075 hervorgehoben werden, auf der die Huldigung des Gottes Re-Harachte durch eine Frau dargestellt ist (Gruppe I, Nr. 1136) (Abb. 21-03). Bergmann nennt diese Fälschung eine „mißlungene Kopie eines Originals im Museum von Bulaq/Kairo“.[13]

21-03) Stele, ägyptisch, neuzeitlich (Kopie), Kalkstein, bemalt, um 1850 (KHM)

Vor nunmehr 130 Jahren wurden die Objekte der Sammlung Miramar mit den Beständen der Ägyptisch-Orientalischen Sammlung des Kunsthistorischen Museums in Wien vereint. In Miramar blieb lediglich eine Sphinxstatue (Abb. 21-04) zurück, die am Kai des Schlosses thront und davon zeugt, dass sich hier früher eine bedeutende Sammlung ägyptischer Denkmäler befunden hatte.

21-04) Sphinx vor Schloss Miramar (PB)

[13] Dabei handelt es sich offenbar um eine spätzeitliche Holzstele. Siehe dazu Inventarunterlagen zu ÄS 5075, Archiv Ägyptisch-Orientalische Sammlung.

22. „Hundert Tage mexicanisches Kaiserreich“ im Museum für Völkerkunde, Wien

Gerard van Bussel

Zeugnisse für das Zweite mexikanische Kaiserreich (1864–1867) lassen sich in allen Abteilungen des Museums für Völkerkunde in Wien finden: in den Objektsammlungen (Abb. 22-01), im schriftlichen Archiv, Bildarchiv und Fotoarchiv sowie in der Bibliothek. Als Beispiel für die letzte Sammlung ist eine ehrende Biographie über Kaiser Maximilian I. zu erwähnen, die 1867 von Maximilian von Alvensleben, Leutnant in der kaiserlich-mexikanischen Armee, verfasst wurde.[1] Das Bibliotheksexemplar war einst im Besitz der Erzherzogin Sophie, Mutter Maximilians. Der Kaiser wird als „exalted character“ präsentiert, der mit „chivalrous gallantry“ aus dem Chaos der verfallenen mexikanischen Republik ein geordnetes Kaiserreich zu schaffen versuchte.

Wohlwollende Wertungen der Person Maximilians I. und seiner Initiativen sind zahlreich. Engagement, Intellekt und Fähigkeiten wurden Maximilian durchaus angedichtet, er entkam aber genauso wenig Qualifikationen wie Schöngeist, Inkonsequenz und Unbeständigkeit. Er war vielleicht manchmal realitätsfremd, widmete sich Phantasien, war jedoch seiner eigenen Welt treu ergeben. Maximilian scheint eine Vorliebe für weniger etablierte Bereiche entwickelt zu haben, natürlich für die Marine oder seine Sehnsucht nach der Ferne, was u. a. sein Domizil in Miramar und seinen Erwerb von Schloss Artstetten, beide abseits vom Wiener Hof, erklären könnten. Effektuiert wurde diese Einstellung durch seine Initiative für die Weltumseglung der Novara und seine Reisen, unter anderem nach Brasilien und schlussendlich Mexiko. Die Natur und die Bewohner daselbst interessierten ihn, so sonderte er sich in Mexiko gerne von seinem Gefolge ab, um Pflanzen und Tiere zu sammeln und sich mit der lokalen Bevölkerung zu unterhalten. Im Archiv des Museums befindet sich ein Autograph Maximilians mit Namen vieler Bäume, insbesondere Koniferen und Sträucher (Abb. 22-02). Die meisten Fundorte dieser Pflanzen sind Chapultepec und Tacubaya in Mexiko-Stadt, Cuernavaca, Orizaba und Puebla: der Teil von Mexiko, der am Ende noch unter Kontrolle des Kaiserreichs verblieb, aber nun mehr ein Korridor vom zentralen Hochland zur Küste war. Maximilian I. widmete sich so unterschiedlichen Bereichen wie der Philosophie, versuchte sich als Dichter und verfasste bereits in jungen Jahren nach der Art des Kaisers Marcus Aurelius Gedanken und

22-01) Steinmaske der Azteken, Mexiko, um 1500 n. Chr. (KHM-MVK)

[1] Max Baron von Alvensleben, With Maximilian in Mexico, From the Note-Book of a Mexican Officer, London 1867.

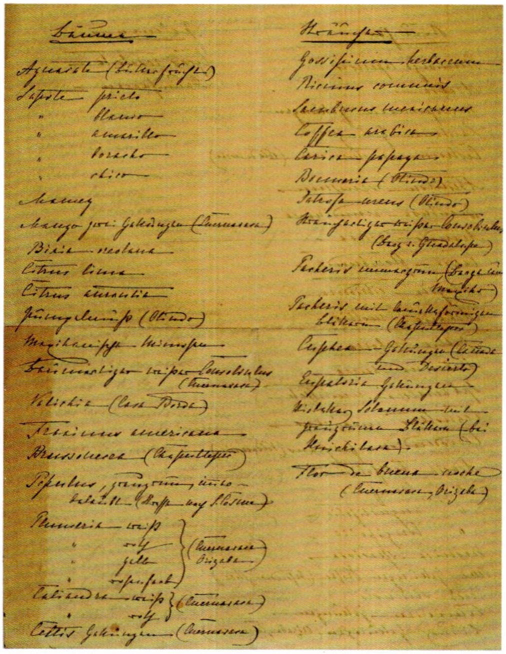

22-02) Autograf Ferdinand Maximilians, Auflistung von Bäumen und Sträuchern, 2. H. 19. Jh. (KHM-MVK)

Aphorismen. Fanden die Naturwissenschaften, das Sammeln von Büchern und Kunst in unterschiedlichster Qualität sowie auch die Archäologie und Architektur sein Interesse, so war das bei der hoftauglichen Jagd weniger der Fall.

Als Erwerb für sein mexikanisches Nationalmuseum nahm Maximilian I. 1864 ein altmexikanisches Federschild von Schloss Laxenburg mit nach Mexiko: ein Geschenk seines Bruders Kaiser Franz Joseph I. Es befindet sich heute im Schloss Chapultepec, Maximilians ehemaliger Residenz. In zeitgenössischen Schriften unterschiedlicher Art wurde Maximilian I. als Nachfolger von „Montezuma" oder von den „Montezumas" bezeichnet, das heißt ein unabhängiges Mexiko war mit dem Habsburgerherrscher wiederhergestellt. Hofdame der Kaiserin war tatsächlich eine Nachfahrin Moctezumas.[2] Im Schloss Miramar befindet sich ein Paravent mit der Geschichte der Conquista Mexikos. Eine zentrale Darstellung zeigt Moctezuma, der eine europäische Krone trägt. Diese Darstellung wurde von Eduard von Orel abgemalt und befindet sich heute im Museum (Abb. 22-03). Der berühmte Federschmuck im Museum für Völkerkunde wurde im Laufe des 20. Jahrhunderts mit Montezuma/Moctezuma in Verbindung gebracht, später sogar als dessen Krone bezeichnet. Es lässt sich überlegen, was passiert wäre, wenn letztere Bezeichnung bereits 1864 geläufig gewesen wäre und auf welches Geschenk Maximilian bestanden hätte.

In der kurzen Zeit des Kaiserreiches wurde ein für Mexiko exotischer Hofstaat kreiert, zahllose Feste, Defileen und Bälle veranstaltet, Hofdiners ausgerichtet und unterschiedliche Orden verliehen. Der Nachlass (1930) des Majorauditors Richard Kerschel von Kernegg besteht aus Memorabilien des Kaiserreiches und des österreichischen Freiwilligencorps: Ordensbänder und Medaillen, ein Zigarrenetui mit dem Monogramm „M" sowie eine Menükarte eines von L. Masseboeuf am 25. Juli 1866 angerichteten Bankettes mit dem Wappen des Kaiserreiches. Als Kerschel-Leihgabe befinden sich im Fotoarchiv 375 kommerzielle Fotografien: mexikanische Szenerien und viele Porträts der Akteure jener Zeit. 11 dieser Aufnahmen stammen vom Fotografen und Architekten Teobert Maler, Pionier in Maximilians Armee, der nach der Exekution des Kaisers in Mexiko blieb. 1888 wurde ein Tonkopf aus dem Besitz des Freiwilligencorps von Hauptmann Johann Donner in die Sammlung aufgenommen. Er stammt aus Cholula, ein von der Entoura-

---

[2] Brigitte Hamann, Mit Kaiser Max in Mexiko. Aus dem Tagebuch des Fürsten Carl Khevenhüller 1864–1867, Wien, München 1983, S. 188, 212.

22-03) Eduard von Orel, Montezuma mit europäischer Krone, 2. H. 19. Jh. (KHM-MVK)

ge des Kaisers öfters besuchter archäologischer Fundort.[3] Kommandant des Freiwilligencorps war Franz von Thun-Hohenstein. Vier mexikanische Keramiken, die 1923 in die Museumssammlung kamen, stammen vermutlich aus seinem Besitz. Sie sind als Fälschungen registriert, wie auch ein Tongefäß aus der Sammlung von Friedrich Semeleder (1882), Leibarzt Maximilians. Sie sind Beispiele einer Keramikproduktion aus dem 19. Jahrhundert, die Interessierten als alte aztekische Waren angeboten wurde. Ähnliche Gegenstände finden sich auch in Maximilians Privatsammlung. Fast 60 dieser Objekte wurden 1977 als Imitationen aus der Museumssammlung ausgeschieden. Ca. 220 mexikanische Objekte aus den Sammlungen Maximilians gelangten 1881 vom Münz- und Antikenkabinett und 1883 aus Miramar ins Museum: Gemälde, Objekte aus Ton und Stein, viele aus präkolumbischer Zeit.

In Mexiko realisierten kritische Geister schnell das Zweifelhafte des kaiserlichen Unterfangens. Simon Leo Reinisch, der für Maximilian in Miramar eine ägyptische Sammlung zusammengestellt hatte, war einer von ihnen. 1866 berief der Kaiser ihn an das neugegründete mexikanische Museum: „Was für ein schönes Land dieses Mexico, welch herrliches Reich könnte sich hier der Kaiser gegründet haben, wenn er ein Talent zum Regieren mitgebracht hätte.“[4] Die Situation im Land war kritisch, als Reinisch am 1. Januar 1867 den Kaiser traf und dieser ihm vorhielt: „Ich mache vor Ihnen kein Hehl, die Dinge gehen schlecht, ich habe

[3] Leo Reinisch, Tagebuch, Manuskript, 26.10.1866–12.07.1867, MS 20; Gräfin Paula Kollonitz, Eine Reise nach Mexico im Jahre 1864, Wien 1867, S. 96.
Samuel Ritter von Basch, Erinnerungen aus Mexico. Geschichte der letzten zehn Monate des Kaiserreichs, Leipzig 1868, S. 159.
Hamann (zit. Anm. 2), S. 162.

[4] Reinisch (zit. Anm. 3), MS 101.

das Bewußtsein, meine Pflicht getan zu haben und ziehe mich daher ruhig und gerne als Philosoph ins Privatleben wieder zurück. In wenigen Tagen wird sich's entschieden haben, ob ich mit Ihnen noch bleiben kann o. nicht".[5]
Der Kaiser überlegte sogar, das Museum zu schließen, im gleichen Monat aber auch den nächsten Winter in Begleitung von Reinisch und dem Zisterzienser Dominik Bilimek in Ägypten zu besuchen. Trotz Hoffnungen begann der Hof im Februar 1867 den persönlichen Besitz von Maximilian nach Europa zurückzusenden. „Im November u. Dezember v. J. ließ er [Maximilian] alle Krumme gerade sein und fing Fliegen u. Käfer mit H. Pater Bilimek oder zeichnete Gartenpläne für Miramar u. Lacroma; weil in dieser Zeit P. Bilimek die größten Schachteln von Fliegen zusammenbrachte, erhielt er die große goldene Civil-Verdienst-Medaille. Seiner Maj. Gartenpläne sollten in Copien im Palacio in Rahmen aufgehängt werden, damit die Mexikaner, wenn er das Land verlassen sollte, sehen könnten, wie vielseitig er sich hier beschäftigt habe."[6]
Reinisch wünschte sich, dass Maximilian, wenn eine militärische Eroberung nicht durchführbar war, er jedenfalls in Nachahmung Napoleons in Ägypten das Land wissenschaftlich erkunden ließe. Von Reinisch besitzt das Museum für Völkerkunde keine Artefakte außer möglicherweise einige Fotografien. 15 Aufnahmen von Gemälden, Hieroglyphen und historischen Karten im Fotoarchiv gelangten 1923 in Museumsbesitz und waren laut Museumsinventar von einem Herrn aus dem Gefolge Maximilians mitgebracht. Reinisch als Vorbesitzer zu betrachten, ist durchaus eine Option, da er in seinem mexikanischen Tagebuch erwähnt, er habe in Mexiko viele alte Landkarten, auch die mit indianischen Hieroglyphen, fotografieren lassen.[7]
Dominik Bilimek, Kapitular des Stiftes Heiligenkreuz-Neukloster, wurde 1865 von Maximilian I. zum Kustos der botanischen und entomologischen Abteilung des kaiserlich mexikanischen Museums ernannt. In Mexiko sammelte Bilimek Pflanzen und Tiere, oft in Begleitung des Kaisers und Samuel von Basch, dem Nachfolger Semeleders. Privat legte Bilimek eine archäologische Sammlung an. Im Januar 1867 bestellte Maximilian I. ihn als Direktor der naturhistorischen Museen in Miramar und Lacroma, im Dezember des gleichen Jahres wurde er vom k. k. österreichischen Obersthofmeisteramt als Kustos des Museums im k. k. Schloss zu Miramare bestätigt. 1878 und 1882 überließ Bilimek den Großteil seiner archäologischen Sammlung dem K. u. K. Naturhistorischen Hofmuseum. Diese mehr als 900 Gegenstände umfassende Sammlung war die erste umfangreiche mexikanische Sammlung der Anthropologisch-Ethnographischen Abteilung des Naturhistorischen Museums, aus welcher 1928 das Museum für Völkerkunde hervorging. Ihr Schwerpunkt ist wegen des Bürgerkrieges und der Unmöglichkeit weiteren Reisens auf das zentrale Hochland beschränkt.
Samuel von Basch erhielt vom Kaiser den Auftrag, in Europa eine unparteiliche Darstellung der mexikanischen Ereignisse zu publizieren. Nicht frei von Humor schlug Maximilian I. „Hundert Tage mexicanisches Kaiserreich" als Titel vor.[8] Objekte einiger erwähnter Sammlungen waren immer wieder im Museum für Völkerkunde ausgestellt. 1995 wurde ebenda im Rahmen der mexikanischen Tage der Totenfeierlichkeiten zum Gedenken Maximilians ein Altar errichtet.

5 Reinisch (zit. Anm. 3), MS 19.
6 Ebenda, MS 81.
7 Ebenda, MS 71, 83, 84, 85, 86.
8 Basch (zit. Anm. 3), S. ix.

23. Afrikanisches aus dem Museum Miramar

Barbara Plankensteiner

In den Sammlungsbeständen von Erzherzog Maximilian im Schloss Miramar befanden sich auch einige afrikanische Gegenstände, die 1883 an die Anthropologisch-Ethnographische Abteilung des K. u. K. Naturhistorischen Museums, die Vorgängerinstitution des heutigen Museums für Völkerkunde, übergeben wurden. Der größte Teil dieser Afrika-Objekte stammt aus dem südlichen Sudan, ein Teil von der Weltreisesammlung der Novara und einige wenige Gegenstände aus Westafrika (Senegal/ Gambia).

Der einzige bisher bekannte Hinweis zu den afrikanischen Objekten in Maximilians Sammlung findet sich in seinen Reiseskizzen. Dort erwähnt er am 18. Dezember 1859 in Teneriffa Folgendes: „Guanchen (...) Außerdem fanden wir hier eine Lanze in der Form wie ich sie in meinen ethnografischen Sammlungen aus Afrika besitze (...), so wie eine Thonschale, ebenfalls den afrikanischen vollkommen ähnlich.“[1] Die Bemerkung ist ein wichtiger Anhaltspunkt dafür, dass Maximilian bereits vor 1859 einige afrikanische Stücke besaß. Er könnte hier möglicherweise Bezug auf die ethnographische Sammlung nehmen, die von der Weltumsegelung der Novara im August 1859 mitgebracht und 1860 in der Triestiner Börse ausgestellt worden war. Ein Teil dieser Gegenstände ging wohl in Besitz Maximilians, der sein eigenes Museum plante, der Rest wurde nach Wien verbracht, dort 1861 im Augarten ausgestellt

23-01) Afrikanischer Wasserschöpflöffel (KHM-MVK)

und später auf verschiedene Fachmuseen aufgeteilt. Im Inventar der „Sammlung Miramar“ des Museums für Völkerkunde sind sechs Objekte aus Südafrika als von der Novara-Sammlung stammend ausgewiesen. Darunter ein bemerkenswerter überdimensionierter, 1,5 Meter langer Holzlöffel, der als Wasserschöpfer der Zulu bezeichnet ist (Abb. 23-01).

Der größte Anteil der afrikanischen Gegenstände stammt aus dem südlichen Sudan (Abb. 23-02). Fälschlicherweise wird die Mehrzahl der Stücke im Inventar auch der Weltreisesammlung zugeschrieben, da sie bei Ankunft im Museum offenbar mit Novara-Nummern versehen waren. Doch der einzige Ort, an dem die Novara an der afrikanischen Küste geankert hatte, lag in der Simonsbay

[1] Ferdinand Maximilian, Aus meinem Leben, 5. Band, Leipzig 1867. Ich danke Marlene Ott-Wodni für den Hinweis auf diese Erwähnung.

23-02) Weibliche Holzfigur, Sudan, weißer Nil (KHM-MVK)

nahe von Kapstadt. Insgesamt dauerte der Aufenthalt am Kap der Guten Hoffnung nur drei Wochen (2. bis 26. Oktober 1857).[2] Die in Wien übernommenen Angaben entstammen einem 1874 in Triest verfassten Inventar und es ist davon auszugehen, dass hier eine Verwechslung stattgefunden hat.

Insgesamt können wir über die eigentliche Provenienz der über 200 sudanesischen Objekte der Miramar-Sammlung leider nur Vermutungen anstellen. Einige wenige wurden als Teil der dortigen „Orient-Sammlung" übernommen, 18 Objekte als Sammlung „Seiner Kaiserlichen Hoheit des Durchlauchtigsten Erzherzogs Franz Carl". Doch hat schon Helmuth Satzinger auf die komplizierte Übernahmegeschichte der Miramar-Sammlung nach Wien verwiesen. Offenbar hat Erzherzog Franz Carl, der Vater des verstorbenen Kaisers von Mexiko, hier hinderlich eingegriffen und die Überführung konnte erst nach seinem Tod 1878 erfolgen, daher gelangte die gesamte Miramar-Sammlung erst 1883 in die Wiener Hofmuseen.[3] Warum diese Stücke dem Erzherzog zugeschrieben waren, bleibt unklar, anzunehmen ist jedoch, dass sie aus den gleichen Quellen stammten wie die restliche sudanesische Sammlung.

Wahrscheinlich wurden die Stücke entweder bei Ägypten-Besuchen in Kairo oder Alexandria erworben oder sie sind über Rückkehrer aus dem Sudan nach Triest gelangt. Hierfür gibt es nun verschiedenste Möglichkeiten. Maximilian besuchte selbst Ägypten im Jahr 1855. Auch hat sich der von ihm hochgeschätzte Zeichner Bernhard Fiedler 1855 in Ägypten aufgehalten. Viel später im Jahr 1866 sammelte auch der Afrikanist und Ägyptologe Leo Reinisch vor Ort für Maximilian altägyptische Werke. Außerdem erwarb der Erzherzog selbst offenbar 1855 einige wertvolle altägyptische Objekte von Anton Ritter von Laurin, der von 1834 bis 1849 österreichischer Generalkonsul in Alexandria war.[4] Es ist durchaus denkbar, dass über diese Reisen oder Kontakte auch einige sudanesische Objekte weitergereicht wurden. Reisende, die aus dem südlichen Sudan auf der Heimreise waren, machten üblicherweise

[2] Barbara Plankensteiner, Kap der Guten Hoffnung, in: Der freie weite Horizont. Die Weltumseglung der Novara und Maximilians mexikanischer Traum, herausgegeben von Landesmuseum Schloss Tirol, 2004, S.134–136.

[3] Helmuth Satzinger, Die ägyptische Sammlung im Schloss Miramar, in: Massimiliano von Triest nach Mexico, herausgegeben von Laura Ruaro Loseri, Triest 1986, S. 64.

[4] Ebenda, S. 63.

in Ägypten halt. Viele hatten Ethnographica im Gepäck, da in Europa Mitte des 19. Jahrhunderts großes Interesse an solchen exotischen Dingen bestand, die häufig bereits in Kairo und Alexandria die Besitzer wechselten. Die Geographische Gesellschaft in Kairo gehört zu den ältesten ihrer Art und zählte einige der bekanntesten „Afrika-Entdecker" zu ihren Mitgliedern. Viele von ihnen hatten dem von der Gesellschaft gegründeten ethnographischen Museum Sammlungen gestiftet.
Von Laurin wissen wir, dass er in Kontakt mit aus Österreich-Ungarn stammenden katholischen Missionaren stand, die 1848 im Auftrag des Vatikans auf dem Weg waren, im südlichen Sudan eine Mission zu gründen. Diese unterstützte er auf verschiedenste Weise. Darunter war auch der Slowene Ignaz Knoblecher (1819–1858), ein Landsmann des ebenfalls aus Slowenien stammenden Laurin (auch Lavrin).[5] Sowohl das Wiener Museum für Völkerkunde wie auch das Slowenische Ethnographische Museum in Ljubljana besitzen Sammlungsgegenstände aus dem südlichen Sudan von Knoblecher. Das Museum in Ljubljana hat außerdem bereits 1843 eine Sammlung von Laurin erhalten, die Gegenstände aus dieser Region beinhaltet.

Auch ist es nicht unwahrscheinlich, dass Heimkehrende aus Ägypten oder dem Sudan in Triest für das Museum Miramar des Erzherzogs Maximilian Gegenstände mitbrachten. Einer der Missionare, der Südtiroler Johannes C. Mitterrutzner (1818–1903), brachte etwa fünf lebende Leoparden und mehrere Elfenbeinzähne für Miramar mit.[6] Neben den missionarischen gab es weitere mögliche Quellen für die Sammlung Maximilians. Die offiziellen Kontakte zwischen Österreich-Ungarn und dem Sudan begannen 1835, als der Pascha Ägyptens Mehmed Ali österreichische Bergbauexperten in den Sudan einlud, um die mineralogischen Vorkommen in den neuen Besitzungen zu erschließen. So kamen Joseph Russegger und noch weitere sieben Österreicher, unter ihnen der Botaniker Theodor Kotschy, in den Sudan. 1850 bewilligte Kaiser Franz Joseph schließlich die Errichtung eines österreichischen Konsulats in Khartoum und stellte die afrikanische Mission unter seinen Schutz.[7] Mehrere am Konsulat wirkende Österreicher trugen während ihres Aufenthaltes naturhistorische oder ethnographische Sammlungen zusammen, die in die kaiserlichen Sammlungen nach Wien gelangten.[8] Es könnte daher auch einiges auf dem Weg in Triest geblieben sein, war das sammlerische Interesse Maximilians doch leidlich bekannt.

Vermutlich waren die sudanesischen Objekte im Kontext der orientalischen Sammlung Maximilians als Wandschmuck im Trophäenstil ausgestellt, wozu sich die vielen Speere, Pfeile, Köcher, Keulen und Schilde hervorragend eigneten. Noch heute können einige auf diese Weise präsentierte südsudanesische Waffen im Stiegenaufgang des Schlosses Miramar bewundert werden. Doch die Sammlung umfasste auch einige Holzskulpturen, die heute zu wertvollen Raritäten zählen, sowie einiges an Alltagsinventar.

5 Marko Frelih, Sudan Mission 1848–1858. Ingnacji Knoblehar – Missionary, Explorer of the White Nile and Collector of African Objects, Ljubljana: Slovenski etnografski muzej, S. 53.
6 Ebenda, S. 85.
7 Michael Zach, Österreicher im Sudan von 1820 bis 1914, Beiträge zur Afrikanistik, Bd. 24, Wien 1895.
8 Barbara Plankensteiner, The Sudan Collections at the Museum für Völkerkunde in Vienna, in: Marko Frelih, Sudan Mission 1848–1858. Ingnacji Knoblehar – Missionary, Explorer of the White Nile and Collector of African Objects, Ljubljana: Slovenski etnografski muzej, S. 107–109.

24. Im Besitz der Republik Österreich – Die Aufteilung der maximilianischen Sammlungen in den 1920er Jahren

Marlene Ott-Wodni

Nach dem Tod Kaiser Maximilians ging das in seinem Privatbesitz befindliche Schloss Miramar in hofärarischen Besitz über. Das Schloss diente fortan den Mitgliedern der kaiserlichen Familie als Absteigequartier während ihrer Triest-Aufenthalte. Die Interieurs blieben im Großen und Ganzen im Originalzustand erhalten. Maximilians umfangreiche Sammlungsbestände sowie persönliche Erinnerungsstücke waren in Museumsräumen ausgestellt, bis die Objekte 1894 in das Kunsthistorische Museum in Wien verbracht wurden.[1] Um 1900 wurden dann nach und nach auch die Möbel und kunstgewerblichen Gegenstände nach Wien überführt. Die meisten Einrichtungsgegenstände kamen allerdings erst während des Krieges aus Sicherheitsgründen nach Wien, wo sie im Mobiliendepot in seiner Funktion als zentrale Verwaltungsstelle aufbewahrt wurden.

Anlass für eine eingehende Beschäftigung mit Maximilians Nachlass war der Abschluss des Staatsvertrages von Saint-Germain-en-Laye am 10. September 1919 zwischen der Republik Österreich und den alliierten und assoziierten Mächten, der die politischen Bestimmungen in Europa und die Aufteilung der Güter zum Inhalt hatte. Bereits im August 1920, kurz nach Inkrafttreten des Vertrages, forderte Italien berufend auf Artikel 191 und 192 des Staatsvertrages die Rückstellung der Möbel des Schlosses Miramar als dessen Zubehör ein.[2] Die daraufhin eingeleiteten Erhebungen zu den Beständen Maximilians und die Verhandlungen zwischen Österreich und Italien dauerten mehre Jahre an; 1924 kam es zu folgender Einigung:

„Die Bundesregierung verpflichtet sich, der italienischen Regierung ohne Kompensation das ganze Mobiliar, die Bücher usw. des Schlosses Miramare, welche seit dem Monate Juli 1914 von dem Schlosse weggebracht wurden, zurückzuerstatten, sodass der tatsächliche Zustand der Einrichtung des genannten Schlosses so wiederhergestellt wird, wie er vor dem Kriege war.

Eine Ausnahme wird bezüglich derjenigen Gegenstände gemacht werden, hinsichtlich welcher festgestellt wurde, das sie in Verlust geraten sind und bezüglich der weiteren Gegenstände, von welchen die italienischen und österreichischen Sachverständigen anerkannt haben, daß sie eine ganz spezielle Beziehung zu der Person des Kaisers Maximilian in seiner Eigenschaft als Mitglied des Hauses Habsburg besitzen, ohne daß sie eine ganz spezielle Beziehung zu dem Schlosse Miramare aufwiesen, oder von welchen anerkannt wurde, daß sie ein ganz besonderes Interesse für die Wiener ehemaligen habsburgischen Kunstsammlungen besitzen.“[3]

Demgemäß blieben die bereits vor Juli 1914 aus Miramar abtransportierten Objekte im Besitz der Republik Österreich; die nach dem Stichtag weggebrachten Objekte wurden Italien zugesprochen. Österreich versuchte, die

[1] Archiv der Bundesmobilienverwaltung (= BmobV), Möbel aus Miramar, Anforderung durch Italien, 17. März 1921.
[2] Ebenda.
[3] Archiv der BmobV, Zl 106357-23 Li. Durchführung des Accorde zur Regelung der zwischen Oesterreich und Italien schwebenden Fragen. Möbel von Miramare, 29. August 1924.

Gegenstände, die von besonderem Interesse für die ehemals habsburgischen Sammlungen waren, gegen Kompensationen im Land zu halten. Zentrales Objekt der Verhandlungen war das sogenannte „Marie-Antoinette-Kästchen“[4], ein Sekretär des Möbelmachers Adam Weisweiler, den Maximilians Gemahlin Charlotte von Frankreichs Kaiser Napoleon III. zum Geschenk erhalten hatte. Der Sekretär (Abb. 24-01) kam erst 1919 nach Wien, wo er im Schloss Schönbrunn aufgestellt wurde.[5] Laut den Verhandlungsakten war „der Schreibtisch nicht nur von eminent künstlerischem Werte, sondern auch von höchstem Materialwert (2 Milliarden [österreichische Kronen]).“[6] Schlussendlich akzeptierte Italien als Ausgleich für den Sekretär die Hälfte der Autographensammlung Maximilians[7], die ursprünglich für Wien gedacht war.[8]

1926 erfolgte die Rückstellung der Objekte nach Schloss Miramar. Der Transport der Mobilienverwaltung umfasste 17 Lieferwägen und bestand aus Mobilien, kunstgewerblichen Objekten und Kunstgegenständen.[9] Die Nationalbibliothek übergab insgesamt 59 Bücherkisten aus dem Bestand der Miramar-Bibliothek an die italienische Gesandtschaft.[10]

Die in Wien verbliebenen maximilianischen Bestände wurden von dem Mobiliendepot – der heutigen Bundesmobilienverwaltung – weiterhin betreut. 1928 erfolgte die Aufteilung der Objekte an verschiedene Sammlungen und Institutionen.[11] Die Gegenstände befinden sich heute neben den rund 500 erhaltenen Einrichtungsgegenständen in der Bundesmobilienverwaltung, im Heeresgeschichtlichen Museum, im Kunsthistorischen Museum, im MAK – Österreichisches Museum für angewandte Kunst, in der Nationalbibliothek, im Naturhistorischen Museum und im Museum für Völkerkunde.

24-01) Adam Weisweiler, Sekretär, Rosenholz, Porzellan, Gouache unter Glas, Bronze, Marmor, um 1780 (MD/MH)

[4] Archiv der BmobV, Zl. 74241-18-M.V.A., 16. Mai 1924.
[5] Archiv der BmobV, Rez. 1883 4/VIII.19.
[6] Archiv der BmobV, Zl. 74241-18-M.V.A., 16. Mai 1924.
[7] Weiterführend siehe den Katalogbeitrag von Katrin Jilek zur Autrographensammlung Maximilians.
[8] Archiv der Österreichischen Nationalbibliothek (= ÖNB), Brief der Nationalbibliothek an das Bundesministerium für Unterricht, o. D.
[9] Archiv der BmobV, Packlisten.
[10] Archiv der ÖNB, Aktenvermerk vom 3. März 1926.
[11] Archiv der BmobV, Miramar-Inventarbuch 1916.

Italien

01) Service des Erzherzogs Ferdinand Maximilian mit Monogramm „FM"
Schlaggenwald, 1855
Porzellan
Silberkammer – Hofburg Wien
(MD/EK)

02) Mokkatasse mit dem österreichischen und belgischen Wappen, anlässlich der Hochzeit Ferdinand Maximilians mit Charlotte von Belgien
J.R.S.C., 1857
Porzellan
Silberkammer – Hofburg Wien
(MD/EK)

03) Menükarte vom italienischen Hof des Erzherzogs Ferdinand Maximilian
Germano Prosdocimi, 1850er Jahre
Druck auf Papier
Silberkammer – Hofburg Wien
(MD)

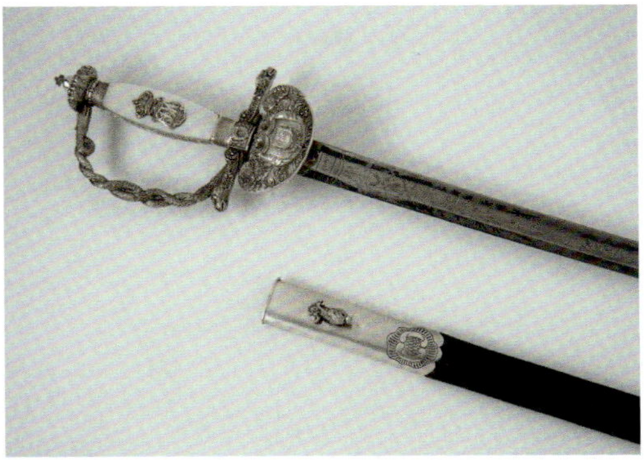

04) Degen des Erzherzogs Ferdinand Maximilian mit Monogramm „FM“
Wester & Co., Solingen, 2. H. 19. Jh.
Stahl, Silber, Perlmutt, Holz, Lackleder
Hofmobiliendepot – Möbel Museum Wien
(MD/EK)

05) Zeremoniendolch mit Totenschädel aus dem Besitz Ferdinand Maximilians (Freimaurerwerkzeug?)
19. Jh.
Messing, Stahl, Holz, Leder
Hofmobiliendepot – Möbel Museum Wien
(MD/EK)

06) Zeremonienstab des Erzherzogs Ferdinand Maximilian als Generalgouverneur von Lombardo-Venetien
Mailand, 1850er Jahre
Spanisch Rohr, Zinkguß versilbert
Hofmobiliendepot – Möbel Museum Wien
(MD/EK)

Villa Lazarovich

07) Zweiter großer Salon in der Villa Lazarovich in Triest
Germano Prosdocimi, 1850er Jahre
Aquarell auf Papier
Museo Storico del Castello di Miramare (CM)

08) Corridor mit orientalischen Reisesouvenirs in der Villa Lazarovich in Triest
Germano Prosdocimi, 1850er Jahre
Aquarell auf Papier
Museo Storico del Castello di Miramare (CM)

09) Bibliothek in der Villa Lazarovich in Triest
Germano Prosdocimi, 1850er Jahre
Aquarell auf Papier
Museo Storico del Castello di Miramare
(CM)

10) Wintergarten in der Villa Lazarovich
in Triest
Germano Prosdocimi, 1850er Jahre
Aquarell auf Papier
Museo Storico del Castello di Miramare
(CM)

11) Armlehnstuhl aus dem kleinen Salon in der Villa Lazarovich in Triest
um 1740
Holz, vergoldet, ab 1864 mit rotem, italienischen Seidendamast tapeziert, das Muster zeigt die kaiserlich-mexikanischen Insignien
Hofmobiliendepot – Möbel Museum Wien
(MD/EK)

Der Stuhl war ursprünglich am Sitz und der Rückenlehne mit einem Rohrgeflecht versehen. Durch einen Umbau wurde der Rahmen aufgedoppelt und eine Polsterung angebracht.

12) Stuhl aus dem Cavalierszimmer in der Villa Lazarovich in Triest, später in Schloss Miramar in Verwendung
2. H. 19. Jh.
Eiche, ab 1864 mit rotem, italienischen Seidendamast tapeziert, das Muster zeigt die kaiserlich-mexikanischen Insignien
Hofmobiliendepot – Möbel Museum Wien
(MD/EK)

13) Cavalierszimmer in der Villa Lazarovich in Triest
Germano Prosdocimi, 1850er Jahre
Aquarell auf Papier
Museo Storico del Castello di Miramare
(CM)

14) Konsole aus dem orientalischen Zimmer in der Villa Lazarovich in Triest, ab 1859 im Castelletto in Miramar in Verwendung
Franz Hofmann, 1852
Holz, vergoldet, gefasst
Hofmobiliendepot – Möbel Museum Wien
(MD/EK)

15) Papierkiste aus dem orientalischen Zimmer in der Villa Lazarovich in Triest, ab 1859 im Castelletto in Miramar in Verwendung
Franz Hofmann, 1852
Holz, vergoldet, gefasst
Hofmobiliendepot – Möbel Museum Wien
(MD/EK)

16) Teller aus dem orientalischen Zimmer in der Villa Lazarovich, ab 1859 im Castelletto in Miramar in Verwendung
2. H. 19. Jh.
Messing, gefasst
Hofmobiliendepot – Möbel Museum Wien
(MD/EK)

17) Moccaservice aus dem orientalischen Zimmer in der Villa Lazarovich, ab 1859 im Castelletto in Miramar in Verwendung
Egidius Weindl, 1855
Silber, Elfenbein
Hofmobiliendepot – Möbel Museum Wien
(MD/EK)

18) Polster aus dem orientalischen Zimmer in der Villa Lazarovich in Triest, ab 1859 im Castelletto in Miramar in Verwendung
19. Jh.
Seide, Rohwolle, Baumwolle
Hofmobiliendepot – Möbel Museum Wien
(MD/EK)

19) Stoff aus dem orientalischen Zimmer in der Villa Lazarovich in Triest, ab 1859 im Castelletto in Miramar in Verwendung
19. Jh.
Seide
Hofmobiliendepot – Möbel Museum Wien
(MD/EK)

20) Antiquarische Schuhe aus dem orientalischen Zimmer in der Villa Lazarovich in Triest, ab 1859 im Castelletto in Miramar verwendet
Venezianisch
Holz, lackiert, Messing, Leder, Samt, Stickerei aus Goldlahn, Seidenfäden
Hofmobiliendepot – Möbel Museum Wien
(MD/EK)

21) Öllampe aus dem orientalischen Zimmer in der Villa Lazarovich in Triest, ab 1859 im Castelletto in Miramar in Verwendung
2. H. 19. Jh.
Messing, Bronze, vergoldet
Hofmobiliendepot – Möbel Museum Wien
(MD/EK)

22) Kommode aus dem 2. Gastzimmer in der Villa Lazarovich in Triest, ab 1859 im Castelletto in Verwendung
2. H. 18. Jh.
Nussbaumholz, Buchsbaumholz, Ahorn, grün gefärbte Furnier, Brandtechnik
Hofmobiliendepot – Möbel Museum Wien
(MD/EK)

23) Uhr aus dem 2. Gastzimmer in der Villa Lazarovich in Triest, ab 1859 im Castelletto in Miramar in Verwendung
19. Jh.?
Porzellan, Messing
Hofmobiliendepot – Möbel Museum Wien
(MD/EK)

24) Tafelaufsatz aus dem 2. Gastzimmer in der Villa Lazarovich in Triest, ab 1859 im Castelletto in Miramar in Verwendung
Meissen, 19. Jh.
Porzellan, bemalt
Hofmobiliendepot – Möbel Museum Wien
(MD/EK)

25) Kerzenleuchter mit Porzellanfiguren aus dem 2. Gastzimmer in der Villa Lazarovich in Triest, ab 1859 im Castelletto in Miramar in Verwendung
19. Jh.?
Bronze, Porzellan
Hofmobiliendepot – Möbel Museum Wien
(MD/EK)

26) Betstuhl aus dem Schlafzimmer in der Villa Lazarovich in Triest, ab 1859 im Castelletto in Miramar in Verwendung
um 1850
Eiche, ab 1864 mit rotem, italienischen Seidendamast tapeziert, das Muster zeigt die kaiserlich-mexikanischen Insignien
Hofmobiliendepot – Möbel Museum Wien
(MD/EK)

27) Schlafzimmer in der Villa Lazarovich in Triest
Germano Prosdocimi, 1850er Jahre
Aquarell auf Papier
Museo Storico del Castello di Miramare
(CM)

Schloss Miramar

28) Konfektaufsatz aus dem Miramar-Service
Moritz Fischer, Herend, um 1865
Porzellan
Silberkammer – Hofburg Wien
(MD/EK)

Das sogenannte Miramar-Service wurde nach dem Vorbild des chinesischen Porzellans in Schloss Ajuda in Lissabon im Auftrag Maximilians gefertigt. Das Service war für den kaiserlichen Haushalt in Mexiko bestimmt. Durch den Zusammenbruch der Monarchie wurde es aber nie nach Mexiko versandt und verblieb in Schloss Miramar.

29) Tafel mit dem Miramar-Service und Ferdinand Maximilians Mousselin-Glasservice
Silberkammer – Hofburg Wien
(MD/EK)

30) Glasservice Miramar
um 1860
Mousselinglas
Silberkammer – Hofburg Wien
(MD/MH)

31) Porzellan mit chinesischen Motiven für Schloss Miramar
Moritz Fischer, Herend, 1862
Porzellan
Silberkammer – Hofburg Wien
(MD)

Das Porzellan befindet sich in der Silberkammer in Wien. Mit Hilfe von im Staatsarchiv in Triest erhaltenen Rechnungen konnte es im Zuge der Ausstellungsvorbereitung als Service Ferdinand Maximilians identifiziert werden.

32) Kabinettschrank aus dem Fremdensalon in Schloss Miramar
Oberitalien, um 1590/1600, Korpus 17. Jh.
Palisander, Birne schwarz gebeizt, Bein, Achat, Lapislazuli, Bronze
Hofmobiliendepot – Möbel Museum Wien
(MD/EK)

33) Porträt der Kaiserin Carolina Augusta aus dem Schlafzimmer Ferdinand Maximilians in Schloss Miramar
Xaver Heuberger, 1824
Wachs, Holz, Glas
Hofmobiliendepot – Möbel Museum Wien
(MD/EK)

34) Porträt eines alten Mannes aus dem Schlafzimmer Ferdinand Maximilians in Schloss Miramar
Erzherzogin Leopoldine (spätere Kaiserin von Brasilien), E. H. 19. Jh.
Öl auf Papier
Hofmobiliendepot – Möbel Museum Wien
(MD/EK)

35) Schreibtisch aus dem Schiffssalon in Schloss Miramar
Venedig ?, um 1700, Ergänzungen 2. H. 19. Jh.
Nussbaumholz, Bein
Hofmobiliendepot – Möbel Museum Wien
(MD/EK)

36) Kästchen mit antiquarischen Elfenbeinfiguren aus der Bibliothek in Schloss Miramar
Pasticcio, 18. Jh.
Palisander, Ebenholz, Königsholz, Ahorn, Birne gebeizt, Elfenbein
Hofmobiliendepot – Möbel Museum Wien
(MD/EK)

37) Stehlampe aus der Bibliothek in Schloss Miramar
um 1830
Mahagoni, Messing, Glas
Hofmobiliendepot – Möbel Museum Wien
(MD/EK)

38) Bibliothek im Erdgeschoss von Schloss Miramar
1860er Jahre
Glasnegativ
Hofmobiliendepot – Möbel Museum Wien
(MD)

39) Lampe aus dem Schlafzimmer von Erzherzogin Charlotte in Schloss Miramar
2. H. 19. Jh.
Porzellan, Bronze, Glas
Hofmobiliendepot – Möbel Museum Wien
(MD/EK)

40) Kassetten aus dem Blauen Salon in Schloss Miramar
2. H. 19. Jh.
Schildpatt, Elfenbein
Hofmobiliendepot – Möbel Museum Wien
(MD/EK)

41) Der blaue Salon im Erdgeschoss von Schloss Miramar
1860er Jahre
Glasnegativ
Hofmobiliendepot – Möbel Museum Wien
(MD)

42) Das Turmzimmer im Erdgeschoss von Schloss Miramar
Freiherr Raimund Stillfried, 1886
Gouache auf Papier
Hofmobiliendepot – Möbel Museum Wien
(MD/EK)

43) Kabinettschrank aus dem Stiegenhaus in Schloss Miramar
Süddeutsch, um 1640
Palisander, Bein, Stein, Bronzebeschläge vergoldet
Hofmobiliendepot – Möbel Museum Wien
(MD/EK)

44) Stiegenhaus in Schloss Miramar mit Fontäne
1860er Jahre
Glasnegativ
Hofmobiliendepot – Möbel Museum Wien
(MD)

45) Kaminabdeckung mit österreichisch-mexikanischem Wappen aus dem Audienzsaal in Schloss Miramar
um 1865
Buche, vergoldet, Seidenrips mit Baumwollkette
Hofmobiliendepot – Möbel Museum Wien
(MD/EK)

46) Kabinettschrank aus dem kleinen Speisezimmer in Schloss Miramar
Niederlande, um 1700
Birne schwarz gebeizt, Ahorn gebeizt, Schildpatt, Zinn
Hofmobiliendepot – Möbel Museum Wien
(MD/EK)

47) Armlehnstuhl aus dem Thronsaal in Schloss Miramar
1. H. 18. Jh.
Nussbaumholz, Weichholz, vergoldet, Baumwollsamt mit reliefartiger Applikationsstickerei, Silberfäden
Hofmobiliendepot – Möbel Museum Wien
(MD/TK)

Ähnliche Stühle waren Ferdinand Maximilian aus der Villa Regina Isabella in Neapel bekannt, von welchen er in seinen Reiseerinnerungen berichtet.

48) Aufkleber auf einem Möbel aus der erzherzoglichen Sammlung mit dem Monogramm „FM“ und dem Anker
2. H. 19. Jh.
Druck auf Papier
Hofmobiliendepot – Möbel Museum Wien
(MD/EK)

49) Fauteuil aus Schloss Miramar
2. H. 19. Jh.
Nussbaumholz, ab 1864 mit rotem, italienischen Seidendamast tapeziert, das Muster zeigt die kaiserlich-mexikanischen Insignien, Tapezierung mit Originalstoff erneuert
Hofmobiliendepot – Möbel Museum Wien
(MD/EK)

50) Antiquarisches Schachspiel aus dem Besitz von Erzherzog Ferdinand Maximilian
Palisander, gefärbte Furniere, Elfenbein, Bein, Blattlausfärbung, Messing
Hofmobiliendepot – Möbel Museum Wien
(MD/EK)

51) Pulverhorn aus dem Besitz Ferdinand Maximilians, aus Schloss Miramar
19. Jh.
Büffelhorn, Elfenbein
Hofmobiliendepot – Möbel Museum Wien
(MD/EK)

Castelletto im Schlosspark Miramar

52) Porträt eines Malers aus dem Schlafzimmer im Castelletto in Miramar
Erzherzogin Leopoldine (spätere Kaiserin von Brasilien), E. H. 19. Jh.
Öl auf Karton
Hofmobiliendepot – Möbel Museum Wien
(MD/EK)

53) Mädchen mit Puppe, aus dem Schlafzimmer im Castelletto in Miramar
Jean-Étienne Liotard, um 1750
Pastell auf Pergament
Hofmobiliendepot – Möbel Museum Wien
(SKB/EK)

54) Vase aus dem Cavalierszimmer im Castelletto in Miramar
2. H. 19. Jh.
Terracotta, gefasst
Hofmobiliendepot – Möbel Museum Wien
(MD/EK)

55) Cavalierszimmer im Castelletto in Miramar
1860er Jahre
Glasnegativ
Hofmobiliendepot – Möbel Museum Wien
(MD)

Mexiko

56) Charlotte von Belgien
Isidor Alexander Augustin, 1859
Öl auf Leinwand
Hofmobiliendepot – Möbel Museum Wien
(SKB/SR)

57) Kaiser Maximilian von Mexiko
August Schoefft
Öl auf Leinwand
Hofmobiliendepot – Möbel Museum Wien
(SKB/SR)

58) Stuhl, von Kaiser Maximilian in Mexiko benützt
Wien, um 1830
Mahagoni, Tapezierung erneuert
Hofmobiliendepot – Möbel Museum Wien
(MD/EK)

Der Stuhl ist das einzig bekannte Möbel aus dem kaiserlichen Haushalt in Mexiko, das nach Wien rückgestellt wurde.

59) Roter Seidendamast, den Maxmilian für das mexikanische Kaiserreich anfertigen ließ
Osagno, Mailand, um 1864
Seidendamast
Hofmobiliendepot – Möbel Museum Wien
(MD/SK)

60) Sombrero aus dem Besitz Kaiser Maximilians von Mexiko
Pellotier y Honnorat, Mexiko, 1860er Jahre
Filz, Silber- und Goldapplikationen
Hofmobiliendepot – Möbel Museum Wien
(MD/EK)

60a) Detail des Sombreros: Hutkrempe mit Goldapplikationen
Hofmobiliendepot – Möbel Museum Wien
(MD/EK)

61) Spazierstock des Kaisers Maximilian von Mexiko
Cuernavaca, Mexiko, um 1865
Ahorn
Hofmobiliendepot – Möbel Museum Wien
(MD/FZ)

62) Zweispitz des Kaisers Maximilian von Mexiko mit goldgesticktem Monogramm „MMI"
1864–67
Filz, Seide, Leder, Straußenfedern, Drahtspiralkordeln
Hofmobiliendepot – Möbel Museum Wien
(MD/EK)

63) Maximilian empfängt die Kickapoo-Indianer, im Hintergrund sind die Gemälde von Kaiser Napoleon III. und seiner Gemahlin Eugénie zu sehen
Jean Adolphe Beaucé, 1865–66
Öl auf Leinwand
Schloss Artstetten
(SA/EK)

64) Kaiser Napoleon III.
nach Franz Xaver Winterhalter, 2. H. 19. Jh.
Öl auf Leinwand
Hofmobiliendepot – Möbel Museum Wien
(MD/EK)

65) Kaiserin Eugénie von Frankreich
nach Franz Xaver Winterhalter, 2. H. 19. Jh.
Öl auf Leinwand
Hofmobiliendepot – Möbel Museum Wien
(MD/EK)

66) Detail einer mexikanischen Tischdecke mit kaiserlicher Heraldik
Mexiko, 2. H. 19. Jh.
Baumwolle, Seide
Schloss Artstetten, NÖ
(MD/EK)

67) Doppelgewürzschälchen aus dem mexikanischen Silberservice mit Monogramm „MMI"
Christofle, Paris, 1864
Metall, versilbert, Glas
Silberkammer – Hofburg Wien
(MD/EK)

Das Silberservice wurde von Maximilian für den mexikanischen Kaiserhof bei der französischen Firma Christofle in Auftrag gegeben. Teile des Services befinden sich heute in Mexiko und Prag.

68) Teller aus dem mexikanischen Service mit dem kaiserlichen Monogramm
T. Goode & Co, Minton's China, London, 1866
Porzellan
Silberkammer – Hofburg Wien
(MD/EK)

69) Teller mit dem mexikanischen Adler und Eichen- und Lorbeerzweigen
Rauensteiner Porzellanfabrik, Christian Greiner und Söhne, Thüringen, 1865
Porzellan, weiß, glasiert
Silberkammer – Hofburg Wien
(MD/EK)

Die Rauensteiner Porzellanfabrik erhielt 1865 durch Beamte des Kaisers einen umfangreichen Auftrag zur Fertigung eines Speiseservices für den mexikanischen Hof. Da die Lieferfrist für den umfangreichen Auftrag knapp bemessen war, beteiligte sich auch die Limbacher Porzellanfabrik an der Fertigung.

70) Helme der Palastgarde am Hof des Kaisers Maximilian von Mexiko
k. k. Hofwaffenfabrik B. W. Ohligs-Haussmann, Wien, 1864–67
Metall, vernickelt, vergoldet
Hofmobiliendepot – Möbel Museum Wien
(MD/TH)

71) Degen der Palastgarde am Hof des Kaisers Maximilian von Mexiko
k. k. Hofwaffenfabrik B. W. Ohligs-Haussmann, Wien, 1864–67
Stahl, verchromt, versilbert, Leder
Hofmobiliendepot – Möbel Museum Wien
(MD/FZ)

72) Tschakos der Palastgarde am Hof des Kaisers Maximilian von Mexiko
k. k. Hofwaffenfabrik B. W. Ohlings-Hausmann, Wien, 1864–67
Leder, Leinen, Metall, versilbert
Hofmobiliendepot – Möbel Museum Wien
(MD/EK)

73) Entwurfszeichnung für die Galauniform der mexikanischen Palastgarde „Grande tenue d'officier du corps des hallebardiers"
um 1864
Aquarell auf Papier
Bildarchiv der Österreichischen Nationalbibliothek
(ÖNB-BA)

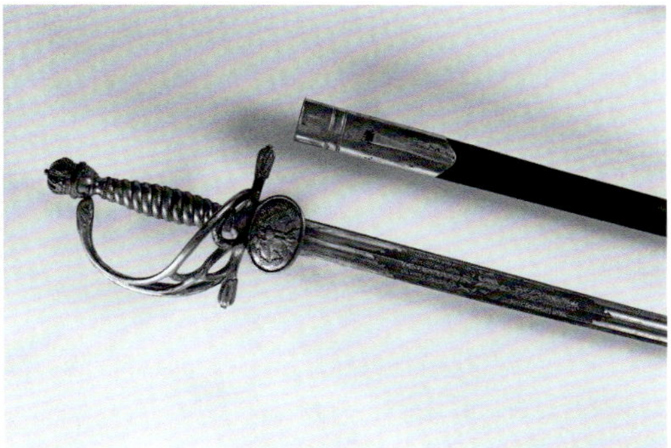

74) Kammerherr des Kaisers in der Uniform der mexikanischen Palastgarde um 1865
Fotografie
Bildarchiv der Österreichischen National-bibliothek
(ÖNB-BA)

Ausgewählte Schriften von Ferdinand Maximilian:

Ferdinand Maximilian, Aus meinem Leben. Reiseskizzen, Aphorismen, Gedichte, Band 1–7, Leipzig 1867

Ausgewählte Literatur:

Aichelburg, Wladimir, Maximilian Erzherzog von Österreich, Kaiser von Mexiko in zeitgenössischen Photographien, Wien 1987

Anders, Ferdinand und **Eggert,** Klaus, Maximilian von Mexiko. Erzherzog und Kaiser, St. Pölten/Wien 1982

Anders, Ferdinand, Von Schönbrunn und Miramar nach Mexiko. Leben und Wirken des Erzherzogs-Kaisers Ferdinand Maximilian, Graz 2009

Anders, Ferdinand, Erzherzog Ferdinand Maximilian und das Segundo Imperio Mexicano, Wissenschaft. Münzen & Medaillen. Ordenswesen. Philatelie, Hardegg, o. D.

Basch, Samuel Ritter von, Erinnerungen aus Mexico. Geschichte der letzten zehn Monate des Kaiserreichs, Leipzig 1868

Basch-Ritter, Renate, Österreich auf allen Meeren. Geschichte der k. (u.) k. Marine 1382 bis 1918, Graz/Wien/Köln 2000

Bestenreiner, Erika, Charlotte von Mexiko. Triumph und Tragödie einer Kaiserin, München 2007

Corti, Egon Caesar Conte, Maximilian und Charlotte von Mexiko. Nach dem bisher unveröffentlichten Geheimarchive des Kaisers Maximilian und sonstigen unbekannten Quellen, Zürich/Wien 1924

Corti, Egon Caesar Conte, Maximilian von Mexiko. Die Tragödie eines Kaisers, Wien 1979

Drewes, Michael, Projekte Carl Gangolf Kaysers für Kaiser Maximilian von Mexico, in: Burgen und Schlösser in Bayern, Österreich und Südtirol, 3–4, 1980, S. 3–10

Drewes, Michael, Carl Gangolf Kaiser (1837–1895) und seine Tätigkeit als Hofarchitekt Maximilians von Mexiko, in: Mitteilungen des Instituts für österreichische Geschichtsforschung, 101. Bd. 2–4, 1993, S. 383–403

Fabiani, Rossella, Schloss Miramare. Das historische Museum, Triest 1989

Fabiani, Rossella, Il Museo Storico del Castello di Miramare, Triest 2005

Hamann, Brigitte (Hg.), Mit Kaiser Max in Mexiko. Aus dem Tagebuch des Fürsten Carl Khevenhüller 1864–1867, Wien/München 1983

Haslip, Joan, Maximilian. Kaiser von Mexiko, München 1972

Hellinghaus, Otto (Hg.), Maximilian von Mexiko. Das Ende eines Kaisers. Blätter aus dem Tagebuch des Prinzen Felix zu Salm-Salm, Freiburg im Breisgau 1928

Klinger, Walter, Für Kaiser Max nach Mexiko. Das Österreichische Freiwilligenkorps in Mexiko 1864/67, München 2007

Knechtel, Wilhelm, Handschriftliche Aufzeichnungen meiner persönlichen Eindrücke und Erlebnisse in Mexiko in den Jahren 1864–1867, Prag 1908

Loseri, Laura Ruaro, Massimiliano. Von Triest nach Mexico, Ausstellungskatalog, Schloss Miramar, Triest 1986

Loseri, Laura Ruaro, Massimiliano. Rilettura di un'esistenza, Triest 1987

Lubienski, Johann, Der maximilianeische Staat Mexiko 1861–1867. Verfassung, Verwaltung und Ideengeschichte, Wien/Köln/Weimar 1988

Lughofer, Johann Georg, Des Kaisers „neues" Leben. Der Fall Maximilian von Mexiko, Wien 2002

Maximilian von Mexiko 1832–1867, Ausstellungskatalog, Burg Hardegg 1974

Münze Österreich, Von Miramar nach Mexiko, Ausstellungskatalog, Wien 2007

Oprießnig, Christian, Kickapoo-Indianer am Hofe Kaiser Maximilians von Mexiko, Dipl.-Arb., Universität Wien 1992

Perotti, Eliana, Das Schloss Miramar in Triest (1856–1870). Erzherzog Ferdinand Maximilian von Habsburg als Bauherr und Auftraggeber, Wien/Köln/Weimar 2002

Pitner, Ernst, Im Dienst Kaiser Maximilians von Mexiko. Memoiren und Briefe eines Offiziers. Eine persönliche Geschichte des Mexiko-Feldzuges 1864–1867, Wien/Köln/Weimar 1995

Pruonto, David, Das Mexikanische Kaiserreich Maximilians von Habsburg (1864–1867) – Ein französisches Kolonialabenteuer?, Diss. Universität Wien 2011

Ratz, Konrad, Das Militärgerichtsverfahren gegen Maximilian von Mexiko 1867. Vorgeschichte, Prozeßanalyse u. -kritik, Prozeßakten, Rechtsgrundlagen, Hardegg/Wien 1985

Ratz, Konrad, Maximilian und Juárez. Das zweite mexikanische Kaiserreich und die Republik. Hintergründe, Dokumente, Augenzeugenberichte, Graz 1998

Ratz, Konrad (Hg.), Kampf um Mexiko. Kaiser Maximilian in den Erinnerungen seines Privatsekretärs José Luis Blasio, Wien 1999

Ratz, Konrad (Hg.), „Vor Sehnsucht nach dir vergehend" – Der private Briefwechsel zwischen Maximilian von Mexiko und seiner Frau Charlotte, Wien/München 2000

Ratz, Konrad und **Gómez Tepexicuapan,** Amparo, Ein Kaiser unterwegs. Die Reisen Maximilians von Mexiko 1864–1867 nach Presseberichten und Privatbriefen, Wien/Köln/Weimar 2007

Riedl-Dorn, Christa, Blumen eines Kaisers. Maximilian von Mexiko und seine Brasilienexpedition 1859–1860, in: Amerika – Zur Entdeckung – Kulturpflanzen – Lebensraum Regenwald, Ausstellungskatalog, Schloßmuseum Linz, Linz 1993, S. 3–153

Schmidt-Brentano, Antonio, Österreichs Weg zur Seemacht. Die Marinepolitik Österreichs in der Ära Erzherzog Ferdinand Maximilian (1854–1864), in: Mitteilungen des Österreichischen Staatsarchives, Innsbruck/Wien/Bozen 1977, S. 119–152

Schmit Ritter von Tavera, Ernst, Geschichte der Regierung des Kaisers Maximilian I. und die französische Intervention in Mexiko 1861–1867, Wien/Leipzig 1903

Sondhaus, Lawrence, The Habsburg empire and the sea, Austrian naval policy 1797–1866, West Lafayette 1989

Sturmfeder, Louise, Die Kindheit unseres Kaisers. Briefe der Aja seiner Majestät aus den Jahren 1830–1840, Wien 1910

Wawra, Heinrich (Hg.), Botanische Ergebnisse der Reise Seiner Majestät des Kaisers von Mexico Maximilian I. nach Brasilien (1859–60), Wien 1866

Weber, Martin Clemens, Das Italienbild von Erzherzog Ferdinand Maximilian, Dipl.-Arb., Universität Wien 2008

Wilcek, Felix, Finanzen der Familie Habsburg-Lothringen unter besonderer Berücksichtigung von Erzherzog Ferdinand Max, Diss., Universität Wien 1991